Übungsgrammatik Portugiesisch

Joaquim Peito

Übungsgrammatik Portugiesisch

Schmetterling Verlag

Bibliografische Informationen Der Deutschen Nationalbibliothek
Die Deutsche Nationalbibliothek verzeichnet diese Publikation in der Deutschen Nationalbibliografie; detaillierte Daten sind im Internet über http://dnb.d-nb.de abrufbar.

Mein besonderer Dank gilt:
Gesa Singer und Ann-Katrin Bohle für das kritische Durchlesen des Manuskripts.
Danke! *Obrigado!*

Schmetterling Verlag GmbH
Lindenspürstr. 38 b
70176 Stuttgart
www.schmetterling-verlag.de
Der Schmetterling Verlag ist Mitglied von aLiVe.

ISBN 3-89657-874-X
1. Auflage 2015
Printed in Poland

Umschlagfoto: Joaquim Peito
Satz und Reproduktionen: Schmetterling Verlag
Druck: Sowa, Warszawa

Inhalt

Aussprache, Betonung und Rechtschreibung / A pronúncia, a acentuação e a ortografia

Dieses Kapitel führt Sie in die portugiesische Aussprache und Rechtschreibung ein.

Das Alphabet / O alfabeto português

- Das portugiesische Alphabet besteht aus 26 Buchstaben:

A, a	á	J, j	jota	S, s	ésse
B, b	bê	K, k	capa	T, t	tê
C, c, ç	cê	L, l	éle	U, u	u
D, d	dê	M, m	éme	V, v	vê
E, e	é	N, n	éne	W, w	dáblio
F, f	éfe	O, o	ó	X, x	xis
G, g	guê	P, p	pê	Y, y	ípsilon
H, h	agá	Q, q	quê	Z, z	zê
I, i	i	R, r	érre		

- Das Genus der Buchstaben ist maskulin: o a, o b, o c usw. Die 3 Buchstaben k (capa), w (dáblio, duplo vê) und y (ypsilon, i grego) finden nur in Fremdwörtern, bei internationalen Symbolen oder bei bestimmten Abkürzungen (z. B. **K**LM, T**W**A, **K**araté, **K**it, **y**oga, **y**uppie oder **w**ee**k**-end, **W**indsurf), **km** – quilómetro, **kg** – quilograma, **KLM** oder in Eigennamen (z. B. **K**ant, **Y**emen, **W**alter) Verwendung.
- In vielen Fällen sind k, w und y durch Buchstaben des portugiesischen Alphabets ersetzt (z. B. quiosque *(Kiosk)*; sanduíche *(Sandwich)*; vagão *(Wagon)*; iate *(Yacht)*; Nova-Iorque *(New York)*; hóquei *(Hockey)*).

Als Buchstabierbeispiel hier der Name Karl Marx:
Karl: capa, á, érre, éle
Marx: éme, á, érre, xis

Test 1

a) Buchstabieren Sie: Thomas Wagner, Ulrike Vogel, Tobias Fischer.
b) Buchstabieren Sie Ihren Namen und Ihre Adresse.

Aussprache / A pronúncia

Die portugiesische Aussprache und die Schreibweise einiger portugiesischer Laute unterscheiden sich stark von der deutschen. Dies ist ein so komplexer Bereich, dass wir uns in dieser Grammatik nur auf die Darstellung der wichtigsten Phänomene des europäischen Portugiesisch beschränken müssen.

Die Konsonaten / As consonantes

Laute	Aussprache		Beispiele
c + (vor **a**,**o**,**u**)	[k]	wie in ***K**ur*	casa *(Haus)*, comer *(essen)*, curso *(Kurs)*
c + (t)	[k]		intelectual *(intelektuell)*, facto *(Tatsache)*
c + (vor **e**,**i**)	[s]	wie in *Wa**ss**er*	cedo *(früh)*, cem *(hundert)*, cinema *(Kino)*
ç	[s]		França *(Frankreich)*, suíço *(Schweizer)*, açúcar *(Zucker)*
ch	[ʃ]	wie in Ta**sch**e	chá *(Tee)*, chave *(Schlüssel)*
g + (vor **a**,**o**,**u**)	[g]	wie in **G**abel	gato *(Kater)*, gordo *(dick)*, guitarra *(Gitarre)*
g + (vor **e**,**i**)	[ʒ]	wie in Gara**ge**	gente *(Leute)*, longe *(weit)*, genial *(genial)*
gu + (vor **e**,**i**)	[g]	wie in **g**ut	guerra *(Krieg)*, guia *(Führer)*
gu + (vor **a**,**o**,**u**)	[gw]	wie in Le**gu**an	água *(Wasser)*, guardanapo *(Serviette)*
h	[-]	ist immer stumm	Hamburgo, há *(es gibt)*, húmido *(feucht)*
j + (vor **a**,**e**,**i**,**o**)	[ʒ]	wie in **G**enie	já *(schon)*, hoje *(heute)*, Tejo, João
l + (vor **a**,**e**,**i**,**o**)	[l]	wie in **L**and	lago *(See)*, leite *(Milch)*, Portugal, jornal *(Zeitung)*
lh	[ʎ]	wie in bri**ll**ant	alho *(Knoblauch)*, filho *(Sohn)*, filha *(Tochter)*, trabalho *(Arbeit)*
nh	[ɲ]	wie in Ko**gn**ak	senhor *(Herr)*, vinho *(Wein)*, banho *(Bad)*, cafezinho *(Espresso)*
qu + (vor **a**,**u**)	[ku]	wie deutsches **Qu**ark	quarto *(Zimmer)*, quatro *(vier)*, quando *(wann)*, quantidade *(Menge)*
qu + (vor **e**,**i**)	[k]	wie **K**ind	que *(was)*, quem *(wer)*, quente *(warm)*, quilo *(Kilo)* Ausnahmen: cinquenta *(fünfzig)*, frequência *(Häufigkeit)*, tranquilo *(ruhig)*
r, rr	[R]	am Wortanfang stark gerollt	rio *(Fluss)*, rua *(Straße)*, rato *(Maus)*, carro *(Auto)*, garrafa *(Flasche)*

r	[r]	gerolltes r	carne *(Fleisch)*, caro *(teuer)*, triste *(traurig)*, para *(für)*, falar *(sprechen)*
s, ss	[s]	wie in Wa**ss**er	sim *(Ja)*, sol *(Sonne)*, assim *(so)*, passar *(vorbeigehen)*
s	[Z]	wie in Ro**s**e	asa *(Flügel)*, casa *(Haus)*, rosa *(Rose)*, museu *(Museum)*
s	[ʃ]	wie in Ta**sch**e	e**s**querda *(links)*, e**s**tar *(sein)*, festa *(Party)*, livros *(Bücher)*, ruas *(Straßen)*
t + (vor a, e, i, o)	(t)	wie in **T**iger	tarde *(spät)*, tudo *(alles)*, canto *(Ecke / Gesang)*, telemóvel *(Handy)*
(in Brasilien vor -i)	[tʃ]	wie in **tsch**üs	tio *(Onkel)*, romântico *(romantisch)*
v	[v]	wie in **w**o	vento *(Wind)*, vida *(Leben)*, vender *(verkaufen)*
x	[s]	wie in Wa**ss**er	auxílio *(Beihilfe)*, máximo *(maximal)*, próximo *(nächste / r)*
x	[ʃ]	wie in Ti**sch**	xadrez *(Schach)*, baixo *(niedrig)*, caixa *(Kasse)*, peixe *(Fisch)*, extra *(Extra)*
x	[ks]	wie in Ta**x**i	táxi *(Taxi)*, flexível *(flexibel)*, tóxico *(giftig)*
z	[z]	wie in Wie**se**	zero *(Null)*, zona *(Gebiet)*, azulejo *(Kachel)*, azul *(Blau)*
z	[ʃ]	wie in **Sch**ule	dez *(zehn)*, feliz *(glücklich)*, voz *(Stimme)*, cartaz *(Plakat)*

Die Doppelkonsonanten / As consonantes dobradas

Außer -cç, -rr und -ss tritt im Portugiesischen kein Konsonant als Doppelkonsonant auf: convicção *(Überzeugung)*, ficção *(Fiktion)*, carro *(Auto)*, garrafa *(Flasche)*, muitíssimo *(sehr)*, professor *(Lehrer)*. Eine Ausnahme hierzu bildet aber die Form connosco (bras. conosco – *mit uns*). Dies ist die einzige Form im Portugiesischen, in der ein Doppel-**n** steht.

Test 2

Wo wird c «weich» bzw. «hart» ausgesprochen? Ordnen Sie die Wörter den folgenden Kategorien zu:

c = (k): . . . .

c = (s): . . . .

caótico *(chaotisch)*	cão (bras.: cachorro) *(Hund)*	código *(Kodex)*
cilindro *(Zylinder)*	canal *(Kanal)*	escola *(Schule)*

cozinha *(Küche)*	médico *(Arzt)*	desculpe! *(Entschuldigung!)*
escândalo *(Skandal)*	especial *(speziell)*	cor *(Farbe)*
cena *(Szene)*	índice *(Index)*	incómodo *(unbequem)*

Die portugiesische Phonetik / A fonética

Die Vokale / As vogais

A

offen wie in *alle*	[a]	cá *(hier)*, chá *(Tee)*, lado *(Seite)*, gato *(Kater)*, prato *(Teller)*, rato *(Maus)*, sala *(Raum)*
geschlossen wie in *Rose*	[ɐ]	casa *(Haus)*, conta *(Rechnung)*, fama *(Ruhm)*, nota *(Note)*, rua *(Straße)*, a *(die)*
nasaliert vor m oder n	[ɐ]	cama *(Bett)*, campo *(Feld)*, quanto *(wieviel)*, semana *(Woche)*
nasaliert und geschlossen	[ɐ]	maçã *(Apfel)*, manhã *(morgens)*, irmã *(Schwester)*, lã *(Wolle)*

E

offen wie in *hell*	[ɛ]	belo *(hübsch)*, café *(Kaffee)*, ela *(sie)*, festa *(Party)*, perto *(nah)*
geschlossen wie in *geben*	[e]	cedo *(früh)*, ele *(er)*, medo *(Angst)*, ver *(sehen)*
nasaliert vor m und n	[ĕ]	sempre *(immer)*, tempo *(Zeit)*, cento *(hundert)*, quente *(warm)*, gente *(Leute)*
am Wortende kaum hörbar	[ə]	cidade *(Stadt)*, tarde *(spät)*, onde *(Wo)*, bife *(Steak)*, ponte *(Brücke)*, verde *(grün)*
am Wortanfang vor -st, -x oder allein wie i	[i]	estar *(sein)*, estado *(Staat / Status)*, exame *(Examen)*, exercício *(Übung)*, e *(und)*

I

offen wie in *Minute*	[i]	bonito *(schön)*, fila *(Reihe)*, livro *(Buch)*, vida *(Leben)*
nasaliert vor m oder n	[i]	fim *(Ende)*, jardim *(Garten)*, sim *(Ja)*, cinco *(fünf)*, cinquenta *(fünfzig)*

O

offen wie in *offen*, mit Akzent: ó gesetzt wird ó	[ɔ]	bola *(Ball)*, nota *(Note)*, porta *(Tür)*, avó *(Großmutter)*, pó *(Staub)*, António
geschlossen wie in *Mode*, mit Akzent: ó gesetzt wird ô	[o]	bolo *(Kuchen)*, novo *(neu)*, fogo *(Feuer)*, avô *(Großvater)*, pôr *(setzten, stellen)*
nasaliert vor m oder n	[u]	bom *(gut)*, com *(mit)*, som *(Ton)*, fonte *(Quelle)*, pronto *(fertig)*
o wird wie [u] ausgesprochen		barco *(Schiff)*, barato *(billig)*, caro *(teuer)*, morar *(wohnen)*, português *(portugiesisch)*

U

langes u wie in *Ufer*	[u]	tudo *(alles)*, último *(letzter)*, tu *(du)*, sul *(Süd)*
nasaliert vor m oder n	[u]	algum *(irgendeiner)*, um *(ein)*, fundo *(tief)*, mundo *(Welt)*

Die Diphthonge / Os ditongos

ai		[aj]	pai *(Vater)*
au	betont: offen	[aw]	autocarro *(Bus)*, mau *(schlecht)*, aula *(Unterricht)*
ei	geschlossen	[ej]	leite *(Milch)*, peixe *(Fisch)*, rei *(König)*
éi	offen	[ɛj]	hóteis *(Hotel)*, papéis *(Papiere)*
eu	geschlossen	[ew]	eu *(ich)*, meu *(mein)*, teu *(dein)*, Europa
éu	offen	[ɛw]	céu *(Himmel)*, chapéu *(Hut)*
oi	geschlossen	[oj]	coisa *(Sache)*, oito *(acht)*, depois *(danach)*, pois *(also / nun / denn)*
ói	offen	[ɔj]	herói *(Held)*, lençóis *(Bettlacken)*
ou		[o]	sou *(bin)*, estou *(bin)*, outro *(andere)*
ui		[uj]	cuidado *(Vorsicht)*, muito *(viel)*

Nasaldiphthonge / Ditongos nasais

ão (am)	[ɐ̃w]	alemão *(deutsch, Deutscher)*, mão *(Hand)*, não *(nein)*, irmão *(Bruder)*
ãe (em)	[ɐ̃j̃]	mãe *(Mutter)*, bem *(gut)*, viagem *(Reise)*, tem (er/sie *hat)*
õe	[õj̃]	canções *(Lieder)*, corações *(Herzen)*, lições *(stundenweise)*

Betonung / A acentuação

Im Portugiesischen gibt es für die Betonung zwei grundlegende Regeln:

- Mehrsilbige Wörter, die im Schriftbild auf die Vokale **a**, **e** oder **o** oder auf **s** oder **m** enden (das sind die meisten portugiesischen Wörter), werden gewöhnlich auf dem Vokal der **vorletzten Silbe** betont.
- Mehrsilbige Wörter, die im Schriftbild auf die Vokale **i** oder **u** oder auf andere Konsonanten als **s** oder **m** (dies sind meist **l**, **r**, **z**) enden, betont man hingegen meist auf dem Vokal der **letzten Silbe**.

Eine von dieser Regel **abweichende Betonung** (insbesondere eine Betonung auf der drittletzten Silbe) wird durch einen **Akzent** (Akut oder Zirkumflex) angezeigt. Durch eine Tilde (~) gekennzeichnete nasale Vokale sind immer betont, es sei denn, ein anderer Vokal trägt einen Akut oder einen Zirkumflex.

Beispiele:
bel**e**za *(Schönheit)* – Betonung auf dem zweiten *e*
s**á**bado *(Samstag)* – Betonung auf dem ersten *a* mit dem Akut.
aqu**i** *(hier)* – Betonung auf dem *i*
Bras**i**l *(Brasilien)* – Betonung auf dem *i*
cant**a**r *(singen)* – Betonung auf dem zweiten *a*
combinaç**ã**o *(Kombination)* – Betonung auf dem *ã*
Crist**ó**vão *(Christoph)* – Betonung auf dem ersten *o* mit dem Akut.

Rechtschreibung / A ortografia

Die Akzente / Os acentos gráficos

Im Portugiesischen gibt es drei Akzente, die die Betonung anzeigen: acento agudo (´), acento grave (`) und acento circunflexo (^).
Der acento agudo (´) gibt an, dass der Vokal offen und betont ist: **á**gua *(Wasser)*, am**á**vel *(liebenswürdig)*, m**é**dico *(Arzt)*, caf**é** *(Kaffee)*, horr**í**vel *(schrecklich)*, v**í**rus *(Virus)*, pol**í**cia *(Polizei)*, p**ú**blico *(Publikum)*, t**ú**nel *(Tunnel)*, p**ó** *(Staub)*, av**ó** *(Großmutter)*, l**ó**gico *(logisch)*
Der acento grave (`) wird benutzt, um die Kontraktion der Präposition **a** mit dem bestimmten Artikel (a, as) und mit den Formen des Demonstrativpronomens (aquele, aquela, aquilo) anzugeben. Er zeigt an, dass der Vokal **a** offen ausgesprochen wird: **à**, **à**s, **à**quele(s), **à**quela(s), **à**quilo usw.
Der acento circunflexo (^) gibt an, dass der Vokal geschlossen und betont ausgesprochen wird: c**â**mara *(Rathaus)*, c**â**ntico *(Gesang)*, portugu**ê**s *(portugiesis-*

ch), m**ê**s *(Monat)*, ci**ê**ncia *(Wissenschaft)*, **ê**xito *(Erfolg)*, influ**ê**ncia *(Einfluss)*, av**ô** *(Großvater)*, p**ô**r *(setzen, stellen, legen)*, est**ô**mago *(Magen)*.

Die Tilde – o til (~) steht bei Nasalierungen: ã, ão, ãe, õe: irm**ã** *(Schwester)*, manh**ã** *(Morgen)*, alem**ão** *(Deutscher)*, p**ão** *(Brot)*, m**ãe** *(Mutter)*, alem**ãe**s *(Deutsche)*, p**ãe**s *(Brote)*, p**õe** *(setze)*, avi**õe**s *(Flugzeuge)*, le**õe**s *(Löwen)*
Abweichung: órfã *(Waisenmädchen)*, sótão *(Dachboden)*, órgão (*Orgel* und *Organ*), bênção *(Segen)*

Beachten Sie! Tome nota!
o público – *Publikum*
publico aus dem Verb *publicar (veröffentlichen)*
a fábrica – *Fabrik*
fabrica aus dem Verb *fabricar (herstellen)*

Groß- und Kleinschreibung / Emprego da maiúscula e da minúscula
Im Portugiesischen werden grundsätzlich alle Wörter klein geschrieben. Hier sind die wichtigsten Fälle, bei denen Großschreibung erfolgt:

- das erste Wort am Satzanfang:
  Bom dia! *Guten Morgen!* Como está? *Wie geht's?*
- Eigennamen von Personen und Institutionen:
  Luís de Camões, Ministério da Cultura, Instituto Camões, Universidade
- Kontinente, Länder, Städte, Provinzen:
  Europa, África, Angola, Brasil, Lisboa, Porto, Alentejo, Algarve
- Feiertage, Epochen:
  Natal *(Weihnachten)*, Páscoa *(Ostern)*, Idade Média *(Mittelalter)*
- Bücher, Zeitschriften und Zeitungsartikel:
  Os Lusíadas *(die Lusiaden)*, a Visão, o Expresso, o Público
- Internationale, bekannte Abkürzungen:
  ONU *(UNO)*, OTAN *(NATO)*, UE *(EU)*, UNESCO
- Studienfächer:
  Arquitetura *(Architektur)*, Direito *(Jura)*, História *(Geschichte)*, Medicina *(Medizin)*
- Anredeformen und Titel:
  Dona Maria *(Frau Maria)*, Doutor Pereira *(Herr Doctor Pereira)*, Doutora Cristina Sá *(Frau Doktor Cristina Sá)*

Wichtig / Importante:
Namen von Straßen, Plätzen und Gebäuden können sowohl groß als auch klein geschrieben werden:

Rua/rua do Ouro, Praça/praça Marquês de Pombal, Palácio/palácio das Necessidades

Die Namen der Wochentage, der Monate und der Jahreszeiten werden klein geschrieben: segunda-feira *(Montag)*, janeiro *(Januar)*, verão *(Sommer)*

Test 3

Markieren Sie die richtige Schreibweise.

a) Cara Manuela, eu estou bem e (tu / Tu)? *Liebe Manuela, mir geht es gut und dir?*
b) O (presidente / Presidente) chega amanhã. *Der Präsident kommt morgen.*
c) Em (agosto / Agosto) vamos para a praia. *Im August gehen wir zum Strand.*
d) Esta (igreja / Igreja) é muito bonita! *Diese Kirche ist sehr schön.*
e) Eu estudo (história / História). *Ich studiere Geschichte.*

Die Satzzeichen / A pontuação

Im Portugiesischen gelten die folgenden Satzzeichen:

O ponto final (.) Punkt	O Mário está em casa. *Mario ist zu Hause.*
A vírgula (,) Komma	O Carlos, a Carla e o Luís estão em Lisboa. *Carlos, Carla und Luís sind in Lissabon.*
O ponto e vírgula (;) Semikolon	Eu estou em casa; a Ana está na Universidade. *Ich bin zu Hause; Ana ist in der Universität.*
Os dois pontos (:) Doppelpunkt	A Rosa disse: Está a nevar! *Rosa hat gesagt: Es schneit.*
O ponto de exclamação (!) Ausrufezeichen	Ah! Que bonito! *Ah! Wie hübsch!*
O ponto de interrogação (?) Fragezeichen	Olá! Como estás? *Hallo! Wie geht es dir?*
As reticências (...) Auslassungspunkte	Luís, vê lá ... Pensa bem no que vais fazer. *Luís, schau mal ... Denk gut nach, was du tun wirst.*
As aspas (« ») Anführungszeichen	Camões escreveu «Os Lusíadas». *Camões hat die «Lusiaden» geschrieben.*
Parênteses ( ) Klammen	Estava sempre lá (no café) depois do jantar. *Er war immer dort (im Café) nach dem Abendessen.*

Travessão (–) Gedankenstrich

Tenho de ir para casa – disse a Ana ao Rui
Ich muss nach Hause gehen – sagte Ana zu Rui.

Diakritische Zeichen / Os sinais gráficos

A cedilha (‚): Um den Laut **s** zu erhalten, muss unter das **c** die cedilha gesetzt werden, wenn danach **a**, **o** oder **u** folgt: come**ç**ar *(beginnen)*, almo**ç**o *(das Mittagessen)*, a**ç**úcar *(Zucker)*, esta**ç**ão *(der Bahnhof)* ...
Hífen (-): Der Bindestrich wird bei zusammengesetzten Wörtern benutzt: arco-íris *(Regenbogen)*, guarda-chuva *(Regenschirm)*, obra-prima *(Meisterwerk)*

Bindestrich / O hífen

- o fim de semana *(Wochenende)*, o paraquedas *(Fallschirm)*: In einigen Fällen entfällt der Bindestrich (früher: fim-de-semana, para-quedas).
- hei de, hás de, há de, hão de: Bei den einsilbigen Formen des Verbs **haver de** (perifrastisches Futur) entfällt der Bindestrich (bisher: hei-de, hás-de, há-de, hão-de).
- **Nach Vorsilben**, etwa anti-, contra-, extra-, pré-, sub-, super-, ultra-, wird nach komplizierten Regeln teilweise ein Bindestrich gesetzt, teilweise nicht. Beispiele:
    - pré-história *(Vorgeschichte)*, anti-higiénico *(unhygienisch)*: Bindestrich, falls das folgende Wort mit «h» beginnt.
    - pró-europeu *(proeuropäisch)*: Bindestrich nach pré-, pró-, falls mit Akzent geschrieben.
    - micro-ondas *(Mikrowelle)*: Bindestrich, wenn die Vorsilbe mit einem Vokal endet und das folgende Wort mit demselben Vokal beginnt (früher: microondas). **Ausnahme: Vorsilbe co-**: cooperar *(zusammenarbeiten)*, coordenar *(anordnen, koordinieren)*.
    - ex-presidente, vice-presidente *(Ex-Präsident, Vizepräsident)*: Bindestrich nach ex- (in der Bedeutung ehemalig, und vice-.)
    - antirreligioso, antissemita *(unreligiös, Antisemit)* (früher anti-semita, anti-religioso), pressentimento *(Gefühl, Vorahnung)*: Endet die Vorsilbe mit Vokal und beginnt das folgende Wort beginnt mit r oder s, schreibt man keinen Bindestrich; das r oder s wird verdoppelt (Grund: So bleibt die Aussprache dieselbe wie bei r und s am Wortanfang).
    - autoestrada *(Autobahn)* (früher: auto-estrada): Kein Bindestrich, wenn die Vorsilbe auf einen Vokal endet und das folgende Wort mit anderem Vokal beginnt.

Orthographie-Übereinkommen / O acordo ortográfico

Im Laufe der Jahre hatte sich die Rechtschreibung in Brasilien und in Portugal etwas auseinander entwickelt. Insbesondere gab es Unterschiede bei der Akzentsetzung und dort, wo Rechtschreibung und Aussprache voneinander abwichen. In Brasilien tendierte man eher dazu, stumme Konsonanten wegfallen zu lassen, während sie in Portugal eher erhalten blieben. Im Jahr 1990 kam es zum Abschluss einer Übereinkunft zwischen portugiesischsprachigen Ländern (neben Portugal und Brasilien auch einigen afrikanischen Ländern) dem Orthographie-Übereinkommen der portugiesischen Sprache von 1990.

Mit einem Zusatzprotokoll von 2004 wurden weitere Voraussetzungen für ein Inkrafttreten geschaffen. Inzwischen ist die Übereinkunft in Brasilien und Portugal und einer Reihe weiterer Länder ratifiziert. In Brasilien wurde die Übereinkunft zum 1. Januar 2009 in Kraft gesetzt und ist nach einer Übergangszeit ab 1. Januar 2013 obligatorisch. In Portugal trat das Übereinkommen im Mai 2009 in Kraft. Die effektive Einführung der neuen Regeln ist im Gange. Ab dem Schuljahr 2011/2012 gilt die neue Rechtschreibung in den Schulen, ab 1. Januar 2012 für die staatlichen Behörden. Aber es gibt Zeitungen, Autoren, die sich nicht daran halten.

Es ist nicht möglich, hier alle Einzelheiten der neuen Rechtschreibung vorzustellen. Die wichtigsten neuen Regeln sollen jedoch kurz angesprochen werden.

- **Schreibung oder Wegfall von Konsonanten**
  Die ersten Konsonanten von Konsonantengruppen in den lateinischen Vorbildern der portugiesischen Wörter werden dann weggelassen, wenn sie nicht mehr gesprochen werden. Dabei geht es hauptsächlich um den Buchstaben «**c**» in den bisherigen Verbindungen «**cc**», «**cç**», «**ct**» und den Buchstaben «**p**» in den bisherigen Verbindungen «**pc**», «**pç**» und «**pt**».
  «**c**» **fällt weg,** da es nicht ausgesprochen wird:

alte Schreibung		**neue Schreibung**	
acção	→	ação	*Aktion, Tat, Wirkung*
afectivo	→	afetivo	*liebevoll*
acto	→	ato	*Tat, Handlung*
actor, actriz	→	ator, atriz	*Schauspieler(in)*
colecção	→	coleção	*Sammlung*
colectivo	→	coletivo	*gemeinsam, Kollektiv*
correcção	→	correção	*Korrektur, Zurechtweisung*
detectar	→	detetar	*entdecken, herausfinden*
direccção	→	direção	*Leitung, Direktion*
director	→	diretor	*Direktor*

directo	→	direto	*unmittelbar, direkt*
eléctrico	→	elétrico	*Straßenbahn*
exacto	→	exato	*genau, exakt*
intersecção	→	interseção	*Schnittpunkt*
objecção	→	objeção	*Einwand*
objecto	→	objeto	*Gegenstand*

«p» **fällt weg**, da es nicht mehr ausgesprochen wird:

baptismo	→	batismo	*Taufe*
Egipto	→	Egito	*Ägypten* aber egípcio *(ägyptisch)*
óptimo	→	ótimo	*sehr gut*

«c» **geschrieben**, da ausgesprochen:

compacto	*kompakt*
convicção	*Überzeugung*
convicto	*überzeugt*
impacto	*Auswirkung*
pacto	*Pakt, Vertrag*

«p» **geschrieben**, da ausgesprochen:

apto	*fähig, tauglich*
egípcio	*ägyptisch*
erupção	*Ausbruch*
as núpcias	*Hochzeit*
rapto	*Entführung*
réptil, répteis	*Reptil, Reptilien*

Werden das erste «c» oder das «p» in diesen Kombinationen je nach Sprachgebiet teils ausgesprochen, teils nicht, sind beide Schreibweisen möglich und folgen der jeweiligen Aussprache.

Verschiedene Schreibung beim Buchstaben «c»

in Portugal	in Brasilien	
aspeto	aspecto	*Aussehen*
cato	cacto	*Kaktus*
contacto	contato	*Kontakt*
dicção	dição	*Ausdrücksweise*
facto	fato	*Tatsache* («fato» heißt in Portugal *Anzug*)
secção	seção	*Abschnitt, Abteilung*

Verschiedene Schreibung beim Buchstaben «p»

in Portugal	in Brasilien	
conceção	concepção	*Entwurf*
corrupto	corruto	*korrupt, bestechlich*
recepção	receção	*Rezeption, Empfang*

Soweit verschiedene Schreibweisen zugelassen sind, sind die Fälle häufiger, in denen ein Konsonant in Brasilien stumm ist, in Portugal hingegen ausgesprochen und geschrieben wird. Es gibt aber auch umgekehrte Fälle.

Akzentsetzung

- In Brasilien fällt das Trema weg: **cinquenta** *(fünfzig)*, **tranquilo** *(ruhig)* (bisher: cinqüenta, tranqüilo). Ferner fallen einige Akzente beim Doppelvokal «ei» in betonter vorletzter Silbe oder bei Wörtern auf «oo» weg: **ideia** *(Idee)*, **europeia** (*Europäerin*; weibl.), **voo** *(Flug)* (bisher idéia, européia, vôo).
- Zwischen ele **para** (er hält an; früher: pára) und **para** *(nach)* oder eu **pelo**, ele **pela** (*ich schäle, er schält*; früher: pélo, péla) und **pelo/pela** (= por + o/a) wird nicht mehr durch Akzente unterschieden. Die Unterscheidung zwischen **pôr** *(stellen, legen)* und **por** *(durch; von)* durch den Zirkumflex bleibt erhalten.
- Einige Akzente auf dem Vokal oder Doppelvokal der vorletzten Silbe fallen weg: **leem** *(sie lesen)*, **deem** *(sie geben)*, **veem** *(sie sehen)* (bisher: lêem, dêem, vêem); **joia** *(Juwel)*, **heroico** *(heldenhaft)*, pelo *(Haar, Behaarung)* (bisher: jóia, heróico, pêlo); anders auf der letzten Silbe: **herói** *(Held)*.
- Die Schreibweise **têm, vêm** (*sie haben, sie kommen*, 3. Person Plural) im Unterschied zu **tem, vem** *(er hat, er kommt*, 3. Person Singular) bleibt erhalten.
- Soweit unterschiedliche Aussprachen üblich sind, insbesondere offenes «e» und «o» ([ɛ̲], [ɔ̲], geschrieben «**é**» und «**ó**») bzw. geschlossenes ([e̲], [o̲], geschrieben «**ê**» und «**ô**»), sind unterschiedliche Schreibweisen zugelassen: **anónimo** (pt.) / **anônimo** (bras.) (*anonym*), **génio** (pt.) / **gênio** (bras.) *(Genie)*, **económico** (pt.) / **econômico** (bras.) *(wirtschaftlich)*.

Kleinschreibung

Entgegen bisheriger Praxis werden künftig klein geschrieben:

- die Monatsnamen janeiro *(Januar)*, fevereiro *(Februar)*, março *(März)*, abril *(April)*, maio *(Mai)*, junho *(Juni)*, julho *(Juli)*, agosto *(August)*, setembro *(September)*, outubro *(Oktober)*, novembro *(November)*, dezembro *(Dezember)*
- die Jahreszeiten primavera *(Frühling)*, verão *(Sommer)*, outono *(Herbst)*, inverno *(Winter)*.

Kapitel 2

Das Substantiv / O substantivo

Hier sind einige portugiesische Vornamen:
Adriana, Adriano, Ana, Antónia, António, Carla, Carlos, Fernanda, Fernando, Maria, Mário.
1. Welche dieser Namen gehören Ihrer Meinung nach zu einer weiblichen und welche zu einer männlichen Person?
männlich: ....
weiblich: ....

Was Sie vorab wissen sollten:
Substantive sind im Portugiesischen entweder maskulin oder feminin; im Gegensatz zum Deutschen gib es kein Neutrum. Es leuchtet daher ein, dass das grammatische Geschlecht (Genus) eines portugiesischen Substantivs oft nicht mit dem seiner deutschen Entsprechung übereinstimmt. So ist z.B. carro *(Auto)* im Portugiesischen maskulin, das deutsche Wort «Auto» aber sächlich, oder trabalho *(Arbeit)*, banco *(Bank)* im Portugiesischen maskulin, im Deutschen dagegen feminin.

Wie erkennen Sie nun, ob ein Substantiv maskulin oder feminin ist? Die meisten männlichen Substantive enden auf **-o**, die meisten weiblichen auf **-a**. Doch gibt es weitere Endungen, die sich folgendermaßen kategorisieren lassen:

Männliche Substantive enden meistens auf:

-o	o livro *(das Buch)*, o mundo *(die Welt)*, o instituto *(das Institut)*
	aber: a foto *(das Foto)*, a tribo *(der Volksstamm)*, a moto *(das Motorrad)*
-i	o javali *(das Wildschwein)*, o jurí *(die Jury)*
-á	o Canadá *(Kanada)*, o chá *(der Tee)*, o sofá *(das Sofa)*
	aber: a pá *(die Schaufel)*
-ém	o armazém *(das Lagerhaus)*, o refém *(die Geisel)*
-em	o homem *(der Mann, Mensch)*
-im	o jardim *(der Garten)*, o fim *(das Ende)*, o marfim *(das Elfenbein)*
-om	o som *(der Klang)*, o dom *(die Gabe)*, o tom *(der Ton)*
-um	o álbum *(das Album)*, o atum *(der Thunfisch)*
-ume	o lume *(das Feuer)*, o cardume *(der Fischschwarm)*, o ciúme *(die Eifersucht)*
-u	o cacau *(der Kakao)*, o peru *(der Truthahn)*
-eu	o liceu *(das Gymnasium)*

-éu	o céu *(der Himmel)*, o réu *(der Angeklagte)*, o troféu *(die Trophäe)*
-oi	o boi *(der Ochse)*
-ói	o herói *(der Held)*
-ão	o cão *(der Hund)*, o avião *(das Flugzeug)*, o coração *(das Herz)* aber: a mão *(die Hand)*, a reunião *(die Sitzung)*, a produção *(die Produktion)*
-ar	o jantar *(das Abendessen)*, o mar *(das Meer)*, o azar *(das Pech)*
-er	o prazer *(das Vergnügen)* aber: a mulher *(die Frau)*, a colher *(der Löffel)*
-az	o rapaz *(der Junge)*, o cartaz *(das Plakat)* aber: a paz *(der Friede)*, a cruz *(das Kreuz)*, a luz *(das Licht)*
-or	o favor *(der Gefallen)*, o gravador *(der Recorder)*, o motor *(der Motor)* aber: a cor *(die Farbe)*, a dor *(der Schmerz)*, a flor *(die Blume)*
-oz	o arroz *(der Reis)* aber: a foz *(die Mündung)*, a noz *(die Nuss)*, a voz *(die Stimme)*
-l	o animal *(das Tier)*, o sal *(das Salz)*, o anel *(der Ring)*, o sol *(die Sonne)* aber: a catedral *(die Kathedrale)*, a cal *(der Kalk)*

Weibliche Substantive enden meistens auf:

-a	a porta *(die Tür)*, a semana *(die Woche)*, a casa *(das Haus)* aber: o dia *(der Tag)*, o mapa *(die Landkarte)*, o clima *(das Kima)*
-ã	a alemã *(die Deutsche)*, a lã *(die Wolle)*, a manhã *(der Morgen)* aber: o ecrã *(der Bildschirm / die Leinwand)*
-ei	a lei *(das Gesetz)*
-ice	a malandrice *(der Streich)*, a meiguice *(die Zärtlichkeit)*, a velhice *(das Alter)* aber: o índice *(das Verzeichnis)*, o cálice *(der Kelch)*
-iz	a imperatriz *(die Kaiserin)* aber: o giz *(die Kreide)*, o juiz *(der Richter)*, o nariz *(die Nase)*
-ez	a vez *(das Mal)*, a rapidez *(die Schnelligkeit)*, a surdez *(die Taubheit)*
-agem	a paragem *(die Haltestelle)*, a coragem *(der Mut)*, a viagem *(die Reise)*
-ção	a estação *(der Hauptbahnhof)*, a produção *(die Produktion)*, a divisão *(die Teilung)* aber: o coração *(das Herz)*, o perdão *(die Vergebung)*
-dão	a certidão *(die Bescheinigung)*
-ude	a juventude *(die Jugend)*
-ade	a cidade *(die Stadt)*, a intensidade *(die Intensität)*, a idade *(das Lebensalter)* aber: o abade *(der Abt)*

-ão Viele Substantive auf -ão, insbesondere die Abstrakta:
a perfeição *(die Vollkommenheit)*, a solidão *(die Einsamkeit)*

Die Erkennung des Geschlechtes aufgrund der Bedeutung / O reconhecimento do género com base do significado

- Männlich sind:

Sprachen	**o** português, **o** inglês, **o** alemão, **o** chinês
Himmelsrichtungen	**o** sul *(Süden)*, **o** norte *(Norden)*, **o** leste *(Osten)*, **o** oeste *(Westen)*
Meere, Flüsse	**o** Atlântico, **o** Pacífico, **o** Tejo, **o** Douro, **o** Amazonas
Zahlen, Buchstaben	**o** um *(die Eins)*, **o** dois *(die Zwei)*, **o** três *(die Drei)*, **o** a *(das A)*, **o** b *(das B)*
Farben	**o** branco *(das Weiß)*, **o** azul *(das Blau)*, **o** preto *(das Schwarz)*, **o** vermelho *(das Rot)*

Namen von Automarken, Schiffen und Flugzeugtypen, wie z. B. **o** Mercedes, **o** Volvo, **o** BMW, **o** Toyota, **o** Titanic, **o** Santa Maria, **o** Boeing, **o** Columbia
Aber wenn ein Automobilunternehmen gemeint ist, wird der Name der Automarke mit dem femininen Artikel verbunden: **a** Audi, **a** Mercedes, **a** Volkswagen, **a** Fiat, **a** Volvo ...

- Weiblich sind:

Obstbäume	**a** laranjeira *(der Orangenbaum)*, **a** amendoeira *(der Mandelbaum)*	
	aber:	o castanheiro *(der Kastanienbaum)*, o limoeiro *(der Zitronenbaum)*
Früchte	**a** laranja *(die Orange)*, **a** castanha *(die Kastanie)*, **a** cereja *(die Kirsche)*, **a** pêra *(die Birne)*	
	aber:	**o** figo *(die Feige)*, **o** limão *(die Zitrone)*, **o** morango *(die Erdbeere)*
Wissenschaft	**a** história *(die Geschichte)*, **a** medicina *(die Medizin)*, **a** biologia *(die Biologie)*, **a** engenharia *(das Ingenieurwesen)*	
	aber:	**o** direito *(Jura, das Recht)*

- Bei den Wochentagen sind weiblich: **a** segunda-feira *(Montag)*, **a** terça-feira *(Dienstag)*, **a** quarta-feira *(Mittwoch)*, **a** quinta-feira *(Donnerstag)*, **a** sexta-feira *(Freitag)*.
aber: **o** sábado *(Samstag)* und **o** domingo *(Sonntag)* sind maskulin.

- Einige Substantive werden männlich oder weiblich gebraucht:

Endung auf	männlich	weiblich
-a	o artista *(der Künstler)*	a artista *(die Künstlerin)*
-e	o amante *(der Liebhaber)*	a amante *(die Liebhaberin)*
-ista	o jornalista *(der Journalist)*	a jornalista *(die Journalistin)*
-ente	o doente *(der Kranke)*	a doente *(die Kranke)*
-ante	o estudante *(der Student)*	a estudante *(die Studentin)*

- Einige Substantive sind für beide Geschlechter gleich:
  a criança *(das Kind)*, a testemunha *(der Zeuge; die Zeugin)*, a vítima *(das Opfer)*, o ídolo *(das Idol)*, o indivíduo *(das männliche/weibliche Individuum)*

- Einige Substantive haben verschiedene Bedeutungen, je nachdem, ob sie männlich oder weiblich verwendet werden:
  o/a capital *(das Kapital / die Hauptstadt)*, o/a final *(das Ende / das Endspiel)*, o/a rádio *(das Radiogerät / der Radiosender)*, o/a polícia *(der Polizist / die Polizei)*, o/a caixa *(der Kassierer / die Kasse)*

- Es gibt Substantive mit einer männlichen und einer weiblichen Form, die aber unterschiedliche Bedeutung haben:

o ato *(die Tat)*	a ata *(das Protokoll)*
o banho *(das Bad)*	a banha *(das Tierfett)*
o bolo *(der Kuchen)*	a bola *(der Ball)*
o cargo *(das Amt)*	a carga *(die Last)*
o conto *(die Erzählung)*	a conta *(die Rechnung)*
o fado *(der Gesang)*	a fada *(die Fee)*
o luto *(die Trauer)*	a luta *(der Kampf)*
o modo *(die Art)*	a moda *(die Mode)*
o pimento *(die Paprika)*	a pimenta *(der Pfeffer)*
o prato *(der Teller)*	a prata *(das Silber)*
o tesouro *(der Schatz)*	a tesoura *(die Schere)*
o troco *(das Wechselgeld)*	a troca *(der Tausch)*
o visto *(das Visum)*	a vista *(die Aussicht)*

Beachten Sie! Tome nota!

Im Falle von *o físico (der Physiker)*, *o químico (der Chemiker)*, *o músico (der Musiker)*, *o político (der Politiker)* bezeichnet die feminine Entsprechung *a física*, *a química*, *a música*, *a política* die jeweilige Disziplin und die Vertreterin des Faches.

Die Bildung der weiblichen Form / A formação do género feminino

Endung auf	männlich	weiblich
-o	o amig**o** *(der Freund)*	**a** amig**a**
-or	o professor *(der Lehrer)*	**a** professor**a**
-ês	o português *(der Portugiese)*	**a** portugues**a** (Akzent entfällt)
-l	o espanhol *(der Spanier)*	**a** espanhol**a**
-z	o juíz *(der Richter)*	**a** juíz**a**
-e	o monge *(der Mönch)*	**a** monj**a**
-ão	o alemão *(der Deutsche)*	**a** alem**ã**

Sonderformen:
o rapaz *(der Junge)* a rapariga *(das Mädchen)*
o homem *(der Mann)* a mulher *(die Frau)*
o avô *(der Großvater)* a avó *(die Großmutter)*
o pai *(der Vater)* a mãe *(die Mutter)*
o rei *(der König)* a rainha *(die Königin)*
o padrinho *(der Pate)* a madrinha *(die Patin)*
o ator *(der Schauspieler)* a atriz *(die Schauspielerin)*
o boi *(der Ochse)* a vaca *(die Kuh)*

Test 1
Überlegen Sie, welche der folgenden Substantive maskulin bzw. feminin sind, und ordnen Sie diese der entsprechenden Kategorie zu:

ano *(Jahr)*	pai *(Vater)*	árvore *(Baum)*	viagem *(Reise)*
museu *(Museum)*	lugar *(Platz)*	país *(Land)*	rua *(Straße)*
papel *(Papier)*	lápis *(Bleistift)*	cidade *(Stadt)*	flor *(Blume)*

maskulin: . . . .
feminin: . . . .

Test 2
Wie lautet die weibliche Form von:

amigo *(Freund)*	tradutor *(Übersetzer)*	professor *(Lehrer)*
cliente *(Kunde)*	diretor *(Direktor)*	inglês *(Engländer)*
francês *(Franzose)*	vizinho *(Nachbar)*	gato *(Kater)*

Die Pluralbildung / A formação do plural

- Im Portugiesischen enden die meisten Substantive auf den Vokalen **-o** oder **-a** und erhalten im Plural die Endung -**s**:

Singular	Plural
o livro *(das Buch)*	**os** livro**s** *(die Bücher)*
a escola *(die Schule)*	**as** escola**s** *(die Schulen)*

Auch Fremdwörter bilden meistens den Plural mit -s:

o e-mail *(die E-Mail)*	os e-mails *(die E-Mails)*
o ballet *(das Ballett)*	os ballets *(die Ballette)*
o hobby *(das Hobby)*	os hobbies *(die Hobbys)*
o déficit *(das Defizit)*	os déficits *(die Defizite)*

Beachten Sie! Tome nota!
Die Abkürzungen CD und DVD bleiben im Plural unverändert: os CD/DVD (die CDs/DVDs)

- Endet das Substantiv auf **-r**, **-s** oder **-z**, wird **-es** angehängt:

o professor *(der Lehrer)*	**os** professor**es**
a colher *(der Löffel)*	**as** colher**es**
o país *(das Land)*	**os** país**es**
o inglês *(der Engländer)*	**os** ingles**es**
a noz *(die Nuss)*	**as** noz**es**
o nariz *(die Nase)*	**os** nariz**es**

- Endet das Substantiv auf **-m**, wird der Plural mit -**ns** gebildet:

o jardim *(der Garten)*	**os** jardi**ns** *(die Gärten)*
a viagem *(die Reise)*	**as** viage**ns** *(die Reisen)*

- Endet das Substantiv auf einem betontem **-al**, **-el**, **-il**, **-ol** und **-ul**, wird wie folgt gebildet:

o jornal *(die Zeitung)*	**os** jorna**is**
o animal *(das Tier)*	**os** anima**is**
o papel *(das Papier)*	**os** pap**éis**
o hotel *(das Hotel)*	**os** hot**éis**
Ausnahme: o mel *(der Honig)*	os meles
o funil *(der Trichter)*	os fun**is**
o canil *(die Hundehütte)*	os can**is**
o espanhol *(der Spanier)*	os espanh**óis**
o farol *(der Leuchtturm)*	os far**óis**
o azul *(das Blau)*	azu**is** *(die Blautöne)*

aber: o cônsul *(der Konsul)*, os cônsules *(die Konsuln)*, o mal *(das Übel)*, os males *(die Übel)*

- Endet das Substantiv auf einem unbetontem **-el**, **-il**, **-ol**, wird der Plural wie folgt gebildet:

o nível *(das Niveau)*	os nív**eis**	o túnel *(der Tunnel)*	os tún**eis**
o réptil *(das Reptil)*	os répt**eis**	o barril *(das Fass)*	os barr**is**
o álcool *(der Alkohol)*	os álco**ois**	o sol *(die Sonne)*	os s**óis**

- Endet das Substantiv auf **-ão**, endet der Plural regelmäßig auf **-ões**. Daneben existieren jedoch auch einige unregelmäßige Endungen auf **-ãos** oder **-ães**:
  a excursão *(die Exkursion)* as excurs**ões**
  a situação *(die Situation)* as situaç**ões**
  o irmão *(der Bruder)* os irm**ãos**
  a mão *(die Hand)* as m**ãos**
  o alemão *(der Deutsche)* os alem**ães**
  o pão *(das Brot)* os p**ães**
- Einige Substantive sind im Plural unverändert:
  o atlas *(der Atlas)* os atlas *(die Atlanten)*; o lápis *(der Bleistift)* os lápis *(die Bleistifte)*; o vírus *(der Virus)* os vírus *(die Viren)*
- Einige Substantive gibt es nur im Plural, z. B.:
  as férias *(die Ferien)*; os óculos *(die Brille(n))*; os parabéns *(Glückwunsch(e)*, os víveres *(Lebensmittel)*, as núpcias *(Flitterwochen)*

Beachten Sie! Tome nota!

Einige Substantive gibt es nur im Singular:
o ouro *(das Gold)*, a prata *(das Silber)*, o leite *(die Milch)*, o trigo *(der Weizen)*, o norte *(der Norden)*, o sul *(der Süden)*, a matemática *(die Mathematik)*, a música *(die Musik)*, a caridade *(die Barmherzigkeit)*

Plural der zusammengesetzten Substantive

- beide Teile im Plural
  Substantiv + Substantiv
  o/a redator-chefe *(Chefredakteuer)* os redator**es**-chef**es**
  Substantiv + Adjektiv
  a obra-prima *(Meisterwerk)* as obra**s**-prima**s**
  Adjektiv + Substantiv
  a segunda-feira *(Montag)* as segunda**s**-feira**s**
- nur der 1. Teil im Plural
  Substantiv + de + Substantiv
  o chapéu-de-sol *(Sonnenschirm)* os chapéu**s**-de-sol

Substantiv + Substantiv

a bomba-relógio *(Bombe mit Zeitzünder)*	**as** bomba**s**-relógio

- nur der 2. Teil im Plural

Verb + Substantiv

o/a porta-voz *(Sprecher)*	os/as porta-vozes

- beide Teile unveränderlich

o arranha-céus *(Wolkenkratzer)*	**os** arranha-céus
o saca-rolhas *(Korkenzieher)*	**os** saca-rolha**s**

Sonderbedeutung portugiesischer Pluralformen

a água *(das Wasser)*	as águas *(das Heilwasser / die Heilquellen)*
o bem *(das Gute)*	os bens *(das Vermögen)*
o correio *(die Post)*	os Correios *(das Postamt)*
a féria *(der Lohn)*	as férias *(die Ferien)*
a costa *(die Küste)*	as costas *(die Küsten / der Rücken)*

Redewendungen mit Substantiven im Plural

em princípios de abril – *Anfang April*
em meados de fevereiro – *Mitte Februar*
fazer as pazes – *Frieden schließen*
fazer compras – *Einkaufen gehen*
Boas entradas! – *Guten Rutsch!*
As melhoras! – *Gute Besserung!*
Fazer cócegas. – *Kitzeln*
Muitos Parabéns! – *Herzlichen Glückwunsch!*

Test 3

a) Welche der folgenden Substantive sind maskulin und welche sind feminin?

amor *(Liebe)*	região *(Region)*	mês *(Monat)*
cartão *(Karton)*	local *(Lokal)*	céu *(Himmel)*
lição *(Lektion)*	exame *(Prüfung)*	couve-flor *(Blumenkohl)*
motor *(Motor)*	raíz *(Wurzel)*	juiz *(Richter)*
sal *(Salz)*	garagem *(Garage)*	homem *(Mann)*

maskulin: ....
feminin: ....

b) Wie lautet der Plural dieser Substantive?

Test 4

a) Geben Sie an, ob die folgenden Substantive maskulin oder feminin sind oder für beide Geschlechter stehen können:

artista: m . . . / f . . .	dentista: m . . . / f . . .	jornalista: m . . . / f . . .
pianista: m . . . / f . . .	programa: m . . . / f . . .	drama: m . . . / f . . .
clima: m . . . / f . . .	sistema: m . . . / f . . .	planeta: m . . . / f . . .
estudante: m . . . / f . . .	colega: m . . . / f . . .	poema: m . . . / f . . .
idioma: m . . . / f . . .	turista: m . . . / f . . .	tema: m . . . / f . . .

Beachten Sie! Tome nota!

A mulher-polícia – *die Polizistin*
A polícia – *die Polizei*
O carteiro – *der Briefträger*
O casteirista – *der Taschendieb*

Der Artikel / O artigo

Tenho **uma** pergunta. / *Ich habe **eine** Frage.*

Der Artikel richtet sich in Geschlecht und Zahl nach dem Substantiv, das er begleitet. Man unterscheidet wie im Deutschen zwischen bestimmtem und unbestimmtem Artikel. Im Unterschied zum Deutschen gibt es im Portugiesischen nur zwei grammatische Geschlechter: maskulin und feminin. In der Regel sind Substantive mit der Endung auf **o** männlich und auf **a** weiblich, aber nicht immer. Einen sächlichen Artikel (das) gibt es nicht. Im BP wird der Artikel im Vergleich zum EP öfter weggelassen.

Der bestimmte Artikel / O artigo definido

A casa é bonita. – *Das Haus ist schön.*

Singular	Plural	
maskulin	**o** livr**o** *(das Buch)*	**os** livr**os** *(die Bücher)*
feminin	**a** rua *(die Straße)*	**as** ruas *(die Straßen)*

Ausnahmen: o dia *(der Tag)*, o mapa *(die Karte)*, o poeta *(der Dichter)*, o programa *(das Programm)*, o sistema *(das System)*, o problema *(das Problem)*, o cinema *(das Kino)*, o tema *(das Thema)*, o diploma *(das Diplom)*, o sofá *(das Sofa)*, o chá *(der Tee)*, o drama *(das Drama)*, o clima *(das Klima)* ...

Zum Gebrauch des bestimmten Artikels / Uso do artigo definido

- Bei Eigen- und Familiennamen und besonders bei vertrauten Personen:
  O Carlos é português. *Carlos ist Portugiese.*
  Os Oliveiras moram em Coimbra. *Die Oliveiras wohnen in Coimbra.*
  O André vem hoje. *André kommt heute.*
- Bei Titeln und in der indirekten Anrede:
  O Dr. Silva é médico de clínica geral. *Dr. Silva ist Allgemeinmediziner.*
  A senhora conhece Lisboa? *Kennen Sie Lissabon?*
  (aber nicht in der direkten Anrede: Olá (bras.: Oi) Paulo! *Hallo Paulo!*)

- Vor dem Possessivpronomen (allerdings nur in Portugal):
  A minha amiga fala alemão e português. Este é **o** meu livro. *Meine Freundin spricht Deutsch und Portugiesisch. Dieses ist mein Buch.* Eu tenho **o** meu carro aqui. *Ich habe mein Auto hier.*
- Bei geographischen Bezeichnungen: Kontinenten, Ländern und Regionen:
  A Alemanha, **o** Brasil, **os** Estados Unidos, **a** América, **a** Ásia, **a** Europa (dazu gibt es auch Ausnahmen: Angola, Cabo Verde, Cuba, Israel, Macau, Marrocos, Mónaco, Moçambique, Portugal, São Tomé e Príncipe, São Salvador, Timor)
  Os Alpes são lindos! *Die Alpen sind wunderschön!* **O** Douro é fantástico. *Der Fluss Douro ist fantastisch.*
- Bei Firmennamen, Namen von Sportmannschaften und Namen von Organisationen:
  A Audi apresentou o novo modelo. *Audi stellte das neue Modell vor.*
  A equipa (bras.: equipe) do Futebol Clube do Porto (FCP) venceu o campeonato. *Die Fußballmannschaft des F.C. Porto hat die Meisterschaft gewonnen.*
  A OTAN – die NATO, **a** UE – die EU, **a** ONU – die UNO
- Bei Wochentagen, Feiertagen und Jahreszeiten:
  O sábado *(Samstag)*, **o** domingo *(Sonntag)*, **o** Natal *(Weihnachten)*, **a** Páscoa *(Ostern)*, **o** inverno *(Winter)*, **a** primavera *(Frühling)*
  (aber nicht bei Monaten und Daten: Estamos em janeiro. *Es ist Januar.* É dia 1 de janeiro. *Es ist der erste Januar.* Olá (bras.: Oi) Paulo! *Hallo Paulo!*)
- Zur Angabe der Uhrzeit und der Tageszeit:

À uma hora – *um 13 Uhr*	**às** duas horas – *um 14 Uhr*
ao meio dia – *mittags*	**à** meia noite – *um Mitternacht*
à tarde – *nachmittags*	**à** noite – *nachts / abends*

- Vor Städtenamen steht in der Regel kein bestimmter Artikel. Aber einige Städte werden mit Artikel gebraucht:
  O Porto *(Hafen)*, **o** Rio de Janeiro *(Januarfluss)*, **o** Funchal *(Fenchelfeld)* é a capital da Madeira. *Funchal ist die Hauptstadt von Madeira.*

Beachten Sie! Tome nota!

- In Verbindung mit falar – *sprechen* und estudar – *studieren* steht das Substantiv in der Regel ohne Artikel. Eu falo alemão. *Ich spreche Deutsch.* Eu estudo matemática. *Ich studiere Mathematik.*
- Bei der direkten Anrede entfällt der Artikel: Mora em Lisboa, senhor Manuel? *Wohnen Sie in Lissabon, Herr Manuel?* Tudo bem, Ana? *Alles klar, Ana?)*

Im Gegensatz zum Deutschen steht im Portugiesischen der bestimmte Artikel bei Gattungsnamen, Stoffnamen und Abstrakta:
O açúcar faz mal à saúde. *Zucker ist schlecht für die Gesundheit.*
O português é uma língua românica. *Portugiesisch ist eine romanische Sprache.*
A união faz a força. *Einigkeit macht stark.*

Im Gegensatz zum Deutschen fehlt der bestimmte Artikel im Portugiesischen bei Monatsnamen und Ausdrücken mit transitiven Verben:
Abril águas mil. *Der April macht, was er will.*
Pagar metade. *Die Hälfte (be)zahlen.*
Declarar guerra a alguém. *Jdm. den Krieg erklären.*

Die Verschmelzung von Präpositionen mit dem bestimmten Artikel / A contração do artigo com preposição

	o	a	os	as
a *(nach, zu, bei, auf, in ...)*	ao	à	aos	às
de *(von, aus ...)*	do	da	dos	das
em *(in, auf, an ...)*	no	na	nos	nas
por *(durch, für, über ...)*	pelo	pela	pelos	pelas

Beispiele / Exemplos:
Vamos **ao** teatro. *Wir gehen ins Theater.*
Telefono **à** Cristina. *Ich rufe Cristina an.*
O carro **do** André. *Andrés Auto.*
O livro **da** Ana. *Das Buch von Ana.*
Estamos **no** Brasil. *Wir sind in Brasilien.*
Estou **na** escola. *Ich bin in der Schule.*
Vou viajar **pela** Europa. *Ich werde durch Europa reisen.*
Vou **pela** auto estrada. *Ich fahre über die Autobahn.*

Test 1

a) Überlegen Sie, welche der folgenden Substantive männlich und welche weiblich sind. Ordnen Sie jedem Substantiv den bestimmten Artikel im Singular zu:

.... economia *(die Wirtschaft)*
.... comboio *(der Zug)*
.... quarto *(das Zimmer)*
.... avião *(das Flugzeug)*
.... erro *(der Fehler)*
.... empresa *(das Unternehmen)*
.... efeito *(die Wirkung)*
.... mochila *(der Rücksack)*

. . . . greve *(der Streik)*
. . . . jornal *(die Zeitung)*
. . . . idioma *(das Idiom, die Sprache)*
. . . . clima *(das Klima)*
. . . . televisão *(das Fernsehen)*
. . . . mar *(das Meer)*
. . . . planeta *(der Planet)*
. . . . exame *(das Examen)*

Setzen Sie nun Artikel und Substantive in den Plural.

Test 2
Setzen Sie den bestimmten Artikel ein:
. . . . mesmo comboio (bras.: trem) *der gleiche Zug*
. . . . roupa velha *die alte Kleidung*
. . . . minha empresa *mein Unternehmen*
. . . . última rua *die letzte Straße*
. . . . mesma hora *die gleiche Stunde*
. . . . nossa cidade *unsere Stadt*
. . . . outro quarto *das andere Zimmer*
. . . . nosso país *unser Land*

Test 3
Stellen Sie in den Sätzen fest, ob der bestimmte Artikel verwendet wird oder nicht:

1. Falas (o / θ?) português? *Sprichst du Portugiesisch?*
2. Gosto de (o / θ?) vinho. *Ich mag Wein.*
3. (a / θ?) minha amiga é alemã. *Meine Freundin ist Deutsche.*
4. Bom dia (a / θ?), professora! *Guten Tag, Frau Professorin!*
5. Como está, (a / θ?) senhora Maria? *Wie geht es Ihnen, Frau Maria?*
6. Nós vamos sempre para (o / θ?) Algarve. *Wir fahren immer in die Algarve.*
7. (A / θ?) eu tenho gripe. *Ich habe Grippe.*
8. (O / θ?) Alentejo é uma bela região. *Alentejo ist eine schöne Region.*

Der unbestimmte Artikel / O artigo indefinido

Um livro novo. – ***Ein*** *neues Buch.*

Singular	Plural	
maskulin	**um** carro (*ein Auto*)	**uns** carr**os**
feminin	**uma** biciclet**a** (*ein Fahrrad*)	**umas** biciclet**as**

Zum Gebrauch des unbestimmten Artikels / O uso do artigo indefinido

Im Deutschen gibt es keinen Plural des unbestimmten Artikels. Der portugiesische unbestimmte Artikel im Plural **uns/umas** kann mit *ein paar, (so) ein paar, einige* übersetzt werden. Im Zusammenhang mit Zahlen bedeutet er *ungefähr, etwa*.
Eu tenho **uns** amigos portugueses. *Ich habe einige portugiesische Freunde.* A Claudia tem **uns** vinte anos. *Claudia ist ungefähr 20 Jahre alt.* Ele não tem **um** centésimo. *Er hat keinen einzigen Cent.* Não falo nem **uma** palavra alemão. *Ich spreche kein einziges deutsches Wort.*

Beachten Sie! Tome nota!

Im Unterschied zum Deutschen steht der unbestimmte Artikel nicht bei:
Bebi **meio** litro de leite. *Ich habe einen halben Liter Milch getrunken.*
Tens telemóvel (bras.: celular)? *Hast du ein Handy?*
Tens namorado/a? *Hast du eine(n) feste(n) Freund / in?*
Quero **meia** dose, por favor. *Ich nehme eine halbe Portion, bitte*
Que carro porreiro! *Was für ein cooles Auto!*

Die Verschmelzung von Präpositionen mit dem unbestimmten Artikel / A contração do artigo indefinido com preposição

de + um = dum	de + uma = duma	de + uns = duns	de + umas = dumas
em + um = num	em + uma = numa	em + uns = nuns	em + umas = numas

Estou a ler um e-mail **dum** amigo meu. *Ich lese gerade eine E-Mail eines meiner Freunde.*
Eles precisam **dumas** boas dicas. *Sie brauchen ein paar gute Tipps.*
A Isabel mora **num** grande apartamento. *Isabel wohnt in einer großen Wohnung.*
Estamos **numa** situação difícil. *Wir sind in einer schwierigen Lage.*

Beachten Sie! Tome nota!

Im Brasilianischen verschmelzen Artikel und Präposition nicht miteinander!
A casa é **de um** amigo meu. *Das Haus ist von einem Freund von mir.*
Eu moro **em um** apartamento perto da praia. *Ich wohne in einer Wohnung in der Nähe vom Strand.*

Test 4

Setzen Sie den unbestimmten Artikel ein.

.... vestido *(ein Kleid)*

.... praia *(ein Strand)*

.... hora *(eine Stunde)*

.... universidade *(eine Universität)*

.... ano *(ein Jahr)*

.... problema *(ein Problem)*

.... oceano *(ein Ozean)*

.... organismo *(ein Organismus)*

.... aluno *(ein Schüler)*

.... iogurte *(ein Joghurt)*

.... artista *(eine Künstlerin)*

.... dia *(ein Tag)*

Test 5

Artikel oder nicht?

1. Nós falamos ...... português. *Wir sprechen Portugiesisch.*
2. ...... Portugal tem fronteira com ...... Espanha. *Portugal grenzt an Spanien.*
3. ...... verão é a estação do ano mais quente. *Der Sommer ist die wärmste Jahreszeit.*
4. Cristina, já conheces ...... meu irmão? *Cristina, kennst du schon meinen Bruder?*
5. ...... André, vais amanhã ao cinema? *André, gehst du morgen ins Kino?*
6. ...... minha amiga chama-se Carolina. *Meine Freundin heißt Carolina.*
7. ...... primeira capital do Brasil foi São Salvador. ...... segunda foi Rio de Janeiro e ...... terceira Brasilia. *Die erste Haupstadt Brasiliens war São Salvador, die zweite Rio de Janeiro und die dritte Brasilia.*
8. ...... 25 de abril é feriado nacional. É ...... dia da liberdade. *Der 25. April ist Nationalfeiertag. Es ist der Tag der Freiheit.*

Test 6

Bestimmter oder unbestimmter Artikel?

1. Lisboa é ...... cidade bonita. *Lissabon ist eine schöne Stadt.*
2. Portugal é ...... país da União Europeia. *Portugal gehört zur Europäischen Gemeinschaft.*
3. Eu conheço ...... pessoas que moram no Rio de Janeiro. *Ich kenne einige Leute, die in Rio de Janeiro wohnen.*
4. ...... portugueses costumam comer bacalhau no Natal. *Die Portugiesen essen für gewöhnlich Stockfisch an Weihnachten.*
5. Eu penso que o pai da Isabel deve ter ...... 50 anos. *Ich glaube, Isabels Vater wird etwa 50 Jahre alt sein.*
6. A Luísa tem ...... olhos azuis muito bonitos. *Luisa hat sehr schöne blaue Augen.*

7. ...... Carlos e ...... Carla são estudantes de Psicologia. *Carlos und Carla sind Psychologiestudenten.*
8. Lisboa fica a ...... 300 quilómetros do Porto. *Lissabon befindet sich etwa 300 km von Porto entfernt.*

Beachten Sie! Tome nota!

Kein unbestimmter Artikel in feststehenden Redewendungen
fazer boa figura – *eine gute Figur machen*
fazer sinal a alguém – *jemandem ein Zeichen geben*
pôr fim alguma coisa – *einer Sache ein Ende machen*

Das Verb / O verbo

Die Verbklassen

Im Portugiesischen gibt es drei Klassen von Verben, die sich in der Konjugation unterscheiden. Es gibt Verben auf:

-**ar**: comprar *kaufen*
-**er**: vender *verkaufen*
-**ir**: partir *abfahren*

Informationen zur Person

Aus den Endungen können wir ersehen, wer handelt. Die Subjektpronomen (eu, tu usw.) sind deshalb im Portugiesischen in der Regel nicht erforderlich.
Beispiel: Präsens Indikativ

Person	Singular		Plural	
1.	(eu)	compr-**o**	(nós)	compr-**amos**
2.	(tu)	compr-**as**	(vós)	compr-**ais**
3.	(ele/ela/você)	compr-**a**	(eles/elas/vocês*)	compr-**am**

* vocês ist der Plural von você und von tu. Es ersetzt in diesem letzten Fall *vós*, das selten gebraucht wird.

Informationen zur Zeit

Jeder Verbform ist auch zu entnehmen, wann und in welchem zeitlichen Rahmen etwas geschieht, z. B.:

compr-**o** *ich kaufe* comprá-**va** *ich kaufte*
comprar-**ei** *ich werde kaufen* se eu comprá-**sse** *wenn ich kaufte* usw.

Zeiten und Modi / Os tempos e modos

Übersicht der Zeiten und Modi

Die folgende Tabelle gibt Ihnen einen ersten Einblick, welche Zeiten und Modi im Portugiesischen zur Verfügung stehen. Sie finden die Formen von **comprar** *(kaufen)* nur in der ersten Person Singular (die Formen von *ich kaufe, ich kaufte, ich werde kaufen* usw.). Nur für den Imperativ haben wir als Beispiel die Du- und Sie-Form eingefügt: *Kauf! Kaufen Sie!*

Indikativ / Indicativo		**Konjunktiv** / Conjuntivo	
Das Präsens	Das Perfekt	Das Präsens	Das Perfekt
compr**o** *ich kaufe*	compr**ei** *ich habe gekauft*	compr**e** *ich möge kaufen bzw. ich kaufe*	tenha comprado *ich habe gekauft*
Das Imperfekt	Das zusammen-gesetzte Perfekt	Das Imperfekt	Das Futur I
compr**áva** *ich kaufte*	tinha comprado *ich hätte gekauft*	compr**asse** *ich kaufte bzw. ich würde kaufen*	comprar *ich werde kaufen*

Das Futur I	Das zusammengesetzte Plusquamperfekt	Das Futur II
compra**rei** *ich werde kaufen*	tinha comprado *ich hatte gekauft*	tiver comprado *ich werde gekauft haben*
Der Konditional I	Der Konditional II	Der Imperativ
compr**aria** *ich würde kaufen*	teria comprado *ich hätte gekauft / ich würde gekauft haben*	Compr**a**! Compr**em**! *Kaufen Sie! Kauft ihr!*
Das Gerundium	Das Partizip	Der persönliche Infinitiv
compr**ando** *kaufend*	compr**ado** *gekauft*	comprar *kaufen*

Der Indikativ / O indicativo

Das Präsens / O presente

Was Sie vorab wissen sollten:

Das Präsens drückt Handlungen aus, die sich in der Gegenwart abspielen. Der Gebrauch dieser Zeit ist wie im Deutschen. Die Formen des Präsens werden vom Infinitiv abgeleitet und bestehen aus Stamm und Endung.

Formen

Die Verben auf -**ar**, -**er**, -**ir**

Die Formen des Indicativo Presente werden unterschieden nach den drei Klassen der Verben auf -**ar** wie falar *(sprechen)*, -**er** wie viver *(leben)* und -**ir** wie partir *(abfahren)*. Bei allen regelmäßigen Verben einer Gruppe werden an den Wortstamm dieselben Endungen für die Personen angehängt. Die Person wird durch die Verbformen eindeutig ausgedrückt. Deswegen wird das Personalpronomen häufig weggelassen.

Person	falar	viver	partir
	sprechen	*leben*	*abfahren*
eu	fal**o**	viv**o**	part**o**
tu	fal**as**	viv**es**	part**es**
ele/ela/você	fal**a**	viv**e**	part**e**
nós	fal**amos**	viv**emos**	part**imos**
eles/ elas/vocês	fal**am**	viv**em**	part**em**

Wichtig / Importante

Bei Verben mit der Infinitivendung -**ir**, die -**e** als Stammvokal haben, wandelt sich in der 1. Person Singular das **e** zu **i**.

preferi**r** – eu prefi**ro** *ich bevorzuge*
senti**r** – eu s**i**nto *ich fühle*
vesti**r** – eu v**i**sto *ich ziehe an*
menti**r** – eu m**i**nto *ich lüge*
servi**r** – eu s**i**rvo *ich bediene (ich serviere)*
despi**r** – eu d**i**spo *ich ziehe aus*

Beachten Sie! Tome nota!

Orthographische Veränderungen bei der 1. Person Singular:

abraçar *(umarmen)* → abra**ç**o, abraces...
conhecer *(kennen / kennenlernen)* → conhe**ç**o, conheces...
parecer *(scheinen)* → pare**ç**o, pareces...
proteger *(schützen)* → prote**j**o, proteges...
seguir *(folgen)* → si**g**o, segues...
dirigir *(führen)* → diri**j**o, diriges...
distinguir *(unterscheiden)* → distin**g**o, distingues...
reagir *(reagieren)* → rea**j**o, reages...

Test 1

a) Tragen Sie in die Tabelle nur die Endungen ein, die für alle drei Klassen identisch sind.

		-ar	-er	-ir
	1.			
Singular	2.			
	3.			
	1.			
Plural	2.			
	3.			

b) Tragen Sie jetzt in die Tabelle alle Endungen ein, die in allen drei Klassen unterschiedlich sind.

Verben mit unregelmäßiger 1. Person

Einige Verben sind regelmäßig, bis auf die 1. Person Singular.

	perder *(verlieren)*	saber *(wissen)*	poder *(können)*
eu	per**co**	**sei**	po**sso**
tu	perdes	sabes	podes
ele/ela/você	perde	sabe	pode
nós	perdemos	sabemos	podemos
eles/elas/vocês	perdem	sabem	podem

Gebrauch des Präsens / Uso do presente

Das Präsens dient dazu, Handlungen oder Zustände der unmittelbaren Gegenwart auszudrücken. Es wird wie im Deutschen benutzt.

a) bei sich wiederholenden und gewohnheitsmäßigen Handlungen
Aos sábados **jogo** futebol. *Jeden Samstag spiele ich Fußball.*

b) bei Handlungen oder Zuständen in der nahen Zukunft
Depois de amanhã **compro** um carro. *Übermorgen kaufe ich ein Auto.*

c) in der Erzählung historischer Fakten (historisches Präsens)
Luís de Camões **nasce** e **cresce** em Lisboa. *Luís de Camões wird in Lissabon geboren und wächst dort auf.*

d) als Ausdruck einer realen Bedingung (statt des Konjunktivs Futur I)
Se me **visitas** (visitares), **fazemos** um bolo. *Wenn du mich besuchst, backen wir einen Kuchen.*

e) statt Imperativ als Ausdruck eines Befehls
Agora **sentas**-te e **contas**-me tudo! *Jetzt setzt du dich hin und erzählst mir alles!*

f) bei Handlungen oder Zuständen, die bereits vergangen sind, aber in die Gegenwart geholt werden, um der Erzählung eine besondere Lebendigkeit zu verleihen
Ontem fui à cidade; e **imagina**, quem **encontro**? Ana! *Gestern bin ich ins Zentrum gegangen, und stell dir vor, wen treffe ich da? Ana!*
(Das Präsens verwendet man in diesen Fällen meinst in der gesprochenen Sprache, um der Erzählung eine besondere Lebendigkeit zu verleihen.)

Test 2

Tragen Sie die fehlenden Formen ein.

		cantar *singen*	sentir *fühlen*	levar *nehmen*	pagar *(be)zahlen*	dormir *schlafen*	vender *verkaufen*
	1.		sinto			durmo	
Sg.	2.						
	3.	canta					
	1.						vendemos
Pl.	2.			levais			
	3.				pagamos		

Test 3

Vervollständigen Sie die Tabelle nach dem vorgegebenen Muster. Verwenden Sie dabei die Ausdrücke in der ersten Spalte.

	Fragen Sie eine Person, die Sie duzen	Fragen Sie eine, Person die Sie duzen oder siezen	Fragen Sie mehrere Personen, die Sie siezen
a)	contar um poema *ein Gedicht aufsagen*	Contas um poema?	
b)	viajar para o Brasil *nach Brasilien reisen*		Viajam para o Brasil?
c)	beber uma cerveja *ein Bier trinken*	Bebe uma cerveja?	
d)	morar em Lisboa *in Lissabon wohnen*		
e)	vender a casa *das Haus verkaufen*		
f)	falar alemão *Deutsch sprechen*		

Unregelmäßige Verben / Os verbos irregulares

Auch im Portugiesischen gibt es unregelmäßige Verben. Eine Übersicht finden Sie in den Tabellen auf S. . Hier nur einige gängige unregelmäßige Formen:

querer	dizer	fazer	trazer	ler	ver	pôr
möchten	*sagen*	*machen*	*bringen*	*lesen*	*sehen*	*setzen, stellen*
quero	di**g**o	fa**ç**o	tra**g**o	**leio**	ve**j**o	**ponho**
queres	dizes	fazes	trazes	lês	vês	**pões**

quer	diz	faz	traz	**lê**	vê	**põe**
queremos	dizemos	fazemos	trazemos	lemos	vemos	**pomos**
querem	dizem	fazem	trazem	leem	veem	**põem**

Lernen Sie einige wichtige Wendungen mit den Verben **fazer** und **pôr**:
O professor faz muitas perguntas. *Der Lehrer stellt viele Fragen.*
Pedro! Não faças isso! *Pedro! Tu das nicht!*
Faz muito frio. *Es ist sehr kalt.*
Que tempo faz? *Wie ist das Wetter?*
Vamos fazer praia? *Gehen wir zum Strand?*
Quem põe a mesa? *Wer deckt den Tisch?*
pôr mãos à obra – *Hand ans Werk legen*
pôr luto – *Trauerkleidung anlegen*
pôr de lado – *beiseite legen.*

Test 4
Füllen Sie die Tabelle aus.

		começar *beginnen*	ligar *verbinden*	esquecer *vergessen*	proteger *schützen*	pedir *bestellen*	ouvir *hören*
	1.						
Sg.	2.						
	3.						
	1.						
Pl.	2.						
	3.						

«Ser» und «estar»

Das deutsche Verb *sein* kann man im Portugiesischen mit den beiden Verben **ser** oder **estar** wiedergeben, die sich in der Anwendung unterscheiden.

Der Gebrauch von *ser*

Ser verwendet man zur Angabe von

- Name, Herkunft, Nationalität, Beruf, Religion und Verwandtschaft
  Este **é** o Victor, **é** o tio da Joana e do Joel. *Das ist Victor, er ist der Onkel von Joana und Joel.*
  Nós **somos** brasileiros, **de** Recife. *Wir sind Brasilianer, aus Recife.*
  Vocês **são** professores, não **são**? *Ihr seid Lehrer, nicht wahr?*
  Portugal **é** um país maioritariamente católico. *Portugal ist ein überwiegend katholisches Land.*

- Charakter und Aussehen
  O professor **é** muito competente e simpático. *Der Lehrer ist sehr kompetent und sympathisch.*
  Regina **é** loira. *Regina ist blond.*
- Definition und dauerhafte Eigenschaften wie Größe, Farbe, Material
  O sofá **é** muito grande e **é de** couro. **É** preto. *Das Sofa ist sehr groß und aus Leder. Es ist schwarz.*
- Besitz
  Este carro **é do** professor. *Dieses Auto gehört dem Lehrer.*

Beachten Sie! Tome nota!
(**ser de** zur Angabe von Herkunft, Material und Besitz)

- Datum, Uhrzeit, Zeitangaben und Zahlen
  Hoje **é** 25 (vinte e cinco) de abril. Dia da Liberdade em Portugal. *Heute ist der 25. April. Der Tag der Freiheit in Portugal.*
  São onze e meia. *Es ist halb elf.*
  Hoje **é** sábado. Ontem **foi** sexta-feira. *Heute ist Samstag. Gestern war Freitag.*
- Ereignissen (in der Bedeutung: *stattfinden*)
  O concerto **é** no próximo fim de semana. *Das Konzert findet nächstes Wochenende statt.*
- zur Angabe eines unveränderlichen Ortes
  A ponte Vasco da Gama **é** em Lisboa. *Die Brücke Vasco da Gama ist in Lissabon.*
  O Parque Nacional do Gerês **é** em Trás-os-Montes. *Der Nationalpark von Gerês ist in der Provinz Trás-os-Montes.*

Beachten Sie! Tome nota!
Hier kann man auch das Verb **ficar** *(bleiben, sich befinden)* verwenden.
A ponte Vasco da Gama **é/fica** em Lisboa. *Die Brücke Vasco da Gama ist/ befindet sich in Lissabon.*

- Entfernungsangaben
  De Lisboa ao Porto **são** uns 300 (trezentos) quilómetros. *Von Lissabon nach Porto sind es etwa 200 km.*
- als Hilfsverb zur Bildung des Passivs
  O filme **foi** realizado na província do Alentejo. *Der Film wurde in der Provinz von Alentejo gedreht.*

Der Gebrauch von *estar*

Estar verwendet man zur Angabe von

- Ortsangaben *(sich befinden)* und bei veränderlichen Ortsangaben
  A Petra **está em** Portugal. O José **está em** casa. *Petra ist in Portugal. José ist zu Hause.*
  Ele **está** sempre de manhã **no** café. *Er ist immer morgens im Café.*
  Onde **está** o jornal? *Wo ist die Zeitung?*

Beachten Sie! Tome nota!

Zur Angabe eines veränderlichen Ortes wird meistens die Präposition em verwendet.

- Begrüßungen, persönlichem Befinden und Wetterbedingungen
  Como **está**? **Estou** bem, obrigado. *Wie geht es Ihnen? Mir geht's gut, danke.*
  No último fim de semana **esteve** frio. *Vergangenes Wochenende war es kalt.*
- vorübergehenden Zuständen von Personen und Sachen
  Estou muito cansado. *Ich bin sehr müde.*
  O Paulo **está** doente. *Paulo ist krank.*
  Estamos com fome e com sono. *Wir haben Hunger, und wir sind müde.*
- An- oder Abwesenheit
  O senhor doutor não **está**. *Der Herr Doktor ist nicht da.*
- Datum auf die Frage: A quanto **estamos** hoje? *Was haben wir heute für einen Tag?*
  Hoje **estamos** a 10 (dez) de junho. *Heute haben wir den 10. Juni.*
- Zuständen. Dabei wird das Partizip benutzt.
  A porta **está** fechada. O banco **está** aberto. *Die Tür ist geschlossen. Die Bank ist geöffnet.*
- als Hilfsverb der Verlaufsform
  Estou aqui a aprender um pouco mais de português. *Ich bin (hier) gerade dabei, ein bisschen mehr Portugiesisch zu lernen.*
  Estamos a falar / **Estamos** falando. *Wir sprechen gerade.*
  In Portugal: estar + a + Infinitiv, in Brasilien estar + Gerundium

Beachten Sie! Tome nota!

Der Familienstand kann mit **ser** und **estar** angegeben werden.
Estou solteiro. = **Sou** solteiro. *Ich bin ledig.*

Feste Redewendung mit **estar**:
estar sentado – *sitzen*
estar deitado – *liegen*
estar pronto – *fertig sein, bereit sein*

estar livre/ocupado – *frei sein / beschäftigt sein*
estar com frio – *jemandem kalt sein*
estar com calor – *jemandem warm sein*
estar com sono – *schläfrig sein*
estar com fome – *Hunger haben*
estar com sede – *durstig sein*
estar com apetite – *Appetit haben*
estar com febre – *Fieber haben*
estar com dor/dores de cabeça – *Kopfschmerzen haben*
estar com dor/dores de dentes – *Zahnschmerzen haben*
estar com azar – *Pech haben*
estar com medo – *Angst haben*
estar com vontade – *Lust haben*
estar de volta – *zurück sein*
estar de férias – *Urlaub machen*
estar ao corrente de – *auf dem Laufenden sein*
estar em pé – *stehen*
estar enganado – *sich täuschen*

Ein Vergleich: *Ser* oder *estar*!
Tu **és** muito bonito! *Du bist sehr hübsch! (ich finde dich immer hübsch)*
Estás muito bonito! *Du bist sehr hübsch! («heute» hat er irgendetwas, was ihn hübsch macht)*
Ela **é** doente. *Sie ist krank. (immer; chronisch krank)*
Ela **está** doente. *Sie ist krank. (vorübergehend krank)*
Eles **são** alegres. *Sie sind fröhlich. (fröhliche Menschen)*
Eles **estão** alegres. *Sie sind froh. (momentan froh nach einem bestimmten Sachverhalt)*
O mar **é** perigoso nesta praia. *Das Meer ist gefährlich an diesem Strand.*
O mar **está** perigoso hoje. *Das Meer ist heute gefährlich.*
A Sofia **é** ciumenta. *Sofia ist eifersüchtig.*
A Sofia **estava** cega (ciúmes). *Sofia war blind (vor Eifersucht).*
O Joel **é** branco. *Joel ist weiß (häutig).*
O Joel **está** branco. *Joel ist bleich.*
Hoje **é** 25 de dezembro. Dia de Natal. *Heute ist der 25. Dezember. Weihnachten.*
Hoje **estamos** a 25 de dezembro. Dia de Natal. *Heute haben wir den 25. Dezember. Weihnachten.*

Test 5

Setzen Sie die richtige Form ein.

a) O correio (é/está) . . . . . . em frente da estação. *Die Post ist gegenüber vom Bahnhof.*

b) Vocês (são/estão) . . . . . . em casa logo à noite? *Seid ihr heute Abend zu Hause?*

c) A porta (é/está) . . . . . . aberta. *Die Tür ist geöffnet.*

d) Tu (és/estás) . . . . . . o irmão mais velho ou o mais novo? *Bist du der älteste oder der jüngste Bruder?*

e) Hum, a tua irmã (é/está) . . . . . . hoje muito simpática. *Hm, deine Schwester ist heute sehr nett.*

f) Então nós (somos/estamos) . . . . . . de acordo! *Nun, wir sind einverstanden!*

g) Eles (são/estão) . . . . . . amigos inseparáveis. *Sie sind unzertrennliche Freunde.*

h) Os assaltantes (foram/estiveram) . . . . . . apanhados pela polícia. *Die Einbrecher wurden von der Polizei gefasst.*

Test 6

Vervollständigen Sie die Dialoge mit den Verben *ser* und *estar*.

A Olá Marta. Como . . . . . . ? *Hallo, Marta. Wie geht es dir?*

B Eu . . . . . . ótima. E tu? . . . . . . a viver em Coimbra agora?
Es geht mir sehr gut. Und du? Lebst du jetzt in Coimbra?

A Não. Agora . . . . . . em Lisboa. . . . . . . a estudar arquitetura.
Nein. Jetzt bin ich in Lissabon. Ich studiere Architektur.

B Que giro! E . . . . . . a gostar? O curso . . . . . . difícil?
Toll! Und gefällt es dir? Ist das Studium schwer?

A . . . . . . preciso estudar muito, mas eu . . . . . . a adorar.
Man muss viel lernen, aber ich finde es toll.

B E os lisboetas . . . . . . simpáticos, não?
Und die Einwohner von Lissabon sind nett, nicht wahr?

A Sim, ... Simpáticos e alegres. *Ja, sind sie. Nett und fröhlich.*

Die Verlaufsform / O presente progressivo

Die Formen

Das Verlaufspräsens wird mit dem Hilfsverb **estar** + **a** + dem Infinitiv des Hauptverbs gebildet. In Südportugal, auf den Azoren und in Brasilien wird es mit dem Hilfsverb *estar* und dem Hauptverb im Gerundium gebildet. Das Gerundium besteht aus dem Verbstamm mit der Endung -**ando/-endo/-indo**. Beispiel: **Estou saindo** do cinema. *Ich komme (gerade) aus dem Kino.*

	Gerundium
eu estou a estudar	estou estudando
tu estás a ler	estás lendo
você, ele, ela está a dormir	está dormindo
nós estamos a comer	estamos comendo
vocês, eles, elas estão a telefonar	estão telefonando

Der Gebrauch der Verlaufsform / O uso do presente progressivo

Die Verlaufsform wird verwendet, um eine gerade stattfindende Handlung auszudrücken. Daher stehen häufig Zeitangaben wie **agora** *(jetzt)*, **neste momento** *(in diesem Moment)* in Verbindung mit der Verlaufsform. Diese Form existiert im Deutschen nicht, stattdessen wird durch «gerade» darauf verwiesen, dass die Handlung in diesem Moment stattfindet.

Estou a estudar. Não posso ir com vocês ao cinema. *Ich lerne gerade. Ich kann nicht mit euch ins Kino gehen.*
Ele **está a** tomar banho. Não pode atender o telefone. *Er badet gerade. Er kann nicht ans Telefon kommen.*
A Helena **está a viajar** pela América do Sul. *Zur Zeit reist Helena durch Südamerika.*

Bei der Konstruktion **continuar** + **a** + dem Hauptverb wird eine Handlung weiterhin ausgeführt:
A Alice **continua a trabalhar** na mesma empresa. *Alice arbeitet weiterhin in derselben Firma. (bras.:* A Alice continua trabalhando na mesma empresa.)
Andar + **a** + Hauptverb bezeichnet den kontinuierlichen Ablauf einer Handlung, in der Regel über längere Zeit:
Eu **ando a escrever** a tese de doutoramento. *Ich bin dabei, meine Doktorarbeit zu schreiben.* (bras.: Eu ando escrevendo a tese de doutoramento.)

A Carolina **anda a aprender** português e anda a procurar emprego. *Carolina lernt Portugiesisch und ist dabei, eine Arbeit zu suchen.* (bras.: A Carolina anda aprendendo português e anda procurando emprego.)

Das einfache Perfekt / O pretérito perfeito simples (P. P. S.)

O pretérito perfeito simples (P.P.S.) ist die am häufigsten verwendete Vergangenheitsform.
Für die Bildung des Perfekts wird im Portugiesischen kein Hilfsverb benutzt. Ähnlich wie im Präsens werden auch im Perfekt die jeweiligen Endungen angehängt.

Die Formen

Die Verben auf -**ar, -er, -ir**

Person	conversar	conhecer	descobrir
	unterhalten	*kennen*	*entdecken*
eu	convers**ei**	conhec**i**	descobr**i**
tu	convers**aste**	conhece**ste**	descobr**iste**
ele/ela/você	convers**ou**	conhec**eu**	descobr**iu**
nós	convers**ámos**	conhec**emos**	descobr**imos**
eles/elas/vocês	convers**aram**	conhec**eram**	descobr**iram**

- In der 1. Person Plural (**nós**) bei den Verben auf -**er**, -**ir** ist die Perfektform identisch mit dem Präsens. Bei den Verben auf -**ar** unterscheidet sich das P. P. S. durch den Akzent auf dem betonten **a** vom Präsens.
  Ontem à noite **ouvimos** o CD que a Angelina nos ofereceu.
  Gestern Abend haben wir die CD gehört, die Angelina uns geschenkt hat.
  Agora **ouvimos** o CD que a Angelina nos ofereceu.
  Jetzt hören wir die CD, die Angelina uns geschenkt hat.

- Orthographische Veränderungen bei der 1. Person Singular
  começar *(beginnen)* → come**c**ei, começaste ...
  ficar *(bleiben / sich befinden)* → fi**qu**ei, ficaste ...
  marcar *(markieren)* → mar**qu**ei, marcaste ...
  trocar *(tauschen)* → tro**qu**ei, trocaste ...
  pagar *(zahlen / bezahlen)* → pa**gu**ei, pagaste ...
  chegar *(ankommen)* → che**gu**ei, chegaste ...
  viajar *(reisen)* → via**g**ei, viajaste ...

Zum Gebrauch des einfachen Perfekts / O uso do pretérito perfeito simples

a) Das P.P.S. bezeichnet in der Vergangenheit abgeschlossene Handlungen, Ereignisse des Alltags oder Vorgänge. Meistens wird der Zeitpunkt der Ereignisse genau angegeben wie durch Adverbien: ontem *(gestern)*, anteontem *(vorgestern)*, de repente *(plötzlich)*
oder andere Zeitangaben (z. B. na semana passada *(vergange Woche)*, no mês passado *(vergangenen Monat)*, no ano passado *(letztes Jahr)*, há um dia *(vor einem Tag)*, há três meses *(vor drei Monaten)*, há uma hora *(vor einer Stunde)*, em 1974 *(im Jahr 1974)*:
Terminei o meu trabalho. *Ich bin mit meiner Arbeit fertig.*
No ano passado **visitei** a minha sobrinha que trabalha no Brasil.
Letztes Jahr habe ich meine Nichte besucht, die in Brasilien arbeitet.

Pedro Álvares Cabral **descobriu** o Brasil em 1500.
Pedro Álvares Cabral hat im Jahr 1500 Brasilien entdeckt.
Conheci a Luísa no sábado passado. *Ich habe Luísa am vergangenen Samstag kennengelernt.*

b) Das Perfekt wird auch verwendet bei der Aufzählung von Ereignissen oder Handlungen in der Vergangenheit:
Ouvi alguém a tocar à porta e fui ver. *Ich habe jemanden anklopfen gehört und bin gegangen, um nachzusehen.*

c) Das Perfekt wird auch benutzt für eine Handlung, die eingetreten ist, während eine andere (im Imperfekt) noch andauerte:
Quando eles **partiram**, eu *estava* a trabalhar.
Als sie weggegangen sind, war ich (gerade) am Arbeiten.

Beachten Sie! / Tome nota!
Nahe Vergangenheit / Passado recente
acabar de + Infinitiv *(gerade etwas gemacht haben)*
Já leste o jornal? Sim, **acabei de o ler** agora mesmo. *Hast du schon die Zeitung gelesen? Ich habe sie jetzt gerade zu Ende gelesen.*
Acabaste de chegar de férias e já queres ir outra vez. *Du bist gerade aus den Ferien gekommen und willst schon wieder fahren.*
Desculpe! A senhora professora já saiu? Sim. **Acabou de sair** há cinco minutos. *Entschuldigung! Ist die Frau Lehrerin schon weg? Ja. Sie ist gerade vor fünf Minuten weggegangen.*
Quando é o teu irmão voltou de Angola? **Acabou de chegar**. *Wann ist dein Bruder aus Angola zurückgekommen? Er ist soeben angekommen.*
Acabámos de pôr a mesa. Podemos começar a jantar. *Wir haben gerade den Tisch gedeckt. Wir können mit dem Abendessen anfangen.*

Test 7
Setzen Sie die entsprechenden Formen im Präsens und im Perfekt ein.

a) A estação (ficar) . . . . no centro. Ela (perguntar) . . . . a um transeunte.
Der Bahnhof befindet sich im Zentrum. Sie fragte einen Passanten nach dem Weg.

b) O que é que se (passar) . . . .? Ela (esquecer-se) . . . . do porta moedas.
Was ist los? Sie hat das Portemonnaie vergessen.

c) Porque não (fechar / tu) . . . . a janela? (Apagar) . . . . a luz?
Warum schließt du nicht das Fenster? Hast du das Licht ausgemacht?

d) (Compreender / nós) . . . . tudo. No ano passado ainda não (compreender / eu) . . . . muito. *Wir verstehen alles. Letztes Jahr verstand ich nicht viel.*

e) Hoje (ser) . . . . domingo. Ontem (ser) . . . . sábado.
Heute ist Sonntag. Gestern war Samstag.

f) O Afonso (nascer) . . . . em Luanda. (Viver) . . . . em Lisboa de 1998 a 2013. *Afonso wurde in Luanda geboren. Von 1998 bis 2013 lebte er in Lissabon.*

Test 8

Setzen Sie die entsprechenden Formen des Perfekts ein.

a) fazer *machen*
A Paula . . . . um bolo. *Paula hat einen Kuchen gebacken.*

b) nascer *geboren werden*
. . . . no Porto. *Ich bin in Porto geboren.*

c) morrer *sterben*
Fernando Pessoa . . . . com 47 anos. *Fernando Pessoa ist mit 47 Jahren gestorben.*

d) estar *sein*
. . . . com a Ana. *Ich bin bei Ana gewesen.*

e) dizer *sagen*
O que . . . .? *Was hast du gesagt?*

f) ler *lesen*
Já . . . . o jornal? *Habt ihr schon die Zeitung gelesen?*

g) pôr *stellen, legen*
Onde . . . . o livro? *Wo hast du das Buch hingelegt?*

h) escrever *schreiben*
. . . . dois e-mails. *Ich habe zwei E-Mails geschrieben.*

Das zusammengesetzte Perfekt / O pretérito perfeito composto (P. P. C.)

Das P. P. C. ist eine zusammengesetzte Zeit und besteht – ähnlich wie das Perfekt im Deutschen – aus zwei Teilen. Es wird aus dem Präsens des Hilfsverbs **ter** und dem unveränderlichen Partizip des Hauptverbs zusammengesetzt. Das Partizip endet bei den Verben der 1. Konjugation auf **-ado** und bei denen der 2. und 3. Konjugation auf **-ido**:

tenho compr**ado** tenho beb**ido** tenho dorm**ido**

Beachten Sie! Tome nota!

Auch im Portugiesischen gibt es eine Reihe von unregelmäßigen Partizipien wie z. B. escrever – escrito *(geschrieben)*, abrir – aberto *(geöffnet)*, ver – visto *(gesehen)*, fazer – feito *(gemacht)*, dizer – dito *(gesagt)*, vir – vindo *(angekommen)*, pôr – posto *(gelegt)*. Weitere unregelmäßige Partizipien finden Sie in den Verbtabellen.

Zum Gebrauch / O uso do pretérito perfeito composto

Das P. P. C. wird im Portugiesischen für Handlungen oder Zustände verwendet, die zum Zeitpunkt der Äußerungen noch andauern. Oft wird es in Zusammenhang mit Ausdrücken wie: Ultimamente *(in letzter Zeit)*, nos últimos tempos *(in letzter Zeit)*, nos últimos dias/ meses/anos, nas últimas horas/semanas, nestes últimos dias, até agora, até ao presente verwendet. Trotz der Ähnlichkeit in der Bildung entspricht der Gebrauch des P. P. C. nicht dem des Perfekts im Deutschen. Im Deutschen wird diese Form oft mit dem Präsens übersetzt.

Então, o que tens feito? Não te tenho visto! Tens estado doente?
Also, was hast du gemacht? Ich habe dich nicht gesehen! Warst du krank?
Ultimamente tenho trabalhado muito. *Ich habe (in letzter Zeit) viel gearbeitet.*
Em Portugal o desemprego tem aumentado nos últimos anos.
In Portugal hat die Arbeitslosigkeit in den letzten Jahren zugenommen.
Tem estado muito frio. *Es ist schon die ganze Zeit sehr kalt.*
Tenho dito. *Ich habe gesprochen* (z. B. am Schluss einer Rede).
Tenho entendido. *Ich habe verstanden.*

Test 9

Setzen Sie die entsprechenden Formen des Partizip Perfekts ein.

a) amar *lieben*	....		e) crescer *wachsen*	....
b) andar *gehen*	....		f) ter *haben*	....
c) entender *verstehen*	....		g) cantar *singen*	....
d) abrir *öffnen*	....		h) propor *vorschlagen*	....

Das Imperfekt / O pretérito imperfeito

Formen

Die Verben auf **-ar, -er, -ir**

Person	cantar *singen*	vender *verkaufen*	dormir *schlafen*
eu	cant**ava**	vend**ia**	dorm**ia**
tu	cant**avas**	vend**ias**	dorm**ias**
ele/ela/você	cant**ava**	vend**ia**	dorm**ia**
nós	cant**ávamos**	vend**íamos**	dorm**íamos**
eles/ elas/vocês	cant**avam**	vendi**am**	dormi**am**

Beachten Sie, dass in der 1. Person Plural die Betonung auf die drittletzte Silbe fällt.

Es gibt wenige Verben, die im imperfeito Unregelmäßigkeiten aufweisen. Die einzigen unregelmäßigen Verben sind:

ser *(sein)*	era, eras, era, éramos, eram
ter *(haben)*	tinha, tinhas, tinha, tínhamos, tinham
vir *(kommen)*	vinha, vinhas, vinha, vínhamos, vinham
pôr *(setzen, stellen, legen)*	punha, punhas, punha, púnhamos, punhamn

Zum Gebrauch / O uso

a) Für Handlungen, Vorgänge oder Zustände, die sich in der Vergangenheit wiederholt haben (aspeto frequentativo), die oft mit Ausdrücken wie z. B. naquele(s) tempo(s) – *zu jener Zeit / damals*, naquela altura – *zu jener Zeit / damals*, antigamente – *damals / früher*, quando – *als*, todos os dias – *jeden Tag,* todos os anos *(jedes Jahr)* eingeleitet und mit dem Verb costumar *(pflegen etwas zu tun)* ausgedrückt werden:
Quando eu **estava** no Rio de Janeiro **ía** (quase sempre) a um restaurante português. *Als ich in Rio de Janeiro war, ging ich (fast immer) in ein portugiesisches Restaurant.*
Quando eu **era** pequeno não **havia** telemóveis (bras.: celular). *Als ich klein war, gab es keine Handys.*
Normalmente ela não **falava** comigo. **Costumava** passar por mim sem me cumprimentar. *Sie sprach normalerweise nicht mit mir. Sie pflegte an mir vorbeizugehen, ohne mich zu grüßen.*

b) Für eine andauernde Handlung, die

- durch eine zweite Handlung unterbrochen wird (die dann im Perfekt steht):
Estávamos no Brasil, quando se deu a Revolução dos Cravos. *Wir waren in Brasilien, als die Nelkenrevolution stattfand.*
- sowie in Nebensätzen, die mit **com** *(da)* eingeleitet werden:
Como eu **tinha** bilhetes, fomos ao concerto. *Da ich Tickets hatte, sind wir ins Konzert gegangen.*

c) Bei der Beschreibung von Menschen, Situationen und Landschaften sowie der nationalen Herkunft eines Menschen:
Ele **era** um belo homem, **tinha** 25 anos. **Era** alto, **tinha** cabelo preto, **andava** lentamente e **falava** pouco. *Er war ein gut aussehender Mann, er war 25. Er war groß, er hatte schwarze Haare, er ging langsamer und sprach wenig.*

d) Zeit und Alter:
Eram oito horas, quando a Clara chegou. *Es war acht Uhr, als Clara ankam.*
Tinha seis anos quando fui para a escola. *Ich war sechs Jahre alt, als ich zur Schule ging.*

e) Für gleichzeitige Handlungen in der Vergangenheit:
A Mariza **estava** na cozinha, **preparava** o jantar e **ouvia** rádio. *Mariza war in der Küche, bereitete das Abendessen vor und hörte Radio.*

f) Zur Beschreibung einer geplanten Handlung/Unternehmung, die sich aber nicht verwirklichen ließ:
Nós **íamos** ao cinema, mas como os nossos amigos brasileiros chegaram, ficámos em casa. *Wir wollten ins Kino gehen, aber da unsere brasilianischen Freunde kamen, blieben wir zu Hause.*

g) Das *imperfeito* kann auch eine irreale Bedingung in der Vergangenheit ausdrücken:
Se eu **sabia**, não tinha vindo. *Hätte ich das gewusst, wäre ich nicht gekommen.*

h) Statt des Konditionals – vor allem in Portugal – und an Stelle des Präsens, wenn man eine Bitte oder einen Wunsch zum Ausdruck bringen möchte. *Das imperfeito* mancher Verben kann auch als Höflichkeitsform verwendet werden:
Senhor professor! **Queria** pedir-lhe um favor? **Podíamos** (poderíamos) acabar a aula agora? *Herr Lehrer! Ich würde Sie gerne um einen Gefallen bitten. Könnten wir jetzt den Unterricht beenden?*
Queria falar com o senhor Alberto, por favor. *Ich würde gerne mit Herrn Alberto sprechen.*
Eu **queria** pedir-te um favor. *Ich wollte dich um einen Gefallen bitten.*
Eu **gostava** (gostaria) de visitar a Austrália. *Ich würde so gerne nach Australien reisen.*

i) Am Anfang von Märchen, Legenden und Geschichten:
Era uma vez um rei que tinha três filhas e vivia num castelo. Um dia ... *Es war einmal ein König, der drei Töchter hatte und in einer Burg lebte. Eines Tages ...*

Test 10

Vervollständigen Sie den Text mit den Formen des imperfeito.

a) Em 2012 Carla (morar) . . . . no Rio. *2012 wohnte Carla in Rio.*
b) (Viver) . . . . com a sua família. *Sie lebte bei ihrer Familie.*
c) (Dançar) . . . . samba numa escola. *Sie tanzte Samba in einer Schule.*
d) (Andar) . . . . na Universidade. *Sie ging zur Universität.*
e) À noite (sair) . . . . pouco. *Abends ging sie wenig aus.*
f) Às vezes (ir) . . . . à praia. *Manchmal ging sie zum Strand.*
g) (Estar) . . . . muito contente de morar no Rio. *Sie war sehr froh, in Rio zu wohnen.*
h) Mas (sonhar) . . . . em regressar a Portugal. *Aber sie träumte davon, nach Portugal zurückzukehren.*
i) Agora vive e trabalha em Lisboa. *Jetzt lebt und arbeitet sie in Lissabon.*

Gegenüberstellung von Imperfekt und einfachem Perfekt / O imperfeito vs. o pretérito perfeito simples

a) Das imperfeito wird verwendet bei gewohnheitsmäßigen Handlungen Quando estava em Paris ía sempre a restaurante chinês. *Als ich in Paris war, ging ich oft/immer in ein chinesisches Restaurant.*	a) Das pretérito perfeito simples wird verwendet bei einmaligen Handlungen Na última noite em Londres fui a um restaurante chinês. *Am letzten Abend in London ging ich in ein chinesisches Restaurant.*
b) bei wiederholten Handlungen Ele telefonava-me sempre / às vezes / todos os dias. *Er rief mich oft / manchmal / jeden Tag an.*	b) bei wiederholten Handlungen, die aber gezählt werden können. Eu telefonei-te muitas vezes / três vezes / mil vezes. *Ich habe dich vielmals/dreimal/hundertmal angerufen.*
c) bei Handlungen, die zu einem bestimmten Zeitpunkt gleichzeitig ablaufen Às sete estava em casa, ouvia música e lia. Um *sieben war ich zu Hause, ich hörte Musik und las.*	c) bei aufeinanderfolgenden Handlungen Ontem à noite cheguei a casa, ouvi música e depois li. *Gestern bin ich nach Hause gekommen, habe etwas Musik gehört und dann habe ich gelesen.*
d) bei Vorgängen, die zum Zeitpunkt des Geschehens in der Vergangenheit noch nicht abgeschlossen waren Ontem de manhã estava na estação e esperava pelo comboio. O comboio estava com atraso e não chegava e não chegava. *Gestern Morgen war ich am Bahnhof und wartete auf den Zug. Der Zug hatte Verspätung und kam und kam nicht.*	d) bei abgeschlossenen Handlungen Ontem de manhã o comboio chegou com atraso. Nós esperámos quase vinte minutos. *Gestern Morgen ist der Zug mit Verspätung angekommen. Wir haben fast zwanzig Minuten gewartet.*
e) bei der Beschreibung von Zuständen Ontem na festa da Rita estavam muitos amigos e o ambiente estava bom. *Gestern bei Ritas Party waren viele Freunde da und die Stimmung war gut.*	e) beim Erzählen von Geschehnissen Eu fui à festa e encontrei muitos amigos e dançámos. *Ich bin zur Party gegangen, habe viele Freunde getroffen und habe getanzt.*
Das Imperfekt antwortet auf die Frage: «**Was war?**»	Das Perfekt antwortet auf die Frage: «**Was geschah?**»

Test 11

Entscheiden Sie, ob in den folgenden Sätzen das imperfeito oder das pretérito perfeito simples verwendet wird, und markieren Sie die richtige Möglichkeit.

a) Na noite de 25 de abril, quando os pais (chegaram/chegavam) a casa, as crianças já (dormiam/dormiram). *Am Abend des 25. April, als die Eltern zurückkamen, schliefen die Kinder schon.*

b) Quando os meus pais (estavam/estiveram) no Rio de Janeiro em 2014 (iam/foram) uma vez por semana ao teatro. *Als meine Eltern 2014 in Rio de Janeiro waren, gingen sie einmal pro Woche ins Theater.*

c) A Joana (chegou/chegava) normalmente às 23.00h a casa. Neste dia (chegou/chegava) às 21.00h e (telefonava/telefonou logo ao Davide, mas ele não (esteve/estava) em casa. *Joana kam normalerweise um 23 Uhr nach Hause. An diesem Tag kam sie um 21 Uhr an und rief sofort Davide an, aber er war nicht zu Hause.*

d) Quando o Joel (foi/era) jovem, (ía/foi) muitas vezes ao cinema. Uma vez também (foi/ía) ao teatro. *Als Joel jung war, ging er oft ins Kino. Einmal ging er auch ins Theater.*

e) Antes o Paulo (trabalhou/trabalhava) no banco, agora é professor numa escola. *Früher arbeitete Paulo in der Bank, jetzt unterrichtet er in einer Schule.*

f) Enquanto eu (escrevi/escrevia) no computador (ouvi/ouvia) rádio. *Während ich am PC schrieb, hörte ich Radio.*

g) Enquanto (regressávamos/regressámos) do trabalho, (encontrámos/encontrávamos) o Ricardo. *Während wir von der Arbeit zurückkehrten, haben wir Ricardo getroffen.*

h) Como não (estudei/estudava) tudo, nã (passei/passava) no exame. *Da ich nicht alles gelernt habe, habe ich die Prüfung nicht bestanden.*

Auf den Punkt gebracht!

Im Folgenden können Sie eine Gegenüberstellung von pretérito imperfeito, pretérito perfeito simples und pretérito perfeito composto sehen.

Antigamente **íamos** de carro ao Café.
Früher fuhren wir mit dem Auto zum Café.

Ontem **fomos** de bicicleta ao Café.
Gestern sind wir mit dem Fahrrad zum Café gefahren.

Nos últimos tempos **temos ido** a pé ao Café.
In der letzten Zeit sind wir zu Fuß ins Café gegangen.

Test 12

Finden Sie die geeignete Satzendung.

1. Antigamente ...	a) ... uma princesa ...
2. Em 1999 ...	b) ... houve uma grande explosão.
3. Era uma vez ...	c) ... eu morava no centro.
4. Quando o telefone tocou ...	d) ... tu dormias.
5. De repente ...	f) ... cheguei a Portugal.

Das einfache Plusquamperfekt / O pretérito mais que perfeito simples

Was Sie vorab wissen sollten:

Es soll hier noch kurz erwähnt jedoch nicht weiter vertieft werden, dass es auch ein Plusquamperfekt gibt, das eigenständige Formen aufweist und nicht mit einem Hilfsverb gebildet wird. Es kommt, außer in einigen feststehenden Redewendungen, nur in der Schriftsprache vor und ist aus der gesprochenen Sprache fast verschwunden. Stattdessen wird das Plusquamperfekt II (pretérito mais que perfeito composto) verwendet, das die gleiche Bedeutung hat.

Gebildet wird das pretérito mais que perfeito simples aller Verben mit der **3. Person Plural des einfachen Perfekts (P.P.S.)**, bei der man die Endung **m** wegfallen lässt und folgende Endungen anhängt:

falar *(sprechen)* →	falara~~m~~ 3. Person P.P.S.	→	falar**a**
dizer *(sagen)* →	dissera~~m~~ 3. Person P.P.S.	→	disser**a**

Endungen:

	ficar *(bleiben)*	beber *(trinken)*	partir *(abfahren)*
eu	ficar**a**	beber**a**	partir**a**
tu	ficar**as**	beber**as**	partir**as**
ele, ela, você	ficar**a**	beber**a**	partir**a**
nós	fic**áramos**	bebê**ramos**	partír**amos**
eles, elas, vocês	fic**aram**	beber**am**	partir**am**

ir/ser *(gehen / sein)*	→	fora~~m~~	→	fora, foras, fora, forâmos, foram
estar *(sein)*	→	estivera~~m~~	→	estivera, estiveras, estivera, estiveramos, estiveram
ter *(haben)*	→	tivera~~m~~	→	tivera, tiveras, tivera, tivéramos, tiveram

Zum Gebrauch / O uso

Das pretérito mais que perfeito simples wird nur in der Schriftsprache (Literatur) gebraucht, es sei denn, man möchte einen Wunsch ausdrücken oder eine Aussage bekräftigen:

Quem me **dera** passar no exame de português! *Wie ich mir wünschte, die Portugiesischprüfung zu bestehen!*

O meu vizinho já não trabalha mais. **Pudera**! Ganhou uma fortuna no toto loto. *Mein Nachbar arbeitete nicht mehr. Kein Wunder! Er hat ein Vermögen im Toto-Lotto gewonnen.*

Quem me **dera** saber ... *Wenn ich doch wüsste ...*

Das zusammengesetzte Plusquamperfekt / O pretérito mais que perfeito composto

Gebildet wird das pretérito mais que perfeito composto mit dem **Imperfekt** von **ter** *(haben)* und dem **Partizip des Hauptverbs**. Das Partizip bleibt unveränderlich und lässt sich nicht vom Hilfsverb **ter** trennen.

Formen

eu	**tinha**	**falado**
tu	**tinhas**	**comido**
ele, ela, você	**tinha**	**ido**
nós	**tínhamos**	**pensado**
eles, elas, vocês	**tinham**	**estado**

Gebrauch des Plusquamperfekts / Uso do pretérito mais que perfeito composto

Es wird gebraucht, ähnlich wie das Plusquamperfekt im Deutschen, um Handlungen zu beschreiben, die vor anderen Handlungen oder Ereignissen in der Vergangenheit bereits abgeschlossen waren, und um Umstände eines Ereignisses in der Vergangenheit zu beschreiben. Diese Vorgänge spielen sich in einer so genannten Vorvergangenheit ab. Die temporalen Ausdrücke já *(schon)*, ainda *(noch)*, ainda não *(noch nicht)* oder nunca *(nie)* werden oft mit dem Plusquamperfekt verbunden.

Quando eu cheguei, ele já **tinha jantado**. *Als ich ankam,* ***hatte*** *er schon zu Abend* ***gegessen***.

Quando eu telefonei para o escritório, o engenheiro Sá ainda não **tinha chegado**. *Als ich das Büro anrief, war der Ingenieur Sá noch nicht angekommen.*

Quando a minha irmã se casou, ainda não **tinha acabado** a faculdade. *Als meine Schwester heiratete, hatte sie das Studium noch nicht beendet.*

Eu nunca me **tinha sentido** tão como ontem. *Ich hatte mich noch nie so gefühlt wie gestern.*

Test 13

Setzen Sie in die zweite Spalte die Formen des pretérito mais que perfeito composto ein.

A Marta nunca lhe escreveu.	Marta nunca lhe . . . .
Marta hat ihm nie geschrieben.	*Marta hatte ihm nie geschrieben.*
Eles estiveram na praia.	Eles . . . . na praia.
Sie waren am Strand.	*Sie waren am Strand gewesen.*
O Pedro nunca viu um circo.	Pedro nunca . . . . circo.
Pedro hat nie einen Zirkus gesehen.	*Pedro hatte nie einen Zirkus gesehen.*
A aula começou às oito horas.	A aula . . . . às oito horas.
Der Unterricht hat um 8 angefangen.	*Der Unterricht hatte um 8 angefangen.*
Eu já li a mensagem.	Eu já . . . . a mensagem.
Ich habe die Nachricht schon gelesen.	*Ich hatte die Nachricht schon gelesen.*

Test 14

Setzen Sie die Formen des Perfekts, Imperfekts und des Plusquamperfekts ein.

O Carlos (terminar) . . . . o trabalho, ele (ter) . . . . tempo, e por isso (ir) . . . . à praia. *Carlos hatte die Arbeit beendet, er hatte Zeit und ging deswegen zum Strand.*

O Carlos (estar) . . . . na praia e (estar) . . . . moreno. *Carlos war am Strand gewesen und war gebräunt.*

A Sandra (dormir) . . . . mal e (acordar) . . . . mal disposta. *Sandra hatte schlecht geschlafen und stand mit schlechter Laune auf.*

A minha mãe (oferecer) . . . . -me um DVD, que eu já (comprar) . . . . para mim na última semana. *Meine Mutter hat mir eine DVD geschenkt, die ich mir vorige Woche schon gekauft hatte.*

Eles (dizer) . . . . – me . . . . tudo, e por isso eu (estar) . . . . tranquilo. *Sie hatten mir alles gesagt und deswegen war ich beruhigt.*

Das Futur I / O futuro simples

Was Sie vorab wissen sollten:

Das Futur drückt Handlungen aus, die sich in der Zukunft abspielen. Der Gebrauch dieser Zeit ist ähnlich wie im Deutschen. Soweit sich der künftige Zeitpunkt einer Handlung aus einem Zeitadverb (zum Beispiel *«morgen»*) ergibt, wird in der Umgangssprache wie im Deutschen auch das Präsens gebraucht.

Regelmäßige Formen

Das Futur I wird gebildet, indem man die Endung an die volle Form des Infinitivs anhängt. Diese Endungen sind für alle drei Konjugationen ohne Ausnahmen gleich!

	viaj**ar** *(reisen)*	com**er** *(essen)*	assist**ir** *(teilnehmen)*
eu	viajar**ei**	comer**ei**	assistar**ei**
tu	viajar**ás**	comer**ás**	assistar**ás**
ele, ela, você	viajar**á**	comer**á**	assistar**á**
nós	viajar**emos**	comer**emos**	assistar**emos**
eles, elas, vocês	viajar**ão**	comer**ão**	assistar**ão**

Beachten Sie! Tome nota!

Es gibt im Futur nur 3 Verben, die unregelmäßig sind:
dizer *(sagen)* → dir**ei**, dir**ás**, dir**á**, dir**emos**, dir**ão**
fazer *(machen)* → far**ei**, far**ás**, far**á**, far**emos**, far**ão**
trazer *(bringen)* → trar**ei**, trar**ás**, trar**á**, trar**emos**, trar**ão**
Diese Unregelmäßigkeit gilt auch für abgeleitete Verben wie desfazer *(auseinandernehmen)*, contradizer *(widersprechen)* etc.

Zum Gebrauch / O uso

1. Das Futur kann ein Versprechen, eine Absicht, etwas zu tun, oder eine Vorhersage ausdrücken.
- Prometo que **arrumarei** a sala. – *Ich verspreche, dass ich das Zimmer aufräumen werde.*
- Amanhã o céu **será** pouco nublado. – *Morgen wird der Himmel wenig bewölkt sein.*
2. Das Futur kann eine Bitte oder einen Befehl ausdrücken (anstelle des Imperativs):
- Não **matarás**. Não **furtarás**. (aus den 10 Geboten) – *Du sollst nicht töten. Du sollst nicht stehlen.*
3. Das Futur wird auch benutzt, um eine Unsicherheit, einen Zweifel oder eine Vermutung (persönliche Ansicht des Sprechenden) auszudrücken:

- Não sei se **partirão** esta tarde. – *Ich weiß nicht, ob sie heute Nachmittag abreisen werden.*
- Gostaria de ir convosco. **Será** que há um lugar para mim? – *Ich würde gern mit euch fahren. Ob es wohl einen Platz für mich geben wird?*
- Estão a bater à porta. **Serão** os meus irmãos. – *Es klopft an der Tür (sie klopfen gerade = es klopft gerade). Es* ***werden*** *wohl meine Geschwister sein.*
- Que idade é que ela **terá**? **Terá** uns vinte anos? *Wie alt wird sie wohl sein? Sie wird (wohl) etwa 20 Jahre alt sein?*
- Isto **será** preciso? *Ist das wirklich notwendig?*
- **Serão** nove horas. *Es wird neun Uhr sein.*
- Ela **gostará** disto? *Wird es ihr gefallen?*
- Ela **virá**? *Ob sie wohl kommt?*

Test 15

Vervollständigen Sie mit den Formen des Futur I.

a) Amanhã (eu / apanhar / bras.: pegar) . . . . o autocarro (bras.: ônibus) e (chegar) . . . . pontualmente ao escritório.
Morgen werde ich den Bus nehmen und pünktlich im Büro ankommen.

b) Hoje à noite (nós / ir) . . . . comer qualquer coisa e depois (jogar) . . . . cartas.
Heute Abend werden wir etwas essen und dann Karten spielen.

c) A Carla e o André (chegar) . . . . do escritório às 8 e logo (partir) . . . . de férias.
Carla und André werden um 8 Uhr aus dem Büro kommen und sofort danach in Urlaub fahren.

d) Primeiro (vocês / terminar) . . . . o trabalho, depois (telefonar) . . . . aos amigos e depois . . . . (passar) por casa deles!
Zuerst werdet ihr die Arbeit beenden, dann die Freunde anrufen und anschließend bei ihnen vorbeigehen!

Test 16

Setzen Sie die fehlenden Formen ein.

comer *(essen)* – fazer *(machen)* – ir *(gehen)* – dizer *(sagen)* – voltar *(zurückkehren)*

	1.	comerei				
Sg.	2.		farás			
	3.			dirá		
	1.				voltaremos	
Pl.	2.					
	3.					irão

Auf den Punkt gebracht!

In der Umgangssprache wird das **Futuro simples do indicativo** meistens durch **ir + Infinitiv** des Hauptverbs oder das Präsens ersetzt. Diese Form (futuro imediato) wird häufig benutzt:

Amanhã nós **vamos comer** fora. *Morgen werden wir essen gehen.*

Vamos chegar por volta das oito. *Wir werden gegen acht Uhr ankommen.*

Eu **vou** comer. *Ich werde (gleich) essen.*

Vamos tomar café. *Wir werden einen Kaffee trinken (= nehmen).*

Beachten Sie! Tome nota!

Will man Vorgänge oder Handlungen beschreiben, die in unmittelbarer Zukunft stattfinden werden, so benutzt man **estar a** + Infinitiv oder **estar para** + Infinitiv.

As férias **estão a acabar**. *Die Ferien gehen zu Ende.*

O avião **está para partir**. *Das Flugzeug wird jeden Augenblick starten.*

Test 17

Ersetzen Sie die Formen von **estar para** + Infinitiv mit einer Form des Futurs nach dem Muster:

Estás para acabar os teus estudos. → Acabarás os teus estudos em dois anos.
Du wirst das Studium in zwei Jahren abschließen.

a) Estou para mudar de casa. → .... de casa em poucos dias.
Ich werde in wenigen Tagen umziehen.

b) A Sandra está para casar. → A Sandra .... em duas semanas.
Sandra wird in zwei Wochen heiraten.

c) Estás para sair? → .... em poucos minutos?
Wirst du in wenigen Minuten ausgehen?

d) A Marta está para chegar. → A Marta .... em poucas horas.
Marta wird in wenigen Stunden ankommen.

Die Stellung des Personalpronomens beim Futur

Eine Besonderheit muss erwähnt werden. Steht beim Verb ein Personalpronomen im Dativ oder Akkusativ, so wird dies im Präsens an das Verb mit Bindestrich angehängt: ele dá-**mo** *(er gibt es mir)*, eu compro-**o** *(ich kaufe es).*

Im Futur (und im Konditional) gilt insoweit im Portugiesischen eine Besonderheit, denn das Personalpronomen kommt zwischen Verbstamm und Endung, wobei es zwischen Bindestriche gesetzt wird:

ver-**me**-á	*er (sie, Sie) wird (werden)* ***mich*** *sehen*
convidá-**lo**-ás	*du wirst* ***ihn*** *einladen*
ele dar-**mo**-á	*er wird* ***es mir*** *geben*
eu compra-**lo**-ei	*ich werde* ***es*** *kaufen*

Das periphrastische Futur mit «haver» / haver de + o infinitivo

Dieses Futur hat keine rein zeitliche Bedeutung, es schwingt vielmehr etwas von der persönlichen Sichtweise oder Einstellung des Sprechenden mit. Man kann damit ausdrücken:

- eine feste Absicht oder Entschlossenheit, etwas zu tun,
- sichere Erwartung, Überzeugung, Glaube, Hoffnung, feste Vermutung, dass etwas geschieht

Dieses periphrastische Futur mit **haver** wird oft und gerne verwendet. Es wird mit dem Präsens des Verbs **haver** gebildet, das mit dem Infinitiv des Hauptverbs durch die Präposition **de** verbunden wird:

	Präsens von **haver**	Präp. **de**	Infinitiv
eu	hei	de	
tu	hás	de	
ele, ela, você	há	de	fazer, ter, ser, ir
nós	havemos	de	
eles, elas, vocês	hão	de	

Im Deutschen wird diese Sichtweise oft mit einem zusätzlichen Adverb, etwa «*sicher*», «*bestimmt*» oder «*schon*» übersetzt. Steht das Futur mit **haver** in einer Frage, drückt es eine Überlegung, einen Zweifel aus und kann mit «*sollen*» übersetzt werden:

Hei de casar-me com a Olivia. *Ich werde Olivia schon heiraten.*

Um dia **hei de** ir à Australia. *Eines Tages werde ich bestimmt nach Australien gehen.*

Ele **há de** ser ator. *Er wird bestimmt Schauspieler werden.*

A campainha está a tocar. **Há de** ser o Carlos. *Es klingelt. Es ist bestimmt Carlos.*

O que **havemos de** fazer? *Was sollen wir tun?*

O que **hei de** fazer? *Was soll ich tun?*

Que **hei de** eu dizer? *Was soll ich sagen?*

Diese letzte Bedeutung kann im Rahmen einer Erzählung in der Vergangenheit auch im Imperfekt verwendet werden:

O que **havia de** fazer? *Was sollte ich tun?*

Das Futur II / Futuro composto do indicativo

Das Futur II ist die zusammengesetzte Zeit der Zukunft und wird gebildet, indem man die Futur-I-Formen von **ter** *(haben)* mit dem Partizip Perfekt des Hauptverbs zusammensetzt.

terei chamado
terás falado
terá ido
teremos estado
terão ficado

Zum Gebrauch / O uso

Der Gebrauch des *Futur II* entspricht weitgehend dem Deutschen, auch wenn es im Deutschen nicht so häufig benutzt wird.

1. Das *Futur II* wird benutzt, wenn eine Handlung in der Zukunft beendet sein wird, bevor eine neue eintritt. Im Deutschen kann in diesen Fällen auch das Perfekt verwendet werden.
   Amanhã por esta hora a Marta já **terá feito** o exame. *Morgen um diese Zeit wird Marta die Prüfung schon gemacht haben. Morgen um diese Zeit hat Marta die Prüfung schon gemacht.*
   Quando chegarmos a casa, a avó já **terá preparado** o almoço. *Wenn wir nach Hause kommen, wird Oma das Mittagessen schon vorbereitet haben.*
   Quando os nossos pais chegarem, já **teremos jantado**. *Wenn unsere Eltern ankommen, werden wir schon zu Abend gegessen haben.*
   Quando vieres, já **terei acabado** o meu trabalho. *Wenn du kommst, werde ich meine Arbeit schon beendet haben.*
2. Ebenso kann das Futur II Zweifel, Unsicherheit, Vermutung oder Annahme über die Vergangenheit zum Ausdruck bringen:
   O Pedro **terá sido** também sincero, mas não me pareceu.
   Pedro mag auch ehrlich gewesen sein, aber so schien es mir nicht.
   Quando é que partiram os teus pais? **Terá sido** pelas 11 horas.
   Wann sind deine Eltern abgefahren? Es wird etwa um 11 Uhr gewesen sein.
   Já são oito horas e o Manuel nunca mais chega. **Terá apanhado** o autocarro? *Es ist schon 8 Uhr, und Manuel kommt einfach nicht. Ob er wohl den Bus genommen / bekommen hat?*
   Não sei se **terei feito** bem a tradução. Não usei nenhum dicionário. *Ich weiß nicht, ob ich die Übersetzung gut gemacht habe. Ich habe kein einziges Wörterbuch benutzt.*
   Se ela não telefonar é porque já **terá saído**. *Wenn sie nicht anruft, wird es sein, weil sie schon ausgegangen / losgegangen ist.*
   Elas **terão percebido**? *Haben sie es begriffen? / Ob sie es wohl begriffen haben?*

Das Adjektiv / O adjetivo

Bevor Sie dieses Kapitel durcharbeiten, sollten Ihnen die Kapitel 2, das Substantiv, und 3, der Artikel, vertraut sein.

Was Sie vorab wissen sollten:
Das portugiesische Adjektiv ist in Geschlecht und Zahl veränderlich. Es stimmt mit dem Substantiv, zu dem es gehört, überein und steht in der Regel hinter dem Substantiv, gleichgültig, ob es attributiv oder prädikativ gebraucht wird.

a) attributives Adjektiv:
A casa **branca**. *Das weiße Haus.*
Ruas **limpas**. *Saubere Straßen.*
Um**a** casa portugues**a**. *Ein portugiesisches Haus.**
O nov**o** livr**o**. *Das neue Buch.*

b) prädikatives Adjektiv:
A cas**a** é branc**a**. *Das Haus ist weiß.*
As ru**as** estão limp**as**. *Die Straßen sind sauber.*
O apartamento é nov**o**. *Die Wohung ist neu.*
O livro é nov**o**. *Das Buch ist neu.*

Das Genus der Adjektive / O género dos adjetivos

Endung	Feminin		
-o	-a	bonit**o** *(schön)* bonit**a**	fei**o** *(hässlich)* fei**a**
-or	-ora	encantador *(bezaubernd)* encantador**a**	
-ês	-a	português *(Portugiese, portugiesisch)* portugues**a** (Akzent entfällt)	
-ol	a	espanhol *(Spanier, spanisch)* espanhol**a**	
-u	a	nu *(nackt)* nu**a**	cru *(roh)* cru**a**
-eu	eia	europeu *(europäisch)* europ**eia**	ateu *(gottlos)* at**eia**
		Ausnahme: judeu *(Jude, jüdisch)* judia	
-ão	ã	alemão *(Deuscher, deutsch)* alem**ã** (-o entfällt)	

* Hören Sie das Lied von Amália Rodrigues «Uma casa portuguesa».

Ausnahmen:

bom *(gut)* boa	O vinh**o** é **bom**. *Der Wein ist gut.*
	A comid**a** é **boa**. *Das Essen ist gut.*
	Estamos no **bom** caminho. *Wir sind auf einem guten Weg.*
mau *(schlecht)* má	O temp**o** está hoje **mau**. *Das Wetter ist heute schlecht.*
	É uma má idei**a**. *Es ist eine schlechte Idee.*

Einige Adjektive haben identische Formen für männlich und weiblich:

Endung	
-a	O Pedr**o** é hipócrit**a**. *Pedro ist scheinheilig.*
	A Paul**a** é hipócrit**a**. *Paula ist scheinheilig.*
	O partid**o** socialist**a**. *Die Sozialistische Partei.*
	A An**a** é socialist**a**. *Ana ist Sozialistin.*
-e	A cas**a** é grand**e**. *Das Haus ist groß.*
	O carr**o** é grand**e**. *Das Auto ist groß.*
	O Jorge está doent**e**. *Jorge ist krank.*
	A Maria está doent**e**. *Maria ist krank.*
-l	O text**o** é difíci**l**. *Der Text ist schwierig.*
	A cart**a** é difícil. *Der Brief ist schwierig.*
	O chapéu é azu**l**. *Der Hut ist blau.*
	A camis**a** é azul. *Das Hemd ist blau.*
-m	Uma cas**a** comu**m**. *(ein gemeinsames Haus)*
-r	Um Institut**o** particula**r**. *Ein privates Institut.*
	Uma cas**a** familia**r**. *(familiäres Haus)*
-s (unbetont)	Restaurante simple**s**. e*infaches Restaurant.*
	Casa simple**s**. e*infaches Haus.*
-z	O Carlos está feli**z**. *Carlos ist glücklich.*
	A Ana está feli**z**. *Ana ist glücklich.*

Die Pluralbildung der Adjektive / O plural dos adjetivos

Die Pluralbildung der Adjektive erfolgt nach den gleichen Regeln wie die Pluralbildung der Substantive. Der Plural des Adjektivs wird also allgemein durch Anhängen eines **-s** gebildet.

Vokal + s	simpático – simpático**s**	alemã – alemã**s**	grande – grande**s**
-r	trabalhador *(fleißig)* – trabalhador**es**		
-z	feliz *(glücklich)* – feliz**es**		

-s (betont)	português *(Portugiese, portugiesisch)* – portugues**es** (Akzent entfällt)	
-s (unbetont)	simples *(einfach)*, lápis *(Bleistift)* bleibt unverändert	
-l	espanhol *(Spanier)* – espanh**óis**	agradável *(angenehm)* – agradáv**eis**
	azul *(blau)* – azu**is**	
-il (betont)	gentil – genti**s** *(höflich)*	infantil *(kindlich)* – infanti**s**
-il (unbetont)	difícil *(schwierig)* – dific**éis**	fácil *(einfach)* – fác**eis**, útil
	(nützlich) – út**eis**	
-m	bom *(gut)* – bo**ns**	
-ão	grandão *(riesig)* – grand**ões**	cristão *(Christ, christlich)* – crist**ãos**
	alemão *(Deutscher, deutsch)* – alem**ães**	

Plural zusammengesetzter Adjektive / Plural de adjetivos compostos
Bei zusammengesetzten Adjektiven wird meistens nur das zweite Element in die weibliche Form bzw. in den Plural gesetzt.
as relações luso-brasileir**as** – *die portugiesisch-brasilianischen Beziehungen*

Aber!
O João é luso-brasileir**o**. **A** Ana é luso-brasileir**a**.
O João e **a** Ana são luso-brasileir**os**.

Beim Adjektiv surdo-mudo *(Taubstumme(r))* verändern sich beide Elemente:
um rapaz surdo-mudo *(ein taubstummer Junge)*
crianças surdas-mudas *(taubstumme Kinder)*

Nationalitätenadjektive
A Regina é brasileir**a**.
Bei Adjektiven, die Nationalitäten angeben, gelten teilweise besondere Regeln für die Bildung der weiblichen Form: Wenn das Adjektiv

- auf einem Konsonanten endet, hängt man für die weibliche Form ein **-a** an. francês – frances**a**
- auf ein **-o** endet, wird es durch ein **-a** ersetzt. mexican**o** – mexican**a**
- auf ein **-e** oder **-a** endet, bleibt es unverändert. timorens**e** – timorens**e** belg**a** – belg**a**

Die Plurale werden nach den üblichen Regeln gebildet.
O meu pai é belga. *Mein Vater ist Belgier.*
Tenho chocolate belga. *Ich habe belgische Schokolade.*

Farbadjektive

A camis**a** pret**a** é bonit**a**. *Das schwarze Hemd ist schön.*

Farbadjektive entsprechen in Zahl und Geschlecht dem zugehörigen Substantiv.

Einige Farbadjektive wie z.B. **violeta** *(violett)*, **verde** *(grün)*, **bege** *(beige)*, **rosa** *(rose)* und **laranja** *(orange)* haben im Singular für männlich und weiblich dieselbe Form. Für den Plural wird ein -s angehängt.

Test 1

Setzen Sie die fehlenden Endungen ein:

a) O café é grand. . . ., fort. . . . e quent. . . .. *Der Kaffee ist groß, stark und warm.*

b) Dois cafés grand. . . ., fort. . . . e quent. . . .. *Zwei große, starke und heiße Tassen Kaffee.*

c) Uma senhora inteligent. . . . e alegr. . . .. *Eine intelligente und fröhliche Frau.*

d) A mãe e a filha são elegant. . . . . *Die Mutter und die Tochter sind elegant.*

e) O filho e o pai são alegr. . . . . *Der Sohn und der Vater sind fröhlich.*

f) Um nov. . . . partido democrátic. . . . internacional. *Eine neue internationale Partei.*

g) Uma senhora muito egoíst. . . . . *Eine sehr egoistische Frau.*

Test 2

Kombinieren Sie zwei Adjektive mit dem Substantiv nach folgendem Muster: interessante, rico / homem: Um homem interessante e rico. *Ein interessanter und reicher Mann.*

a) jovem, moderno / uma mulher
Eine junge und moderne Frau.

b) elegante, bonito / uma rapariga (bras.: moça)
Ein elegantes und hübsches Mädchen.

c) forte, bonito / um rapaz (bras.: moço)
Ein starker und hübscher Junge.

d) jovem, loiro / uma estudante
Eine junge und blonde Studentin.

e) gentil, honesto / uma senhora
Eine freundliche und ehrliche Dame.

Test 3
Setzen Sie die Substantive und Adjektive aus Test 2 in den Plural:
Um homem interessante e simpático → Homens interessantes e simpáticos.

Die Stellung des Adjektivs / A posição do adjetivo

Was Sie vorab wissen sollten:
Im Portugiesischen kann das Adjektiv sowohl vor als auch nach dem Substantiv stehen, aber prinzipiell wird das Adjektiv dem Substantiv nachgestellt. Es handelt sich dann meistens um eine objektive Feststellung einer Eigenschaft.
um senhor **alemão** – *ein deutscher Mann*
um homem **gordo** – *ein dicker Mann*
uma senhora **simpática** – *eine nette Frau*
uma artista **portuguesa** – *eine portugiesische Künstlerin*

Vorangestellte Adjektive
Bei einigen Ausdrücken wird das Adjektiv immer dem Substantiv vorangestellt: **bom** gosto – *guter Geschmack* **bela** vista – *schöne Aussicht* **bom** dia – *Guten Morgen* **boa** tarde – *Guten Tag* **boa** noite – *Guten Abend / Gute Nacht* **Boas** férias! – *Schöne Ferien!*

Dem Substantiv vorangestellt wird das Adjektiv auch, wenn es eine subjektive Bewertung ausdrückt, z. B. Gefühle wie Freude,Traurigkeit oder Erstaunen: **Excelente** tempo! – *Ausgezeichnetes Wetter!* Que **linda** praia! – *Was für ein schöner Strand!*

Ordnungszahlen und Adjektive wie: *primeiro, último, meio, muito, pouco e outro* werden dem Substantiv immer vorangestellt:
A **primeira** vista. *Der erste Blick.*
O **primeiro** amor. *Die erste Liebe.*
O **último** dia do mês. *Der letzte Tag des Monats.*
meio litro de leite *ein halber Liter Milch*
Outra cerveja, por favor! *Noch ein Bier, bitte!*
Tenho **muito/pouco** dinheiro. *Ich habe viel/wenig Geld.*
Tenho **muitas** camisas e **poucos** casacos. *Ich habe viele Hemden und wenige Jacken.*

Nachgestellte Adjektive

Nachgestellt werden:

- Farben
  O casaco preto. *Die schwarze Jacke.*
- nationale/regionale Zugehörigkeit
  Os vinhos portugueses. *Die portugiesischen Weine.*
- politische Zugehörigkeit
  O partido socialista. *Die sozialistische Partei.*
- religiöse Zugehörigkeit
  A Maria é católica. *Maria ist katholisch.*
- adjektivisch gebrauchte Partizipien
  A carne cozida. *Das gekochte Fleisch.*
- mehrere Adjektive hintereinander
  Apartamentos grandes e pequenos. *Große und kleine Wohnungen.*

Adjektive, die voran- oder nachgestellt werden

Einige Adjektive können sowohl voran- als auch nachgestellt werden. Je nach Position (Nachstellung oder Voranstellung) ändert sich die Bedeutung:

O avô é **grande**. *Der Großvater ist* ***groß.*** O avô é um **grande** homem. *Der Großvater ist ein* ***großartiger*** *Mann.*
Ele é um homem **pobre**. *Er ist ein armer Mann.* Ele é um **pobre** homem. *Er ist ein bedauernswerter Mann.* Um amigo **velho**. *Ein alter Freund.* Um **velho** amigo. *Ein langjähriger Freund.*

Test 4

Setzen Sie die richtige Endung ein:

a) O apartamento é grand. . . ..
Die Wohnung ist groß.
Que apartamento grand. . . .!
Was für eine große Wohnung!

b) O quarto é pequen. . . ..
Das Zimmer ist klein.
Que quarto pequen. . . .!
Was für ein kleines Zimmer!

c) O vinho é fort. . . ..
Der Wein ist stark.
Que vinho fort. . . .!
Was für ein starker Wein!

d) As raparigas são alegr. . . ..
Die Mädchen sind froh.
Que raparigas alegr. . . .!
Was für frohe Mädchen!

Test 5

Stellen Sie fest, welche der folgenden Adjektive eine und welche zwei Formen haben, und ordnen Sie sie der entsprechenden Rubrik zu:

verde *grün*, pequeno *klein*, natural *natürlich*, simples *einfach*, grande *groß*, quente *warm*, novo *neu*, doce *süß*, frio *kalt*, simpático *nett*, pobre *arm*, triste *traurig*, nu *nackt*, fiel *treu*

eine Form ....

zwei Formen ....

Die Steigerung des Adjektivs / Os graus dos adjetivos

Was Sie vorab wissen sollten:
Durch die Steigerungsformen eines Adjektivs (z.B.: *groß, größer, am größten*) können Personen, Sachen oder Begriffe miteinander verglichen werden. Auch gesteigerte Adjektive werden im Portugiesischen immer dem Substantiv angeglichen.

Der Komparativ / O comparativo

Mit dem Komparativ kann Überlegenheit, Gleichheit oder Unterlegenheit ausgedrückt werden.
Im Portugiesischen ist die Steigerung sehr einfach. Die Steigerung des Adjektivs (und der Adverbien) erfolgt, indem man vor die Grundform des Adjektivs (der Adverbien) die Form **mais** *(mehr)* oder **menos** *(weniger)* setzt.
Regelmäßiger Komparativ

- der Überlegenheit (de superioridade) **mais** bonito (do) **que** – *schöner als*
- der Gleichheit (de igualdade) **tão** bonito **como** – *so schön wie*
- der Unterlegenheit (de inferioridade) **menos** bonito (do) **que** – *weniger schön als*

Bei den Komparativen der Überlegenheit und der Unterlegenheit kann man sowohl **do que** als auch **que** verwenden, aber vor einem Verb kann nur die Form **do que** gebraucht werden.
O Joel é **mais** forte (**do**) **que** o Telmo. *Joel ist stärker als Telmo.*
A Joana é **menos** alta **(do) que** a Rita. *Joana ist kleiner als Rita.*
Gosto **mais** de estudar **do que** passear. *Mir gefällt es mehr, zu lernen als spazieren zu gehen.*

Beachten Sie! Tome nota!

Wenn das Adjektiv nicht wieder aufgegriffen wird, verwendet man **mais** bzw. **menos**:

- A Sandra é simpática, mas a Odete **mais**. *Sandra ist nett, Odete aber noch mehr.*
- A Sandra é simpática, mas a Odete **menos**. Sandra ist nett, *Odete aber weniger.*

Was Sie noch wissen müssen:
Beim Komparativ der Gleichheit steht vor Substantiven oder nach Verben **tanto** statt **tão**:

Ele não tem **tanta** paciência como tu. *Er hat nicht so viel Geduld wie du.*
Sowohl der Komparativ der Überlegenheit als auch der Komparativ der Unterlegenheit können durch die Adverbien **muito**, **muitíssimo**, **bastante** und **bem** verstärkt werden:
Ele é **muito** mais rico do que eu. *Er ist viel reicher als ich.*
Este quadro é **muitíssimo** mais belo do que aquele. *Dieses Bild ist sehr viel schöner als jenes.*
É **bastante** caro! *Es ist ziemlich teuer.*
A Carla é **bem** menos agradável do que a Luísa. *Carla ist viel weniger angenehm als Luísa.*

Stehen Zahlwörter nach **mais** oder **menos** ohne wirklichen Vergleich, verwendet man **de** statt **(do) que**:
mais de dez horas – *mehr als zehn Stunden*
menos de três quilos – *weniger als drei Kilo*

Test 6
Formulieren Sie Vergleiche nach folgendem Muster:

O Fábio / alto / Jorge / +	O Jorge é mais alto do que o Fábio. *Jorge ist größer als Fábio.*
Isabel / simpática / Luísa / -	. . . . *Isabel ist sympathischer als Luísa.*
Carla / bonita / Petra / +	. . . . *Petra ist hübscher als Carla.*
Rui / inteligente / Mário / -	. . . . *Rui ist intelligenter als Mário.*
Ricardo / desportista / Alberto / +	. . . . *Alberto ist sportlicher als Ricardo.*

Test 7
Formulieren Sie Vergleiche nach folgendem Muster:

a)	A Marta é mais bonita do que a Sara. *Marta ist schöner als Sara.*	A Marta é tão bonita como a Sara. *Marta ist so schön wie Sara.*
b)	O Pedro é menos forte do que tu. *Pedro ist weniger stark als du.*	. . . . *Pedro ist so stark wie du.*

c)	Andar de bicicleta é mais bonito do que andar a pé. *Radfahren ist schöner als zu Fuß zu gehen.*	. . . . *Radfahren ist so schön wie zu Fuß zu gehen.*
d)	A vida aqui é mais barata do que na Alemanha. *Hier ist das Leben weniger teuer als in Deutschland.*	. . . . *Hier ist das Leben so teuer wie in Deutschland.*
e)	Este texto é mais fácil do que aquele. *Dieser Text ist einfacher als jener.*	. . . . *Dieser Text ist genauso einfach wie jener.*
f)	Ela está mais feliz aqui do que em Berlin. *Sie ist hier glücklicher als in Berlin.*	. . . . *Hier ist sie so glücklich wie in Berlin.*

Der Superlativ / O superlativo

Das Portugiesische unterscheidet zwischen dem relativen Superlativ (z. B. der Größte) und dem absoluten Superlativ (sehr groß).

Der relative Superlativ / O superlativo relativo

Der relative Superlativ wird mit dem Komparativ und einem vorangestellten bestimmten Artikel + Adjektiv + de gebildet:
O Porto é **a mais linda** cidade **de** Portugal. – *Porto ist die schönste Stadt Portugals.*
Esta praia é **a menos** frequentada **de** Lagos. – *Dieser Strand von Lagos ist der am wenigsten besuchte.*

Beachten Sie! Tome nota!

Steht der Artikel schon vor dem Substantiv, wird er nicht wiederholt:
Qual é **a** região **mais conhecida** de Portugal? *Welche ist die bekannteste Region Portugals?*
O vinho verde **mais famoso** é o Alvarinho. *Der berühmteste Vinho Verde ist der Alvarinho.*

Bildung mit dem unbestimmten Artikel

A Universidade de Coimbra é **uma das** universidades mais antigas do mundo.
Die Universität von Coimbra ist eine der ältesten Universitäten der Welt.

Der absolute Superlativ / O superlativo absoluto

Dieser bezeichnet den sehr hohen Grad einer Eigenschaft ohne jeglichen Bezug auf andere Gegenstände oder Personen. Zwei Formen sind möglich:

a) Die analytische Form / A forma analítica
Die analytische Form wird meistens mit dem Adverb **muito** gebildet:
O hotel é **muito** caro. *Das Hotel ist sehr teuer.*

Beachten Sie! Tome nota!

Die analytische Form wird oft mit Adverbien wie bastante *(ziemlich)*, bem *(gut)*, extraordinariamente *(außerordentlich)*, extremamente *(ungemein)*, grandemente *(außerordentlich)*, imensamente *(sehr)*, simplesmente *(einfach)*, realmente *(wahrlich)* u. ä. verstärkt:
Ela é **extraordinariamente** bela. *Sie ist außerordentlich schön.*

b) Die synthetische Form / A forma sintética
Die synthetische Form entspricht dem Deutschen «sehr (äußerst) + Adjektiv» und wird normalerweise durch Anhängen von **-íssimo** an den Stamm des Adjektivs gebildet. Dieser Superlativ bezeichnet eine sogenannte absolute Spitze und ist wie die höchste Steigerung eines Adjektivs:

O Rio de Janeiro é uma cidade **lindíssima**. – *Rio de Janeiro ist eine äußerst schöne Stadt.*
O apartamento é **caríssimo**. – *Die Wohnung ist äußerst teuer.*

Beachten Sie! Tome nota!

Bei folgenden Adjektivendungen kommt es zu orthographischen Veränderungen:

c vor -o/-a	fraco *(schwach)* fraquíssimo	
g vor -o/-a	largo *(breit)* larguíssimo	
z/s	feliz *(glücklich)* felicíssimo	simples *(einfach)* simplicíssimo

Bei einigen Adjektiven wird **-íssimo** an den lateinischen Stamm angehängt:

respeitável *(ehrwürdig)* respeitabilíssimo	sensível *(feinfühlig)* sensibilíssimo
amável *(liebenwürdig)* amabilíssimo	antigo *(alt, Antik)* antiquíssimo
amigo *(Freund)* amicíssimo	doce *(süß)* dulcíssimo/docíssimo

Unregelmäßige Formen des Komparativs und Superlativs / As formas irregulares
Einige besonders häufig verwendete Formen haben eigene Komparativ- und Superlativformen:

Positiv	Komparativ	Superlativ relativ	absolut
bom, boa *(gut)*	melhor *(besser)*	o/a melhor *(der / die Beste, am besten)*	ótimo/a *(optimal)*
mau, má *(schlecht / schlimm)*	pior *(schlechter / schlimmer)*	o/a pior *(der / die Schlechteste)*	péssimo/a *(ganz schlecht)*
grande *(groß)*	maior *(größer)*	o/a maior *(der / die Größte)*	máximo/a *(sehr groß)*
pequeno/a *(klein)*	menor/mais pequeno *(kleiner)*	o/a menor *(der / die Kleinste)*	mínimo/a *(winzig klein)*

A mala preta é **maior que** a vermelha. *Der schwarze Koffer ist größer als der rote.*
A mala preta é **a maior de** todas. *Der schwarze Koffer ist der größte von allen.*
O Algarve é **o melhor** restaurante **da** cidade. *Algarve ist der beste Restaurant der Stadt.*
O vinho português é **um dos melhores** vinhos **do** mundo. *Der portugiesische Wein ist einer der besten der Welt.*

Beachten Sie! Tome nota!
Für die Komparativformen **pequeno** wird in Portugal eher **mais pequeno**, in Brasilien eher **menor** gebraucht.
Máximo und **mínimo** werden im übertragenen Sinn gebraucht:
Isto é o **máximo**! – *Das ist der Gipfel / das Höchste!*
Este é o **mínimo** preço? – *Ist das der billigste Preis?*

Was Sie noch wissen sollten:
Andere Formen der Steigerung
a) durch Präfixe:
   hipersensível – *überempfindlich*
   lido e **re**lido – *gründlich durchgelesen*
   ultramoderno – *supermodern*
   superlotado – *überfüllt*

b) durch Suffixe, die die Vergrößerung angeben (Augmentative):
   bonit**ão**, bonito**na** – *unheimlich hübsch*
   fei**ão**, feio**na** – *sehr hässlich*
c) durch Suffixe, die Verkleinerung angeben (Diminutive):
   cerveja fresqu**inha** – *ganz frisches Bier*
   peixe tenr**inho** – *ganz zarter Fisch*
d) durch die Wiederholung des Adjektivs:
   Ele é pobre, pobre! *Er ist arm, arm!*

Test 8

Bilden Sie den Superlativ nach folgendem Muster:
Gabriela / + inteligente / os colegas
A Gabriela é **a mais** inteligente de todas as colegas.
Gabriela ist die klügste unter den Kolleginnen.

a) Julia / + alegre / todas.
   A Julia é . . . . de todas. *Julia ist die Fröhlichste von allen.*
b) Rui / - bravo / família
   O Rui é . . . . da família. *Rui ist der am wenigsten Tüchtige der Familie.*
c) Carmen / + simpática / dos vizinhos.
   A Carmen é . . . . dos vizinhos. *Carmen ist die netteste der Nachbarn.*
d) Nuno / - alto / dos estudantes
   O Nuno é . . . . dos estudantes. *Nuno ist der am wenigsten große von den Studenten.*
e) Sofia / + bela / das raparigas (bras.: moças)
   A Sofia é . . . . das raparigas. *Sofia ist die schönste unter den jungen Mädchen.*

Test 9

Ersetzen Sie die unterstrichenen Superlative durch den absoluten Superlativ auf **-íssimo**.

Ein sehr schönes Mädchen.	Uma rapariga muito bonita é uma rapariga ***belíssima***.
a) Ein sehr teures Auto.	Um carro muito caro é um carro . . . .
b) Eine sehr schwierige Arbeit.	Um trabalho muito difícil é um trabalho. . . . .

c)	*Eine pechschwarze Katze.*	Um gato preto é um gato ....
d)	*Ein sehr sensibler Mensch.*	Uma pessoa sensível é uma pessoa ....
e)	*Eine sehr intelligente Idee.*	Uma ideia super inteligente é uma ideia ....
f)	*Ein sehr schneller Zug.*	Um comboio super rápido é um comboio ....
g)	*Ein sehr kleines Haus.*	Uma casa muito pequena é uma casa ....

Das Adverb / O advérbio

Was Sie vorab wissen sollten:
Das Adverb dient dazu, Verben, Adjektive, andere Adverbien oder ganze Sätze näher zu bestimmen. Adverbien sind unveränderlich. Anders als im Deutschen, haben im Portugiesischen Adverbien Formen, die sich von den entsprechenden Formen der Adjektive unterscheiden.
Adjektiv: O comboio (bras.: trem) é muito **lento**. *Der Zug ist sehr langsam.*
Adverb: O comboio anda muito **lentamente**. *Der Zug fährt sehr langsam.*

Bildung des Adverbs / A formação dos advérbios

Es gibt Adverbien, die auf -**mente** enden und von einem Adjektiv abgeleitet werden, und andere, die sich nicht ableiten lassen; letztere nennt man ursprüngliche Adverbien.

Adverbien auf -**mente**
Adverbien auf -**mente** werden von einem Adjektiv abgeleitet.

Formen, die von Adjektiven auf -**o/-a** abgeleitet werden
Bei Adjektiven auf -**o/-a** benutzt man die feminine Form und hängt die Endung -**mente** an.
lent**o** / lent**a** – lent**a-mente** *langsam*
cert**o** / cert**a** – cert**a-mente** *sicher*

Formen, die von Adjektiven auf -**e** abgeleitet werden
Bei den Adjektiven mit einer einzigen Form für beide Geschlechter wird die Endung -**mente** an die Singularform des Adjektivs angehängt:
livre *(frei, freiwillig)* livremente
triste *(traurig)* tristemente
Aber: Endet ein Adjektiv auf -l, -z oder -r, wird -mente an den Stamm (d.h. an das -l, -z bzw. -r) angehängt.
igual *(gleich, gleichermaßen)* igualmente
cordial *(herzlich)* cordialmente
principal *(hauptsächlich)* principalmente
final *(zuletzt)* finalmente
feliz *(glücklich)* felizmente

particular *(besonders, privat)* particularmente
regular *(regelmäßig)* regularmente
Wenn das Adjektiv einen Akzent trägt, entfällt dieser beim Adverb. Es wird immer auf der zweitletzten Silbe betont.

anónimo *(anonym)* anonimamente	rápido *(schnell)* rapidamente
fácil *(leicht)* facilmente	diário *(täglich)* diariamente
lógico *(logischerweise)* logicamente	único *(einzigartig)* unicamente
idêntico *(identisch)* identicamente	simultâneo *(gleichzeitig)* simultaneamente

Bei zwei oder mehreren aufeinanderfolgenden Adverbien bekommt nur das letzte die Endung -**mente**. Alle anderen haben die Form des Adjektivs im Femininum Singular.

Ele reagiu correta**mente**, rapida**mente**. *Er hat richtig* ***und*** *schnell reagiert.*
Ele reagiu corret**a** e rapida**mente**.

Test 1
Wie lauten die entsprechenden Adverbien?

a)	claro/a	*klar*	d)	breve	*kurz*
b)	prefeito/a	*perfekt*	e)	verdadeiro/a	*wahr*
c)	curioso/a	*neugierig*	f)	tradicional	*traditionell*

In einigen Fällen hat die männliche Form Singular des Adjektivs die Funktion eines Adverbs.

falar/ler alto/baixo	*laut / leise sprechen / lesen*
comprar/vender caro/barato	*teuer / billig kaufen / verkaufen*
respirar fundo	*tief einatmen*
gostar imenso	*sehr gern haben*

Sonderformen
Die Adjektive bom, boa *(gut)* / mau, má *(schlecht)*, cheio, cheia *(voll, völlig, vollkommen)* haben eigene Adverbformen:

bom, boa	bem	Aqui o vinho é **bom** e come-se **bem**. *Hier ist der Wein gut, und man isst gut.*
mau, má	mal	Aqui o vinho é **mau** e come-se **mal**. *Hier ist der Wein schlecht, und man isst schlecht.*
cheio, cheia	plenamente	É tão difícil eu confiar **plenamente** em alguém. *Es ist so schwierig, jemandem ganz und gar zu vertrauen.*

pouco *(wenig)*, muito *(sehr/viel)*, tanto *(so sehr / so viel)*, bastante *(ziemlich viel)* werden sowohl als Adjektiv als auch als Adverb gebraucht.

Adjektiv	**Adverb**
Die Formen sind veränderlich	Die Formen sind unveränderlich
A Ana tem **muitos** amigos e **muitas** amigas.	Aqui divirto-me **muito**.
Ana hat viele Freunde und viele Freundinnen.	*Hier amüsiere ich mich sehr.*
A Silvia tem **tantas** amigas.	A Silvia trabalha **tanto**.
Silvia hat so viele Freundinnen.	*Silvia arbeitet so viel.*

Gruppen von Adverbien / A classe de advérbios

Nach ihrer Bedeutung kann man die Adverbien in verschiedene Gruppen einteilen. Dazu gehören:

Adverbien der Zeit
ontem *gestern*, hoje *heute*
Ontem estive em casa. *Gestern war ich zu Hause.*

amanhã *morgen*, agora *jetzt*
Agora vamos para casa. *Jetzt gehen wir nach Hause.*

tarde *spät*, cedo *früh*
Não vem **tarde**! *Komm nicht zu spät!*

antes *vorher*, depois *nachher*
Primeiro quero bolo e **depois** tomo café.

sempre *immer,* já *schon*
Erst möchte ich Kuchen und danach / nachher nehme ich nunca *nie,* às vezes *manchmal einen Kaffee.*

hoje em dia *heutzutage*
quanto antes *so bald wie möglich*
(Manchmal wird **depois** für *außerdem* und *dann* verwendet.)
Não posso ir jantar. E **depois** também não tenho dinheiro. *Ich kann nicht Abendessen gehen. Und außerdem habe ich auch kein Geld.*
«E **depois**?» respondeu o Paulo. *«Und dann?» antwortet Paulo.*

Künftige Zeitpunkte:

daqui a cinco minutos – *in fünf Minuten*
daqui a um ano – *in einem Jahr*
daqui a dois dias – *in zwei Tagen*
daqui a pouco, em breve – *bald*

Adverbien des Ortes / Os advérbios de lugar

aqui *hier*, aí *da*, ali *dort*
perto *nah,* longe *weit*

Aqui sente-se bem. *Hier fühlt man sich wohl.*
Os Correios? É muito **perto**. *Die Post? Sie ist ganz in der Nähe.*

além *da, dort, drüben*
dentro *innerhalb*, fora *außerhalb*
fora *draußen, nach draußen*
em cima *oben*, acima *nach oben*
em baixo *unten*, abaixo *nach unten*
em frente *gegenüber*, ao lado *daneben, nebenan*
em frente, a direito *geradeaus* (Achtung: à direita *nach rechts*)

Einige Besonderheiten der Adverbien des Ortes

aqui *(hier)* verweist auf etwas, das sich nahe beim Sprecher befindet.
aí *(da)* verweist auf etwas, das sich vom Sprecher etwas weiter entfernt befindet.
ali, **acolá** *(dort)* verweist auf etwas, was sich für den Sprecher noch weiter entfernt befindet.
Aqui em Lagos está calor. E **aí** no Porto? *Hier in Lagos ist es heiß. Und wie ist es dort in Porto?*
O Banco é **ali** ao fundo da rua. *Die Bank ist dort drüben am Ende der Straße.*
Cá *(hier)* bezieht sich auf Gegenstände oder einen erwähnten Ort, der sich in der Nähe des Sprechers befindet.
O João Paulo está **cá**. João Paulo ist hier *(am Ort)*. **Cá** em Portugal. *Hier in Portugal*. Mário, vem **cá**! *Mário, komm mal (hier-)her!*
Lá *(da, dort)* wird verwendet, wenn der Sprecher sich nicht an dem gemeinten Ort befindet.
Lá no Brasil bebi muitas caipirinhas. *Da in Brasilien habe ich viele caipirinhas getrunken.*

Besonderer Gebrauch der Ortsadverbien *cá, lá* und *aí*:

Ouve **cá**! *Hör mal!*
Eu **cá** não percebo. *Was mich betrifft, verstehe ich das nicht.*
Eu **cá** sei o que digo. *Ich weiß schon, was ich sage.*
Diz **lá**! O que queres? *Sag mal! Was willst du?*
Diga **lá**! *Sagen Sie mal!*

Sei **lá**! *Was weiß ich!*
Sabe-se **lá**! *Was weiß man schon!*
Lá está ele! *Da ist er ja!*
Anda **lá**! Despacha-te! *Auf geht's! Mach schnell!*
Aí está! *Das ist es eben.*
Ele **lá** sabe! *Er weiß schon!*
Espere **aí**! *Moment mal! Warten Sie mal!*
Lá pelas nove – *so gegen 9 Uhr*
Cá por nós – *was uns angeht*
Tu **cá** tu lá – *du hier und dort*
Vocês **lá** resolverão! – *Ihr werdet es schon entscheiden!*

Adverbien der Art und Weise / Os advérbios de modo

bem *gut*, mal *schlecht*
Em Portugal come-se **bem**. *In Portugal isst man gut.*
depressa *schnell*, devagar *langsam*
até *sogar*, assim *so*
aliás *übrigens, im Übrigen*
diretamente *direkt*
em geral *im Allgemeinen, generell*

Adverbien der Menge / Os advérbios de quantidade

muito *viel*, pouco *wenig*
Tens **muito** que fazer? *Hast du viel zu tun?*
mais *mehr*, menos *weniger*
bastante *ziemlich*, apenas *nur*
Hoje trabalhei **bastante**. *Heute habe ich genug gearbeitet.*
quase *fast*, tão *so*
tanto *so viel*, demais *zu, zu viel*
Falei tanto. *Ich habe so viel geredet.*
demasiado *zu, allzu*
Estás a ser demasiado otimista. *Du bist zu optimistisch.*
pelo menos *mindestens, wenigstens*
no máximo, quanto muito *höchstens*
plenamente *völlig, vollkommen*

Adverbiale Ausdrücke / As locuções adverbiais

Einige Adverbien auf -mente werden häufig durch adverbiale Ausdrücke ersetzt.

Adjektiv	Adverb	Adverbialer Ausdruck	
perfeito	perfeitamente	de modo perfeito	*perfekt*
elegante	elegantemente	de maneira elegante	*elegant*
geral	geralmente	em geral	*generell*
gentil	gentilmente	com gentileza	*freundlich*
regular	regularmente	com reguralidade	*regelmäßig*
especial	especialmente	de modo especial	*speziell*

Beachten Sie! Tome nota!

Eine Reihe adverbialer Ausdrücke werden mit **de modo** bzw. **de maneira** + Adjektiv zusammengesetzt:
de modo simpático / inteligente / gentil / especial bzw. de maneira simpática / inteligente / especial *(auf sympathische, intelligente, nette, spezielle Art/Weise)*

Test 2

Markieren Sie die richtige(n) Lösung(en).

a) A Madalena apareceu espontâneamente/espontâneo / de espontâneo.
Madalena ist plötzlich erschienen.

b) O Ronaldo ganha pequeno/pouco/tanto.
Ronaldo verdient wenig.

c) No exame a Nicola respondeu bem/bom/boa.
Bei der Prüfung hat Nicola gut geantwortet.

d) Eles casaram-se secretamente / em segredo / segredo.
Sie haben heimlich geheiratet.

e) O seu teste foi muito bom/boa/bem.
Ihre Prüfung ist gut gewesen.

Die Stellung des Adverbs im Satz / A colocação do advérbio na frase

Da das Adverb dazu dient, Verben, Adjektive, andere Adverbien oder ganze Sätze zu bestimmen, steht es generell unmittelbar bei dem Satzteil, auf das es sich bezieht (in den Beispielen unterstrichen).

Auf ein **Adjektiv** bezogen, steht das Adverb vor dem Adjektiv.	É um problema **puramente** <u>prático</u>. *Das ist ein rein praktisches Problem.*
Auf ein anderes **Adverb** bezogen, steht das Adverb **vor** dem Adverb.	A Ana canta **bastante** <u>bem</u>. *Ana singt ziemlich gut.*

Auf einen ganzen **Satz** bezogen, steht das Adverb **vor** dem Satz.

Provavelmente o Rui vem de comboio. *Wahrscheinlich kommt Rui mit dem Zug.*

Auf ein Verb bezogen, verhält sich das Adverb wie folgt:
Bei einer einfachen Form steht das Adverb **nach** dem Verb.
O Luís trabalha **intensamente**. *Luís arbeitet intensiv.*
Bei einer zusammengesetzten Form steht das Adverb **nach** dem Partizip Perfekt.
Eu tinha bebido **pouco**. *Ich hatte wenig getrunken.*

Bei einem Infinitiv, Partizip bzw. Gerundium steht das Adverb **nach** dem Infinitiv, Partizip bzw. Gerundium.
Aqui podem dormir **bem**. *Hier könnt ihr gut schlafen.*
Trabalhando **tanto** assim, não gozas a vida. *Wenn du so viel arbeitest, genießt du das Leben nicht.*

Test 3
Fügen Sie in die Sätze das entsprechende Adverb ein. Achten Sie dabei auf die Satzstellung.
O Sandro estuda alemão. O Sandro estuda / **intensamente** alemão. *intensiv*
Sandro studiert intensiv Deutsch.

a) A Catarina é simpática **particularmente.** *besonders*
. . . .
Catarina ist besonders sympathisch.

b) O Marco trabalhou **também**. *auch*
. . . .
Auch Marco hat gearbeitet.

c) A Clara chega tarde **habitualmente**. *gewöhnlich*
. . . .
Clara kommt gewöhnlich spät.

d) A Sandra trabalhou **bem**. *gut*
. . . .
Sandra hat gut gearbeitet.

e) Nós vamos de férias em agosto **normalmente**. *normalerweise*
. . . .
Normalerweise gehen wir im August in Urlaub.

Diminutive (Verkleinerungsformen) und Augmentative (Vergrößerungsformen) / O diminuitivo e o aumentativo

Diminutive und Augmentative werden im Portugiesischen viel benutzt. Man kann so Substantive, Eigennamen, Adjektive und sogar Adverbien «verkleinern» / «vergrößern». Oft drücken Diminutive aber nicht nur «Kleinheit», sondern auch Intensität, Zärtlichkeit, Zuneigung, Sympathie, Mitleid, Interesse, Anteilnahme, aber auch Herabsetzung und Ironie oder eine Verstärkung des Wortes usw. aus.

Die Diminutive werden mit dem Suffix **-inho/a** (im Deutschen «-chen» bzw. «-lein» gebildet:
casa *(Haus)* – cas**inha** – *Häuschen*
carro *(Auto)* – carr**inho** – *Autolein*
gato *(Katze)* – gat**inho** – *Kätzchen*
mesa *(Tisch)* – mes**inha** – *Tischchen*
Adeus e **beijinhos** a todos lá em casa. *Tschüss und <u>Küsschen</u> an alle zu Hause.*
aber auch mit **-ito, -zito**
casa *(Haus)* – cas**ita** – *Häuschen*
carro *(Auto)* – carr**ito** – *Wägelchen*
sapatos *(Schuhe)* – sapa**titos** – *Schühchen*
pequeno *(klein)* – pequen**ito** – *winzig klein*

Wenn das Wort mit einem Nasallaut (*m* oder *n*) oder zwei Vokalen endet, fügt man meistens das Suffix -zinho, -zinha hinzu:

pai *(Vater)* – paizinho
mãe *(Mutter)* – mãezinha
mau *(schlecht)* – mauzinho
má *(schlecht)* – mazinha
avó *(Großmutter)* – avozinha (achten Sie auf den Wegfall des Akzents)
bem *(gut)* – benzinho *(gut, so einigermaßen, ganz passabel)*

Verkleinerungsformen von Vornamen im Portugiesischen werden sehr gerne benutzt:
Joaquinzinho – von Joaquim
Joãozinho – von João
Joaninha – von Joana
Luísinha – von Luísa
(Joaninha – das ist die Koseform von Joana und bedeutet Marienkäfer)

Beachten Sie! Tome nota!
Einige Adjektive, Adverbien und adverbiale Ausdrücke können durch das Suffix -**inho**, -**inha** gesteigert werden:
coitado *(der Arme!)* – coitadinho *(der Ärmste!)*
fresco *(frisch)* – fresquinho *(ganz frisch, ziemlich kühl)*

só *(allein)* – sozinho *(ganz allein)*
de manhã *(am Morgen)* – de manhãzinha *(früh am Morgen)*
à tarde *(nachmittags)* – à tardinha *(am späten Nachmittag)*

Vergrößerungsformen

Die Augmentative werden mit Hilfe verschiedener Suffixe gebildet.
Die wichtigsten sind **-ão/-ona –zão/-zona**
casa *(Haus)* – casarão *(das Riesenhaus)*
porta *(Tür)* – portão *(die große Tür)*
bonita *(schön)* – bonitona *(sehr schön)*
mulher *(Frau)* – mulherona *(große, starke Frau)*
homem *(Mann)* – homenzão *(großer, starker Mann)*
garrafa *(Flasche)* – garrafão *(5l-Flasche)*
Este carro custa um **dinheirão**! *Dieses Auto kostet viel zu viel Geld!*
Esta tradução deu um **trabalhão**. *Diese Übersetzung war besonders harte Arbeit.*

Die Pronomen / Os pronomes

Die Personalpronomen / Os pronomes pessoais

Eu falo alemão. ***Ich*** *spreche Deutsch.*

Was Sie vorab wissen sollten:

Bei den portugiesischen Personalpronomen gelten gegenüber den deutschen einige Besonderheiten. Da es nur zwei Geschlechter gibt, männlich und weiblich, gibt es keine Entsprechung für das deutsche «*es*». In der dritten Person Plural haben das männliche und weibliche Personalpronomen unterschiedliche Formen. Besonderer Beachtung bedarf die Benutzung der Pronomen der 2. Person und der Höflichkeitsform.

Die Personalpronomen als Subjekt. Ihre Subjektformen im Wer-Fall lauten:

Singular		**Plural**	
eu	*ich*	nós	*wir*
tu	*du*	vós*	*ihr*
ele	*er*	eles	*sie*
ela	*sie*	elas	*sie*
você	*Sie* (Anrede)	vocês	*ihr, Sie* (Anrede Plural)

Übersicht der Personalpronomen / Quadro Geral dos pronomes pessoais

Pronomen im Portugiesischen sind recht einfach zu handhaben. Es wird zwischen *Complemento indireto* und *Complemento direto* unterschieden (die Entsprechung im Deutschen wäre Dativ und Akkusativ – allerdings ziehen die Verben im Portugiesischen nicht immer den gleichen Fall nach sich wie im Deutschen!!). Für Pronomen nach Präpositionen gibt es immer nur eine spezielle Form. Eine Ausnahme bilden teilweise die Formen mit *com* – hier kommt es zu Verschmelzungen mit bestimmten Pronomen.

Subjekt	eu *(ich)*
Indirektes Objekt (Dativ)	me *(mir)*
Direktes Objekt (Akkusativ)	me *(mich)*
nach Präpositionen	mim *(mir, mich)*
Reflexiv	me *(mir, mich)*

tu *(du)*
te *(dir)*
te *(dich)*
ti *(dir, dich)*
te *(dir, dich)*

ele *(er)* / ela *(sie)*
lhe *(ihm, ihr)*
o/a *(ihn, sie)*
ele/ela *(ihm / ihn, ihr / sie)*
se *(sich, sich)*

você *(Sie)*
lhe *(Ihnen)*
o/a *(Sie)*
você *(Ihnen, Sie)*
se *(sich)*

nós *(wir)*
nos *(uns)*
nos *(uns)*
nós *(uns)*
nos *(uns)*

eles *(sie)* / elas *(sie)*
lhes *(ihnen, ihnen)*
os/as *(sie, sie)*
eles/elas *(ihnen, sie)*
se *(sich, sich)*

vocês *(ihr, Sie)*
os *(euch, Ihnen)*
os *(euch, Sie)*
vocês *(euch, Sie, Ihnen)*
se *(euch, sich)*

Gebrauch der Subjektformen / Uso dos pronomes pessoais
*Die Form **vós** der 2. Person Plural ist veraltet. In der Umgangssprache hat das Subjektpronomen **vocês** *(ihr, Sie)* das Pronomen vós *(Ihr)* verdrängt, so dass sie nur noch regional oder in speziellen Sprachregistern, z. B. in der Kir-

che oder in der Literatur verwendet wird. Die zugehörige Verbform steht in der 3. Person Plural.
Vocês são estudantes? *Seid ihr Studenten?*
Vocês são do Porto? *Seid ihr aus Porto?*

Die 3. Plural (**eles, elas**) sagt im Deutschen nichts über das Geschlecht der Gruppe aus. Die weibliche Form (**elas**) wird nur verwendet, wenn sich die Gruppe ausschließlich aus weiblichen Personen zusammensetzt. Sobald mindestens eine Person davon männlich ist, muss die männliche Form (**eles**) verwendet werden.

Tenho vários **alunos** e **alunas**. Ontem **eles** visitaram o museu. *Ich habe einige Schüler und Schülerinnen. Gestern haben sie alle das Museum besucht.*
Wenn man eine oder mehrere Personen besonders hervorheben möchte:
Eu trabalho aqui, e **você**? *Ich arbeite hier, und ihr?* **Eu** sim, mas **ele** não. *Ich ja, aber er nicht.*

Zur Vermeidung von Missverständnissen, wenn man sonst nicht wüsste, von wem die Rede ist:
A Rita e o Sérgio trabalham juntos, mas **ele** trabalha pouco. *Rita und Sérgio arbeiten zusammen, aber er arbeitet wenig.*

Zur Betonung kann das Pronomen auch am Ende stehen:
Nesta fotografia (bras.: foto) estamos na praia e aqui sou **eu**. *Auf diesem Foto sind wir am Strand, und das bin ich.*

Beachten Sie! Tome nota!
Im Portugiesischen kann man in den meisten Fällen das Personalpronomen in der Subjektform weglassen, wenn die Person an der Verbform eindeutig zu erkennen ist. Ist dies nicht der Fall, muss das Pronomen aber angegeben werden.

Falo português e alemão. *Ich spreche Portugiesisch und Deutsch.*
Estudaste Direito? *Hast du Jura studiert?*
Moramos no centro da cidade. *Wir wohnen im Zentrum der Stadt.*
Ele vai estudar História. *Er wird Geschichte studieren.*
Ela vai viajar pelo Brasil. *Sie wird durch Brasilien reisen.*
Statt **nós** wird in der Umgangssprache oft **a gente** mit der dritten Person Singular verwendet.

A gente não tem fome! *Wir haben keinen Hunger!*
A gente ainda vai comer hoje? *Gehen wir heute noch essen?*
Hoje **a gente** fica todo o dia na praia. *Heute bleiben wir den ganzen Tag am Strand.*

Test 1

Stellen Sie fest, ob in den folgenden Sätzen ein Subjektpronomen erforderlich ist, und markieren Sie die richtige Lösung.

1. (Eu / ?) sou alemão e (eu / ?) trabalho no Brasil.
   Ich bin Deutscher und arbeite in Brasilien.
2. Também (tu / ?) aprendes português? *Lernst du auch Portugiesisch?*
3. (Eu / ?) sou do Porto, mas (ele / ?) é do Rio de Janeiro.
   Ich bin aus Porto, aber er kommt aus Rio de Janeiro.
4. (Nós / ?) moramos em São Paulo. *Wir wohnen in São Paulo.*
5. (Eu / ?) moro em Lisboa e (vocês / ?)? *Ich wohne in Lissabon, und ihr?*
6. O Cristiano e (eu / ?) jogamos futebol juntos. *Cristiano und ich spielen zusammen Fußball.*
7. Também (vocês / ?) vão de férias? *Fahrt auch ihr in Urlaub?*
8. (Eu / ?) aprendo português e (você / ?) senhor Silva?
   Ich lerne Portugiesisch, und Sie, Herr Silva?

Die Formen der Anrede / As formas de tratamento

Das Portugiesische kennt wie das Deutsche eine höfliche Anredeform und die informelle Anrede mit *du*. Dem deutschen *du* entspricht in Portugal die Form **tu** und in Brasilien die Form **você,** während in Portugal **você** dem «Sie» näher steht. Das Personalpronomen **tu** wird nur in einigen Regionen im Süden und Nordosten Brasiliens verwendet. Die Anrede «ihr» (2. Person Plural) lautet **vocês**, unabhängig davon, ob **tu** oder **você** im Singular gebraucht werden.

In Portugal: **Tu** gostas de Portugal? *Magst du Portugal?*
In Brasilien: **Você** gosta do Brasil? *Magst du Brasilien?*
Vocês chegaram ontem? *Seid ihr gestern angekommen?*
(Umgangsprachlich wird **tu** oft in Brasilien mit der Verbform der 3. Person Singular verwendet: **Tu** vai para a escola? *Gehst du zur Schule?*)

Für die höfliche Anrede gibt es mehrere Möglichkeiten, je nachdem, wie groß der Vertrautheitsgrad oder soziale Abstand zwischen den Sprechern ist. Für die höfliche, distanzierte Anrede wird die 3. Person Singular (**o senhor, a senhora**) bzw. Plural (**os senhores, as senhoras**) verwendet.

O senhor fala bem português. *Sie sprechen gut Portugiesisch.*
A senhora fala bem alemão. *Sie sprechen gut Deutsch.*
Os senhores são do Porto? *Sind Sie aus Porto?* (an Männer oder eine gemischte Gruppe gerichtet)
As senhoras são de Lisboa? *Sind Sie aus Lissabon?* (an Frauen gerichtet)

Kennt man den Namen der Angesprochenen, so verwendet man ihn, wobei die Männer mit dem Familiennamen, die Frauen immer mit dem Vornamen und **Dona** angeredet werden.
O senhor Tiago vai ao Brasil? *Fahren Sie nach Brasilien, Herr Tiago?*
O senhor Silva vai ao restaurante? *Herr Silva, gehen Sie ins Restaurant?*
A senhora Dona Clara fica em casa? *Bleiben Sie zu Hause, Frau Clara?*

Was Sie noch wissen sollten:
Hat der Angesprochene einen Titel, wird er gewöhnlich mit diesem angesprochen. Der Titel **Doutor/-a** (Dr./Dra.) ist in Portugal sehr verbreitet, da alle, die ein volles Universitätsstudium absolviert haben, ihn beanspruchen dürfen.

O senhor doutor já chegou? *Ist der Herr Doktor schon angekommen?*
O senhor engenheiro Costa está no escritório. *Herr Ingenieur Costa ist im Büro.*

Beachten Sie! Tome nota!
In der vertrauten Anrede mit **tu** (du) gebrauchen Männer, insbesondere junge Männer, untereinander sehr häufiger die Formen **pá, eh pá, ó pá** oder **ó meu**, eine Abkürzung von **rapaz** *(Junge).*
Eh **pá**, dá-me um cigarro! *Gib mir eine Zigarette, Alter!, … Ey Junge!, ... Ey Mann!, …* In Brasilien benutzt man: *Eh **cara**, dá-me um cigarro!*
Está bem, **pá**! *Ist gut!* (bras.: Está bem**, cara**!)
Ó meu, estás porreiro? *Geht´s (dir) gut? / Alles klar bei dir, mein Junge? / Alles cool?*

Das direkte Objektpronomen / Os pronomes pessoais do complemento direto
Ele chama-**me**. *Er ruft **mich**.*

Die Formen der unbetonten Objektpronomen

Singular	1. Person eu	**me** *(mich)*
	2. Person tu	**te** *(dich)*
	3. Person você	**o, a** *(dich, Sie)*
	ele, ela	**o / a** *(ihn, sie, es)*

Plural	1. Person nós	**nos** *(uns)*
	2. Person vós	**vos** *(euch)*
	3. Person vocês	**os, as** *(euch, Sie)*
	eles, elas	**os, as** *(sie)*

Das direkte Objektpronomen ersetzt ein Akkusativobjekt (*wen* oder *was*?):
Onde é que você comprou **este vinho**? Comprei-**o** na feira de vinhos.
Wo haben Sie diesen Wein gekauft? Ich habe ihn auf der Weinmesse gekauft.

Die zugehörigen direkten Objektpronomen für die Anrede **você(s)**, **o(s) senhor(es)**, **a(s) senhora(s)** sind **o**, **os** (für männliche Personen) und **a**, **as** (für weibliche Personen).
Meus senhores, eu espero-**os** amanhã. *Meine Herren, ich erwarte Sie morgen.*

Test 2

Setzen Sie die entsprechenden direkten Objektpronomen ein.

a) Eu não . . . . . . entendo. *Ich verstehe <u>dich</u> nicht.*
b) E o sumo (bras.: suco)? Porque não . . . . . . bebes? *Und den Saft? Warum trinkst du <u>ihn</u> nicht?*
c) A Sofia conhece-. . . . . . muito bem. *Sofia kennt <u>mich</u> sehr gut.*
d) Eu vejo-. . . . . . todos os dias no café. *Ich sehe <u>euch</u> jeden Tag im Cafe.*
e) Ouves-. . . . . .? *Hörst du <u>mich</u>?* Não, não . . . . . . ouço. *Nein, ich höre <u>dich</u> nicht.*
f) Nós convidamos-. . . . . . para a nossa festa. *Wir laden <u>dich</u> zu unserem Fest ein.*
g) Porque é que ele não . . . . . . conhece mais? *Wieso kennt er <u>uns</u> nicht mehr?*
h) Incomóda-. . . . . . a música? *Stört <u>euch</u> die Musik?*

Beachten Sie! Tome nota!

Endet ein Verb auf -**r, -s** oder -**z**, fallen die Konsonanten beim Aufeinandertreffen mit dem angehängten Pronomen weg, und dem Pronomen wird ein **l** vorangestellt. Dabei erhalten das betonte **a** einen Akzent Akut (´) und das betonte **e** einen Akzent Zirkumflex (^), das **i** erhält keinen Akzent. Diese signalisieren, dass die Betonung jetzt auf dieser Silbe liegt. Das Verb und das Pronomen werden durch einen Bindestrich verbunden:
O Luís quer comprar a casa. Ele quer compr**á-la**.
Luís möchte das Haus kaufen. Er möchte es kaufen.
Ela quer vender a casa de campo. Ela quer vend**ê-la**.
Sie möchte das Landhaus verkaufen. Sie möchte es verkaufen.
Tu compras o apartamento. Tu compr**á-lo**.
Du kaufst die Wohnung. Du kaufst sie.

Tu vendes as casas. Tu vend**ê-las**.
Du verkaufst die Häuser. Du verkaufst sie.
A Claudia faz o jantar. A Claudia f**á-lo**.
Claudia bereitet das Abendessen zu. Claudia bereitet es zu.

Beachten Sie! Tome nota!
Die Objektformen **o**, **a**, **os**, **as** können im BP zusammen mit **você**, **vocês** vorkommen:
Se você precisar, vou ajud**á-lo/la** na tradução. Se você precisar, vou ajudar **você** na tradução. *Wenn du Hilfe brauchst, werde ich dir bei der Übersetzung helfen.*

Lernen Sie! / Aprenda!
Tu vais pag**á-las**! *Das wirst du mir büßen!*
Fê-la bonita! (ironisch) *Da haben Sie sich was geleistet!*

In Verbindung mit Verbformen, die auf **-m, -ão** und **-õe** (nasal) enden, erhalten die Pronomen ein **n** vorweg:
A professora entra na sala de aula e os estudantes cumprimentaram-**na**.
Die Lehrerin kommt in den Unterrichtsraum, und die Studenten begrüßen sie.
Eles fizeram um bolo e comeram-no. *Sie machten einen Kuchen und aßen ihn.*
As crianças apanham flores e dão-**nas** à avó.
Die Kinder pflücken Blumen und geben sie der Großmutter.

Test 3
Setzen Sie die entsprechenden direkten Objektpronomen ein.

a) Esta música é bonita. Sabes cantá-. . . . . .? *Diese Musik ist schön. Kannst du sie singen?*
b) O José comprou um livro e vai oferecer-. . . . . . no teu aniversário. *José hat ein Buch gekauft und wird es dir an deinem Geburtstag schenken.*
c) Quando é que vais visitar os teus pais? Vou visitá-. . . . . . amanhã. *Wann wirst du deine Eltern besuchen? Ich besuche sie morgen.*
d) O relatório ainda não está pronto. Vamos escrevê-. . . . . . agora. *Der Bericht ist noch nicht fertig. Wir werden ihn jetzt schreiben.*
e) Elas trazem as bebidas. Trazem-. . . . . . para a festa. *Sie bringen die Getränke mit. Sie bringen sie zum Fest mit.*
f) Alice! Põe a mesa. Põe-. . . . . . lá fora, no jardim. *Alice! Deck den Tisch. Deck ihn draußen, im Garten.*
g) O Jorge vai comprar um carro. Ele vai comprá-. . . . . . amanhã. *Jorge wird ein Auto kaufen.* Er wird es morgen kaufen.

h) Os pais não queriam deixar sair a filha. Não queriam deixá-. . . . . . ir à discoteca. *Die Eltern wollten die Tochter nicht ausgehen lassen. Sie wollten* *sie* *nicht in die Diskothek gehen lassen.*

Das indirekte Objektpronomen / Os pronomes pessoais do complemento indireto

Ele empresta-**me** o livro. *Er leiht* ***mir*** *das Buch.*

Singular	1.Person eu	**me** *(mir)*
	2. Person tu	**te** *(dir)*
	3. Person você	**lhe** *(dir, Ihnen)*
	ele	**lhe** *(ihm)*
	ela	**lhe** *(ihr)*
Plural	1. Person nós	**nos** *(uns)*
	2. Person vós	**vos** *(euch)*
	3. Person vocês	**lhes** *(euch, Ihnen)*
	eles	**lhes** *(ihnen)*
	elas	**lhes** *(ihnen)*

Das indirekte Objektpronomen ersetzt ein Dativobjekt (wem oder was?):
Porque não **me** telefonaste ontem? *Warum hast du mich gestern nicht angerufen?*
(Anrufen geht auf Deutsch aber immer mit Akkusativ!)
Dá-**me** o livro. *Gib mir das Buch.*
O que deste à Carla? Dei-**lhe** um DVD e um livro.
Was hast du Carla gegeben? Ich habe ihr eine DVD und ein Buch gegeben.
Já **lhe** deste os parabéns? *Hast du ihm / ihr schon gratuliert?*
O José devolveu-**te** o dicionário? Ainda não, mas na próxima semana.
Hat José dir das Wörterbuch zurückgegeben? Noch nicht, aber nächste Woche.
Boa noite! Quero-**lhes** apresentar a minha amiga. Chama-se Catarina.
Guten Abend! Ich möchte Ihnen meine Freundin vorstellen. Sie heißt Catarina.
Este país sempre **me** fascinou. *Dieses Land hat mich immer fasziniert.*

Kontrahierte Formen

Kombination von Dativ- und Akkusativpronomina

Anders als im Deutschen wird im Portugiesischen in Sätzen mit einem Akkusativ- und einem Dativpronomen das Dativpronomen vorangestellt. Außerdem verschmelzen beide Pronomina zu einer Form. Allerdings werden diese kontrahierten Formen im BP nicht verwendet. Anstelle eines Satzes wie: Esqueci-me do livro. Amanhã trago-**lho**. *(Ich habe das Buch vergessen. Morgen bringe ich es Ihnen.)*, sagt man in Brasilien: Esqueci-me do livro. Amanhã trago o livro **para você**.

me + o (s) = mo (s)	*ihn mir, es mir; sie (Pl.) mir*
+ a (s) = ma (s)	*sie mir; sie (Pl.) mir*
te + o (s) = to (s)	*ihn dir, es dir, sie (Pl.) dir*
+ a (s) = ta (s)	*sie dir, sie (Pl.) dir*
lhe + o (s) = lho (s)	*ihn (es) ihm / ihr; sie ihm, sie (Pl.) ihm / ihr*
+ a (s) = lha (s)	*sie ihm / ihr; sie (Pl.) ihm / ihr*
nos + o (s) = no-lo (s)	*ihn (es) uns; sie (Pl.) uns*
+ a (s) = no-la (s)	*sie uns; sie (Pl.) uns*
vos + o (s) = vo-lo (s)	*ihn (es) euch; sie (Pl.) euch*
+ a (s) = vo-la (s)	*sie euch; sie (Pl.) euch*
lhes + o (s) = lho (s)	*ihn (es) ihnen; sie (Pl.) ihnen*
+ a (s) = lha (s)	*sie ihnen; sie (Pl.) ihnen*

Beispiele / Exemplos:
Dá-me o livro! Dá-**mo**!
Gib mir das Buch! Gib es mir!
Aqui tens o jornal. Ofereço-**to**.
Hier hast du die Zeitung. Ich schenke sie dir.
Roubaram-lhe o carro ontem. Roubaram-**lho** ontem.
Gestern wurde ihm / ihr das Auto gestohlen. Sie haben es ihm / ihr gestern gestohlen.
Ele tem um carro novo e ontem mostrou-**no-lo**.
Er hat ein neues Auto und gestern zeigte er es uns.
Senhor Carlos! Dir-**lho**-ei amanhã.
Herr Carlos! Ich werde es Ihnen morgen sagen.

Beachten Sie! Tome nota!
Die Verschmelzung von unbetonten Personalpronomen als Objektpronomen für das indirekte und das direkte Objekt (zum Beispiel **me** – *mir* und **a** – *sie*, 3. Person Einzahl, verschmolzen zu **me** + **a** = **ma**) wird in Brasilien nicht benutzt. Dort kann man das unbetonte Pronomen für das direkte Objekt verwenden und das indirekte Objekt mit der betonten Form mit Präposition ausdrücken. Oder man verwendet das unbetonte Personalpronomen für das indirekte Objekt und lässt das direkte Objekt weg oder ersetzt es.
A carta? Quando **ma** escreveu? *Den Brief? Wann haben Sie ihn mir geschrieben?*
In Brasilien: A carta? Quando você **a** escreveu **para mim**? *oder* Quando você **a** escreveu **a mim**? *oder* Quando você **me** escreveu **a carta**?
O Pedro ganhou na lotaria. A Clara **me** contou. *oder* A Clara **me** contou **isso**. – *Pedro hat im Lotto gewonnen. Clara hat* ***es mir*** *erzählt.*

Test 4

Setzen Sie die entsprechenden indirekten Objektformen ein.

a) Eu falei com o Manuel e o trabalho agrada-. . . . . . . *Ich habe mit Manuel gesprochen, die Arbeit gefällt ihm.*

b) Desculpe-. . . . . ., mas eu não sabia de nada. *Es tut mir leid, ich wusste von nichts.*

c) Senhora professora, amanhã dou-. . . . . . uma resposta. *Frau Lehrerin, morgen gebe ich Ihnen eine Antwort.*

d) Quando é que tu . . . . . . escreves? *Wann schreibst du uns?*

e) Se vocês querem, eu vendo-. . . . . . o carro. *Wenn ihr wollt, verkaufe ich euch das Auto.*

f) Quando é que vocês . . . . . . mandam as fotografias? *Wann schickt ihr uns die Fotos?*

g) Dás-. . . . . . a ela o teu endereço / morada? *Gibst du ihr deine Adresse?*

Das Personalpronomen nach Präpositionen (außer «com» – «mit»)

Singular	1. Person eu	**mim** *mir, mich*
	2. Person tu	**ti** *dir, dich*
	3. Person você	**si** *Ihnen, Sie sich (selber)*
	ele	**ele** *ihm, ihn, es*
	ela	**ela** *ihr, sie*
Plural	1. Person nós	**nós** *uns*
	2. Person vós	**vós, vocês** *(euch)*
	3. Person vocês	**si** *sich (selber)*
	eles	**eles** *ihnen, sie*
	elas	**elas** *ihnen, sie*

Beispiele / Exemplos

O livro é para **ti**. *Das Buch ist für* ***dich***.

Ele fala muito de **si**. *Er spricht oft von* ***Ihnen***.

Ninguém pensou em **nós**. *Niemand hat an uns gedacht.*

Eu penso **nela**. *Ich denke an* ***sie***.

Falamos **deles**. *Wir sprechen von* ***ihnen***.

Nós gostamos muito **dela**. *Wir mögen* ***sie*** *sehr.*

Beachten Sie! Tome nota!

Vós nach Präposition wird selten und nur in der gehobenen Sprache verwendet. In der Umgangssprache wird es durch **vocês** ersetzt: Esta carta é **para vocês**. *Dieser Brief ist für euch.*

Das Personalpronomen **si** wird in zwei Fällen gebraucht. Einmal im reflexiven Sinn, meist in den verstärkten Kombinationen «si próprio» (sich selbst) und «si mesmo» wie: Ela fala sempre **de si** (mesma). *Sie spricht immer von sich (selbst),* und einmal bei der Anrede in der Bedeutung von **o senhor**, **a senhora**, **você**: Alguém telefonou **para si!** (para o senhor, para a senhora, para você) *Es hat jemand für Sie angerufen!*

Beispiele / Exemplos

Paulo! Não te esqueças **de mim**! Escreve-me um postal.
Paulo! Vergiss mich nicht! Schreib mir eine Postkarte.
Ontem pensei muito **em ti**. Ninguém pensou **em nós**.
Gestern habe ich sehr viel an dich gedacht. Niemand hat an uns gedacht.
Para quem é o café e o sumo (bras.: suco)? O café é **para mim** e o sumo **para ele**.
Für wen sind der Kaffee und der Saft? Der Kaffee ist für mich, und der Saft für ihn.
Os números falam **por si**. Um milhão de desempregados.
Die Zahlen sprechen für sich. Eine Million Arbeitslose.
Desculpe! Estás a referir-te **a mim**? *Entschuldigung! Meinst du mich?*

Test 5

Markieren Sie die richtige Möglichkeit.

a) Eu desculpo- (me, mim). *Ich entschuldige mich.*
b) (tu, te) felizardo! *Du Glücklicher!*
c) Eu convido- (tu, te) para o meu aniversário. *Ich lade dich zu meinem Geburtstag ein.*
d) Viste- (ela, a)? Chama-(ele, o)! *Hast du sie gesehen? Rufe ihn!*
e) Eles vão levar-(vos, vós) à estação? *Werden sie euch zum Bahnhof bringen?*
f) Tu fizeste- (o, lhe) um favor. *Du hast ihm / ihr einen Gefallen getan.*
g) Ele cumprimentou-(nós, nos). *Er begrüßte uns.*
h) Eu dou-(os, lhes) o mapa. *Ich gebe ihnen die Landkarte.*

Test 6

Setzen Sie das entsprechende Pronomen an die richtige Stelle.

a) lhe: Amanhã . . . . . trago . . . . . o livro. *Morgen bringe ich ihr das Buch.*
b) me: . . . . . vendes . . . . . o teu carro? *Verkaufst du mir dein Auto?*
c) vos: Eu . . . . . não . . . . . compreendo. *Ich verstehe euch nicht.*
d) te: Eu . . . . . não . . . . . ouço. *Ich höre dich nicht.*
e) a: Eu . . . . . vejo . . . . . todos os dias. *Ich sehe sie jeden Tag.*
f) o: Nós . . . . . não . . . . . vimos. *Wir haben ihn nicht gesehen.*

g) nós: . . . . . falamos . . . . . sempre disso. *Wir sprechen immer davon.*
h) o: Eu . . . . . vi . . . . . na escola. *Ich habe ihn in der Schule gesehen.*

Präposition «com» + Personalpronomen / A preposição com + pronomes pessoais

eu	?	comigo *(mit mir)*
tu	?	contigo *(mir dir)*
ele / ela	?	com ele *(mit ihm)* / com ela *(mit ihr)*
você	?	consigo *(mit Ihnen)* com você brasil.
nós	?	connosco *(mit uns)* (bras.: conosco)
eles / elas	?	com eles *(mit ihnen)* / com elas *(mit ihnen)*
vocês (vós)	?	com vocês *(mit Ihnen)* / convosco *(mit euch)* brasil.

Beispiele / Exemplos

Vens **comigo** ao cinema? *Kommst du* ***mit mir*** *ins Kino?*
Posso falar **consigo** (bras.: com você)? *Kann ich* ***mit Ihnen / mit dir*** *sprechen?*
Podem contar **connosco** (bras.: conosco). *Ihr könnt auf uns zählen.*
Convosco (bras.: com vocês) não vou! ***Mit Ihnen / mit euch*** *gehe ich nicht!*

Die Reflexivpronomen / Os pronomes reflexivos

Chamo-**me** Pedro. *Ich heiße (nenne mich) Pedro.*

Was Sie vorab wissen sollten:

Reflexivpronomen werden ähnlich wie im Deutschen in Verbindung mit bestimmten Verben benutzt wie z. B. vestir-se *(sich anziehen)*, lavar-se *(sich waschen)*, divertir-se *(sich amüsieren)*. Aber nicht alle Verben, die im Portugiesischen reflexiv sind, sind es auch im Deutschen. Umgekehrt gilt das Gleiche. Einige Beispiele: chamar-se *(heißen)*, levantar-se *(aufstehen)*, esquecer-se *(vergessen)*, descansar *(sich ausruhen)*, deitar-se *(zu Bett gehen / sich hinlegen)*, imaginar *(sich etwas vorstellen)*, repousar *(sich ausruhen)*

Die Formen der Reflexivpronomen lauten:

			lembrar-se (*sich erinnern*)
Singular	1. Person eu	**me**	lembro-**me**
	2. Person tu	**te**	lembras-**te**
	3. Person você, ele, ela	**se**	lembra-**se**
Plural	1. Person nós	**nos**	lembramo-**nos**
	2. Person vós	**vos**	lembrai-**vos**
	3. Person vocês, eles, elas	**se**	lembram-**se**

Beachten Sie! Tome nota!

Die Reflexivpronomen werden im europäischen Portugiesisch dem Verb mit Bindestrich nachgestellt. Ohne Bindestrich steht das Pronomen vor dem Verb. Bei der ersten Person Plural des reflexiven Verbs verliert das Verb die Endung -**s**.
Nós lavamo(**s**)-nos. *Wir waschen uns.*
Nós sentimo(**s**)-nos bem. *Wir fühlen uns gut.*
Encontramo(**s**)-nos hoje com a Rita e o Paulo? *Treffen wir uns heute mit Rita und Paulo.*

Die Stellung des Reflexivpronomens / A colocação do pronome

Normalerweise wird das Reflexivpronomen dem Verb nachgestellt.
Eu chamo-**me** Tiago. *Ich heiße Tiago.* Nós deitamo-**nos** tarde. *Wir gehen spät ins Bett.*
Im brasilianischen Portugiesisch wird das Reflexivpronomen vor die konjugierte Verbform gestellt: Ele **se** lava. *Er wäscht sich.* Eu **me** deitei tarde. *Ich bin spät ins Bett gegangen.*
Die Auslassung des Reflexivpronomens kommt in Brasilien sehr oft vor: «Eu levanto às sete horas.» statt «Eu **me** levanto às sete horas.» *Ich stehe um sieben auf.*

Nach Signalwörtern stehen die Reflexivpronomen vor dem Verb

1.	Nach Fragewörtern:	**Quem** me ajuda? *Wer hilft mir?*
2.	Nach Verneinungen:	**Não** me chamo Joana. *Ich heiße nicht Joana.*
3.	Nach bestimmten Indefinitpronomen:	**Tudo** me parece óptimo. *Es scheint mir alles gut.*
4.	Nach bestimmten Satzadverbien:	**Como** te disse, hoje não venho. *Wie ich dir schon sagte, komme ich heute nicht.*
5.	Nach Präpositionen (außer **a**):	Ela está aqui **para** se despedir. *Sie ist hier, um sich zu verabschieden.*
6.	Nach Konjunktionen:	Eu venho, **embora** me sinta mal. *Ich komme, obwohl ich mich schlecht fühle.*

Beachten Sie! Tome nota!

Bei Hilfsverb-Infinitiv-Sätzen kann das Reflexivpronomen sowohl an das Hilfsverb als auch an den Infinitiv angehängt werden:
Amanhã à noite posso visitar-**te**. *(Morgen kann ich dich besuchen.)* Amanhã à noite posso-**te** visitar.

Test 7

Setzen Sie die entsprechenden Reflexivpronomen ein.

a) Porque não . . . . vestes? *Warum ziehst du dich nicht an?*

b) O André e a Regina já não . . . . falam mais. *André und Regina sprechen sich nicht mehr / sprechen nicht mehr miteinander.*

c) Eu levanto-. . . . . imediatamente. *Ich erhebe mich sofort / ich stehe sofort auf.*

d) Vemo-. . . . . amanhã? *Sehen wir uns morgen?*

e) Senhora Manuela, lembra-. . . . . de mim? *Frau Manuela, erinnern Sie sich an mich?*

f) Divertes-. . . . . ? *Amüsierst du dich?*

g) Nós não . . . . entendemos. *Wir verstehen uns nicht.*

h) A Joana e o Joel já . . . . conhecem há muito tempo. *Joana und Joel kennen sich seit Langem.*

Der Ausdruck von «man» / «Se» apassivante

Zur Übersetzung und Wiedergabe des deutschen Pronomens «*man*»

a) durch eine Reflexivkonstruktion:

Na Alemanha bebe-**se** muita cerveja. *In Deutschland trink man viel Bier.*

Em Portugal come-**se** muito bem. *In Portugal isst man sehr gut.*

Já não **se** usam máquinas de escrever. *Man benutzt keine Schreibmaschinen mehr.*

Como **se** pronuncia? *Wie spricht man das aus?*

Bei dieser Konstruktion wird das Objekt des deutschen Satzes im Portugiesischen zum Subjekt, mit dem die Verbformen übereinstimmen müssen.

b) durch die 3. Person Plural des Verbs ohne Personalpronomen bei Verben wie dizer *(sagen)*, contar *(erzählen)*, afirmar *(behaupten)*:

Dizem que os alemães bebem muita cerveja. *Man sagt, dass die Deutschen viel Bier trinken.*

Contam que a rainha Isabel era muito bondosa e culta. *Man erzählt, dass die Königin Isabel sehr gütig und gebildet war.*

Afirmam que não há quartos livres. *Man behauptet dass es keine freien Zimmer gibt.*

c) durch die 1. Person Plural eines Verbs, wenn der Sprecher sich zu dieser Aussage bekennt:

Neste restaurante **servem** muito bem. *In diesem Restaurant wird man sehr gut bedient.*

Devemos sempre tomar atenção ao mar! *Man muss immer auf das Meer aufpassen!*

Beachten Sie! Tome nota!
Das deutsche «man muss» (ter de/que) wird manchmal im Portugiesischen mit **há que** wiedergegeben:
Há que poupar! *Man muss sparen!*
Há que trabalhar mais! *Man muss mehr arbeiten!*

Die Possessivpronomen / Os pronomes possessivos

Was Sie vorab wissen sollten:
Die Possessiva (*mein, dein, unser, euer* usw.) geben den Besitz an. Im Gegensatz zum Deutschen richtet sich das Possessivpronomen nicht nur nach dem Geschlecht des Besitzers, sondern auch nach der Zahl. Im Portugiesischen unterscheidet man wie im Deutschen zwischen dem adjektivischen und dem pronominalen Gebrauch des Possessivums.

Als Adjektiv	A **minha** família vive aqui. *Meine Familie wohnt hier.*
	Vamos com o **meu** carro! *Fahren wir mit meinem Auto!*
Als Pronomen	A minha família vive aqui. E a **tua**? *Meine Familie wohnt hier. Und deine?*
	O meu carro está estragado (bras.: quebrado). Vamos no **teu** (bras.: seu)!
	Mein Auto ist kaputt. Fahren wir mit deinem!

Die Formen der Possessivpronomen / As formas dos pronomes possessivos

	Singular		Plural	
Besitzer/Person	maskulin	feminin	maskulin	feminin
eu	meu *(mein)*	minha *(meine)*	meus *(meine)*	minhas *(meine)*
tu	teu *(dein)*	tua *(deine)*	teus *(deine)*	tuas *(deine)*
você	seu *(Ihr)*	sua *(Ihre)*	seus *(Ihre)*	suas *(Ihre)*
ele/ela	seu *(sein)*	sua *(ihr)*	seus *(seine)*	suas *(ihre)*
nós	nosso *(unser)*	nossa *(unsere)*	nossos *(unsere)*	nossas *(unsere)*
vós	vosso *(euer)*	vossa *(eure)*	vossos *(eure)*	vossas *(eure)*
vocês	seu *(Ihre)*	sua *(Ihre)*	seus *(Ihre)*	suas *(Ihre)*
eles/elas	seu *(ihre)*	sua *(ihre)*	seus *(ihre)*	suas *(ihre)*

Beachten Sie! Tome nota!
Für die 3. Person gibt es als eigentliches Possessivpronomen nur eine Form (**seu(s)**, weiblich **sua(s)**). **O seu livro** heißt **sein Buch** oder **ihr Buch**. Diese Formen erlauben nicht, nach dem Geschlecht des Besitzers zu unterscheiden wie im Deutschen.

Test 8

a) Setzen Sie das entsprechende Possessivpronomen mit Artikel ein.
Beispiel: (ele) o seu amigo *sein Freund*
(nós) .... carro *unser Auto*
(nós) .... vida *unser Leben*
(eu) .... amiga *meine Freundin*
(tu) .... cerveja *dein Bier*
(tu) .... livro *mein Buch*
(ela) .... sapato *ihre Schuhe*
(ela) .... filho *ihr Kind*
(nós) .... estrada *unsere Straße*
(vós) .... apartamento *eure Wohnung*
(eles) .... mala *euer Koffer*

b) Setzen Sie nun die obigen Beispiele in den Plural:
(ele) Os seus bilhetes *seine Tickets* (eu) Os meus bilhetes *meine Tickets*

Zum Gebrauch der Possessivpronomen / A utilização dos pronomes possessivos

Im europäischen Portugiesisch (EP) werden im Gegensatz zum Deutschen in der Regel die Possessivpronomen vom entsprechenden bestimmten Artikel begleitet. Im Brasilianischen (BP) steht der bestimmte Artikel nicht.
O meu carro é um Volkswagen (VW). *Mein Auto ist ein Volkswagen (VW).*
A minha cidade é muito bonita. *Meine Stadt ist sehr schön.*

Es gibt allerdings einige Ausnahmen, z. B.

- in der Anrede, bei Ausdrücken der Wertschätzung oder der Beleidigung sowie bei Ausrufen:
  Meu caro amigo! Como estás (bras.: vai)? *Mein teurer Freund! Wie geht's dir?*
  Boa noite, **minha** senhora! *Guten Abend, meine Dame!*
  Minhas senhoras e **meus** senhores, ... *Meine Damen und Herren, ...*
  Meu grande amor! *Meine große Liebe!* **Meu** amor! / **Meu** tesouro! *Mein Schatz!*
  Minha tonta! *Mein Dummerchen!* **Seu** estúpido! *Du blöder Kerl!*
  Meu Deus! *Meine Güte!*
- bei bestimmten festen Redewendungen wie:
  Em **minha** casa não se fuma. *Bei mir zu Hause raucht man nicht.*
  Falei em **meu** nome. *Ich habe in meinem Namen gesprochen.*
  Meus parabéns! *Herzlichen Glückwunsch!*

- nach dem Verb **ser** in der Bedeutung von *gehören* (Besitzangabe):
  De quem é este livro? É **meu**. *Wem gehört dieses Buch? Es ist meins.*
  O apartamento é **nosso**. *Die Wohnung gehört uns.*
- bei adjektivischem, nachgestelltem Gebrauch (Auswahl aus einer Menge):
  Alguns amigos **meus** moram no estrangeiro. *Einige meiner Freunde leben im Ausland.*
  Se vires o Miguel, dá-lhe **cumprimentos meus**. *Wenn du Miguel siehst, grüß ihn von mir.*

Beachten Sie! Tome nota!

Obwohl die Form **vós** nicht mehr so gebräuchlich ist, verwendet man trotzdem im europäischen Portugiesisch noch das Possessivpronomen **o(s) vosso(s), a(s) vossa(s)**. In Brasilien werden die Formen **seu(s), sua(s)** oder **de você(s)** verwendet.
(EP): Onde mora **a vossa** família? *Wo wohnt eure Familie?*
(BP): Onde mora **sua** família? *Wo wohnt eure Familie?*
(EP): Este é **o vosso** carro? *Ist das euer Auto?*
(BP): Este carro é **de vocês**? *Ist das euer Auto?*

Bezieht sich ein Pronomen auf mehr als ein Substantiv, so richtet sich die Endung nach jenem Substantiv, das ihm am nächsten steht:
A minha **alma** e coração estão no meu país. *Meine Seele und mein Herz hängen an meinem Land.*

Anstelle der Formen **seu, sua, seus, suas** können auch die Formen **dele** *(von ihm = sein, seine)*, **dela** *(von ihr = ihr, ihre)*, **deles, delas** *(von ihnen = ihr, ihre)* stehen. Sie werden dem Substantiv nachgestellt und in der informellen/gesprochenen Sprache oft verwendet, weil sie den Besitzer deutlicher zum Ausdruck bringen. Sie stehen hinter dem Substantiv und richten sich in Geschlecht und Zahl nach dem Besitzer:

	Wörtlich
o **seu** pai *(ihr / sein Vater)*:	o pai **dele** *(sein Vater)* o pai do **Pedro** *(der Vater von Pedro)*
	o pai **dela** *(ihr Vater)* o pai da **Joana** *(der Vater von Joana)*
	o pai **deles** *(ihr Vater)* o pai do **Pedro** e da **Joana** *(der Vater von Pedro und Joana)*
	o pai **delas** *(ihr Vater)* o pai da **Joana** e da **Maria** *(der Vater von Joana e Maria)*

Como se chama **o seu** pai? *Wie heißt **ihr / sein** Vater?* (EP/BP)
Como se chama o pai **dele**? *Wie heißt **sein** Vater?*
Im Gegensatz zum Deutschen erscheint das Possessivadjektiv im Portugiesischen in folgenden Wendungen:
Quando é o **teu** aniversário / Quando é que fazes anos? *Wann hast du Geburtstag?*
A casa está à **sua** disposição. *Das Haus steht Ihnen zur Verfügung.*
Chamar as coisas pelo **seu** nome. *Die Dinge beim Namen nennen.*
À **sua** saúde! *Zum Wohl!*

Im Gegensatz zum Deutschen wird das Possessivadjektiv im Portugiesischen in folgenden Ausdrücken nicht gebraucht:
Tira o casaco! *Zieh deinen Mantel aus!*
Dar o melhor de si mesmo. *Sein Bestes geben.*
Só quero o melhor para ti. *Ich will nur dein Bestes.*
Meter o nariz em tudo. *Seine Nase in alles stecken.*
Ganhar a vida. *Seinen Lebensunterhalt verdienen.*
Mudar de opinião. *Seine Meinung ändern.*

Test 9
Stellen Sie in den Sätzen fest, ob der bestimmte Artikel verwendet wird oder nicht. Wenn ja, dann setzen Sie den entsprechenden ein.
a) Esta é . . . . . . minha mulher (esposa). *Das ist meine Frau.*
b) Estes são . . . . . . meus irmãos. *Das sind meine Brüder.*
c) . . . . . . minha querida Antonia. *Meine liebe Antonia.*
d) . . . . . . nosso filho tem cinco anos. *Unser Kind ist fünf Jahre alt.*
e) . . . . . . meu Deus! *Mein Gott*!
f) Hoje nasceu . . . . . . minha irmã. *Heute ist meine Schwester geboren.*
g) . . . . . . meus queridos irmãos, eu escrevo-vos porque ... *Meine lieben Brüder, ich schreibe euch, weil ...*

Die Demonstrativpronomen / Os pronomes demonstrativos

Was Sie vorab wissen sollten:
Mit den Demonstrativpronomen **isto** *(das hier)*, **isso** *(das da)*, **aquilo** *(das dort)*, **este** *(dieser hier)*, **esta** *(diese hier)*, **aquele** *(jener dort)* usw. wird auf Personen und Sachen hingewiesen, wobei man im Portugiesischen zwischen drei verschiedenen Formen von Demonstrativpronomen, je nach geographischer Nähe des bezeichneten Gegenstandes zum Sprecher oder Zuhörer un-

terscheidet. Es gibt nicht nur veränderliche, sondern auch unveränderliche Demonstrativpronomen.

Es handelt sich auch hier um einen adjektivischen bzw. pronominalen Gebrauch.

vor dem Substantiv: O Mário compra **este** carro. *Mário kauft dieses Auto.*
(adjektivisch) O Mário compra **aquele** carro. *Mário kauft das Auto dort.*
ohne Substantiv: Vês **isto**? *Siehst du diesen hier / das hier?*
(pronominal) Vês **aquilo**? *Siehst du den dort / das da / jenen?* oder:
Esta é a minha irmã. *Diese / Das hier ist meine Schwester.*
Aquela alí é a minha casa. *Das dort / Das da hinten ist mein Haus.*

Die Formen der Demonstrativpronomen / As formas dos pronomes demonstrativos

veränderlich				unveränderlich
Singular		Plural		
männlich	weiblich	männlich	weiblich	
este *(der hier, dieser)*	**esta** *(die hier, diese)*	**estes**	**estas**	**isto** *(das hier, dieses)*
esse *(der da)*	**essa** *(die da)*	**esses**	**essas**	**isso** *(das, da)*
aquele *(der da / dort, jener)*	**aquela** *(die da / dort, jene)*	**aqueles**	**aquelas**	**aquilo** *(das da / dort, jenes)*

Ortsadverbien / Advérbios de lugar

Die Demonstrativa kommen oft zusammen mit den Ortsadverbien **aqui** *(hier)*, **aí** *(da)*, **ali** *(dort, da)* und **além, acolá** *(da drüben, dort drüben)* vor:

(beim Sprecher)	(beim Angesprochenen)	(von beiden relativ entfernt)
aqui/cá *(hier)*	aí *(da)*	ali/lá *(dort)*

Zum Gebrauch der unveränderlichen Demonstrativpronomen / O uso dos pronomes demonstrativos invariáveis

Die unveränderlichen Demonstrativpronomen können nur substantivisch gebraucht werden. Die Formen stehen allein und als Subjekt und entsprechen dem deutschen «das».

O Pedro e o Paulo são alunos que se destacam na classe: este pela rapidez com que resolve os exercícios de Matemática, aquele pela criatividade na produção de textos.

Pedro und Paulo sind Schüler, die sich in der Klasse hervortun: dieser wegen seiner Schnelligkeit, mit der er Mathematikaufgaben löst, jener wegen seiner Kreativität bei der Textproduktion.

O que é **isto** (aqui)? *Was ist **das** hier (bei mir)?*
Isso (aí) são os novos livros. ***Das** da (bei Ihnen) sind die neuen Bücher.*
O que é **aquilo** (alí)? *Was ist **das** dort?* (relativ entfernt von beiden Gesprächspartnern)
Aquilo é o novo museu da cidade. ***Das** dort ist das neue Museum der Stadt.*

Zum Gebrauch der veränderlichen Demonstrativpronomen / O uso dos pronomes demonstrativos variáveis

Die veränderlichen Demonstrativpronomen können substantivisch und adjektivisch sein. Sie richten sich in Genus und Numerus nach dem Substantiv, das sie bestimmen.

De quem é **este** casaco amarelo? *Wem gehört diese gelbe Jacke?*
Aquele restaurante está fechado. *Dieses Restaurant dort ist geschlossen.*
Este romance é muito interessante. *Dieser Roman ist sehr interessant.*

Beachten Sie! Tome nota!

Wenn ein Demonstrativpronomen vor zwei gleichen Substantiven steht, kann man das zweite Substantiv weglassen.
Esse café está fechado, mas **este** está aberto. ***Das** Café da ist geschlossen, aber **dieses** (Café) ist geöffnet.*

Test 10

a) Setzen Sie die entsprechenden Formen von **este**, **esta** im Singular ein:

...... rua *Straße*
...... mala *Koffer*
...... janela *Fenster*
...... lenço *Tuch*
...... armário *Schrank*
...... praia *Strand*
...... rapariga (bras.: moça) *Mädchen*
...... comboio (bras.: trem) *Zug*

b) Setzen Sie die entsprechenden Formen von **este**, **esta** im Plural ein:

...... rapazes *Jungen*
...... dicionários *Wörterbücher*
...... lápis *Bleistifte*
...... edifícios *Gebäude*
...... escritores *Schriftsteller*
...... revistas *Zeitschriften*
...... pontes *Brücken*
...... cidades *Städte*

Test 11

Setzen Sie das Demonstrativadjektiv in der richtigen Form ein:

a) ...... estudantes moram aqui. *Jene Studenten wohnen hier.*
b) ...... livro ali é do que eu mais gosto. *Das Buch dort ist das Buch, das mir sehr gefällt.*

c) . . . . . . é a professora de matemática. *Jene ist die Mathematiklehrerin.*
d) . . . . . . livro que tens na mão é bom? *Ist das Buch, das du in der Hand hast, gut?*
e) . . . . . . restaurante é melhor do que . . . . *Dieses Restaurant ist besser als das dort (drüben).*
f) Conheces . . . . . . senhora que vai além? *Kennst du die Frau, die dort geht?*
g) . . . . . . semana tenho muito trabalho. *Diese Woche / In dieser Woche habe ich viel Arbeit.*

Verschmelzung mit Präpositionen

Die Präpositionen **de** (deste, desse, daquela usw.) und **em** (neste, nesta, naquela usw.) verschmelzen immer mit den Demonstrativa. **Aquilo**, **aquele(s)** und **aquela(s)** verschmelzen auch mit der Präposition **a** (àquele, àquela), aber **este** und **esse** werden nicht mit **a** zusammengezogen.

Moro **nesta** casa há dez anos. *Ich wohne in diesem Haus seit 10 Jahren.*
Gostámos muito **desse** restaurante. *Uns hat dieses Restaurant sehr gut gefallen.*
Vamos **àquela** pastelaria. *Lass uns zu jener Konditorei gehen.*
Não penses mais **nisso**. Não vale a pena. *Denk nicht mehr daran. Es bringt nichts.*
Vamos **por esta** rua (keine Verschmelzung). *Wir gehen durch diese Straße.*

De verschmilzt – im Gegensatz zu **em** – auch mit **aqui / aí / ali: daqui / daí / dali**

Test 12

Setzen Sie das Demonstrativpronomen mit Präposition ein:
a) O teste é no dia 15 . . . . . . mês. *Der Test ist am 15. diesen Monats.*
b) Tenho medo . . . . *Ich habe Angst davor.*
c) Telefono-te (bras.: ligo para você) um dia . . . . *Ich rufe dich in den nächsten Tagen an.*
d) Quem mora . . . . . . casa? *Wer wohnt in dem Haus dort?*
e) Não gosto . . . . . . restaurante. *Mir gefällt dieses Restaurant nicht.*
f) Já foste . . . . . . livraria que te indiquei? *Bist du schon in den Buchladen gegangen, den ich dir genannt habe?*
g) Moro . . . . . . apartamento há 5 anos. *Ich wohne in dieser Wohnung seit fünf Jahren.*
h) . . . . . . momento não podemos passar férias. *Zur Zeit können wir keinen Urlaub machen.*

Test 13

Markieren Sie die richtige Möglichkeit.

a) (esses / aqueles) são os meus amigos do Brasil. *Jene dort sind meine Freunde aus Brasilien.*

b) (esta / aquela) semana temos muito trabalho. *Diese Woche haben wir viel Arbeit.*

c) (essa / esta) música é muito bonita. *Diese Musik ist sehr schön.*

d) (isto / aquilo) é muito complicado. *Das ist sehr kompliziert.*

e) (estes / aqueles) sapatos estão muito apertados para mim. *Diese Schuhe sind mir zu eng.*

f) (essas / aquelas) janelas não fecham bem. *Die Fenster dort schließen nicht gut.*

g) (isto / aquilo) é a Câmara Municipal (bras.: Prefeitura). *Das dort ist das Rathaus.*

h) (esse / aquele) palácio foi construído no século XVI. *Der Palast dort wurde im 16. Jahrhundert erbaut.*

Feststehende Ausdrücke und Redewendungen

isto é *(das heißt)*
E esta! *(Na so was!)*
por isso *(deshalb)*
Isso sim! / Isso mesmo! *(Genau!)*
ora essa! *(Aber ich bitte Sie!)*
Essa agora! *(Aber so etwas!)*
Ainda mais essa! *(Auch das noch!)*
Não sou desses. *(Ich bin nicht so einer.)*
O que é isso? *(Was ist / soll das?)*
Eu não caio nessa! *(Darauf falle ich nicht herein!)*
Essa é forte! *(Das ist doch allerhand!)*
Essa é boa! *(Das ist ein Ding!)*
Isso é verdade. *Das (was du gesagt hast) ist wahr (die Wahrheit).*
Além disso. *Außerdem.*
Só me faltava essa! *(Das fehlte mir gerade noch!)*
Não me venhas com essa história! *(Komm mir nicht damit!)*
Ir destas para melhor *(sterben)* (ironisch gemeint)

Die Indefinitpronomen / Os pronomes indefinidos

Was Sie vorab wissen sollten:

Indefinita (wie «jeder», «viele» usw.) bezeichnen Personen, Sachen oder Mengen, die nicht genau bestimmt sind. Es gibt veränderliche und unveränderliche Indefinitpronomen.

Todos os anos vou a Portugal. *Jedes Jahr fahre ich nach Portugal.*
Ninguém se interessa por mim. *Niemand interessiert sich für mich.*
Eu posso ir em **qualquer** dia. *Ich kann jeden beliebigen Tag wegfahren.*

Die veränderlichen Indefinitpronomen / Os pronomes indefinidos variáveis
muito(s), muita(s) *viel, viele*
pouco(s), pouca(s) *wenig, wenige*
tanto(s), tanta(s) *so viel, so viele, ganz, alle*
outro/a, outros/as *ein anderer, eine andere, andere*
todo(s), toda(s) *alle, jeder, ganz*
algum/-a, alguns/algumas *irgendeiner, -eine, -ein; einige, mancher / -e / -es, manche*
um/-a, uns/umas *ein / -e, einige*
nenhum/-a, nenhuns/nenhumas *keiner, keine; keine*
qualquer, quaisquer *irgendein(e), irgendwelche*
ambos/as *beide*
vários/as *verschiedene*
certo(s), certa(s) *ein / -e gewisser / -e / es, gewisse*

Die unveränderlichen Indefinitpronomen / Os pronomes indefinidos invariáveis
algo *etwas*
alguém *jemand*
cada *jeder, jede, jedes*
mais *mehr*
menos *weniger*
nada *nichts*
ninguém *niemand*
outrem *jemand anders*
tudo *alles*

Test 14
Ergänzen Sie die Sätze mit den passenden Indefinitadjektiven.
Vocês podem trazer . . . . garrafas de vinho. *Könnt ihr einige Flaschen Wein mitbringen?*
Nós vamos . . . . os dias nadar. *Wir gehen jeden Tag schwimmen.*
Não entendi . . . . *Ich habe nichts verstanden.*
Vamos beber . . . . ? *Gehen wir etwas trinken?*
Eu encontrei . . . . amigos. *Ich habe einige Freunde getroffen.*
Vocês conhecem . . . . no Brasil? *Kennt ihr jemanden in Brasilien?*

Die Indefinita **algum/-a** *(irgendein/e)*, **outro/-a** *(andere/r/s)*, und **outrem** *(jemand anders)* können mit den Präpositionen **de** und **em** Kontraktionsformen bilden: **dalgum/-a**, **doutro/-a**, **doutrem**, **nalgum/-a**, **noutro/-a**, **noutrem**. Im BP sind die Kontraktionsformen unüblich.

nalgumas ocasiões – *bei manchen Gelegenheiten*
noutra parte – *anderswo*
os direitos de outrem – *die Rechte anderer*

Man unterscheidet im Portugiesischen zwischen folgenden Indefinita:

a) Indefinita, die nur adjektivisch verwendet werden. Sie stehen in Verbindung mit einem Substantiv, das sie näher bestimmten.
Cada dia é um novo dia. ***Jeder*** *Tag ist ein neuer Tag.*
Há **muita** gente. *Es sind* ***viele*** *Leute da.*

b) Indefinita, die nur pronominal verwendet werden. Sie ersetzen ein Nomen und stehen allein.
Encontraste **qualquer coisa**? *Hast du* ***etwas*** *gefunden?*
Cada uma de nós raparigas tem um quarto para si. ***Jedes*** *von uns Mädchen hat ein Zimmer für sich.*
Todos o sabem. ***Alle*** *wissen es.*

c) Indefinita, die sowohl adjektivisch als auch pronominal verwendet werden.
adjektivisch: Eu tenho **muitos** livros. *Ich habe* ***viele*** *Bücher.*
pronominal: **Muitos** chegaram tarde. ***Viele*** *sind später angekommen.*

Zu Gebrauch und Besonderheiten einiger Indefinitpronomen / Uso e pecularidade de alguns pronomes indefinidos

alguém und **ninguém** beziehen sich auf Personen, **algo, nada** e **tudo** auf Sachen.
Alguém quer tomar café? *Will* ***jemand*** *Kaffee trinken?*
Ninguém me disse o que se passava. ***Keiner*** *hat mir gesagt, was los war.*
A Carla sabe **algo / alguma coisa**? *Weiß Carla* ***etwas****?*
(In der gesprochenen Sprache wird anstatt «**algo**» der Ausdrück «**alguma coisa**» oder «**qualquer coisa**» verwendet.)
Nada posso fazer. ***Nichts*** *kann ich machen.*
Eles fazem **tudo** muito bem. *Sie machen* ***alles*** *sehr gut.* (**Tudo** begleitet nie ein Substantiv.)

Stehen **ninguém, nenhum/nenhuma, nenhuns/nenhumas** und **nada** nach dem Verb, muss noch ein weiteres Wort zum Ausdruck der Negation enthalten sein (doppelte Verneinung).
Não encontro **ninguém**. *Ich treffe niemanden.*
Não vejo **nenhuma** mesa livre. *Ich sehe keinen freien Tisch.*
Não vejo mesa livre **nenhuma**.
Não tenho **nenhuma** ideia. *Ich habe keine Ahnung.*
Não tenho ideia **nenhuma**.

(**nenhum/nenhuma, nenhuns/nenhumas** können grundsätzlich sowohl vor als auch nach dem Substantiv stehen, wobei in letzterem Fall die Verneinung stärker betont wird.)
Isto **não** me agrada **nada**. *Das gefällt mir gar nicht.*

Die verneinende Antwort auf eine Frage mit **alguém** *(jemand)* ist **ninguém** *(niemand).*
Vocês viram **alguém** conhecido na festa? *Habt ihr jemand Bekanntes auf der Party gesehen?*
Não, não vimos **ninguém**. *Nein, wir haben niemanden gesehen.*

cada
Die Form **cada** kann nie allein stehen und ist in der Regel nur mit einem Substantiv zu verwenden. Ohne nachfolgendes Substantiv werden die Formen **cada um/-a** und **cada qual** benutzt.
Cada convidado traz bebidas e comidas. *Jeder Gast bringt was zum Trinken und zum Essen mit.*
Cada um responde por si. *Jeder ist für sich selbst verantwortlich.*
Cada qual sabe o dinheiro que tem. *Jeder weiß, wie viel Geld er / sie hat.*

Sprichwort / Provérbio português
Cada um puxa a brasa à sua sardinha. *Ein jeder ist sich selbst der Nächste.* (wörtlich: Jeder schürt die Glut für seine eigene Sardine.)

In der gesprochenen Sprache kann **cada** auch allein vorkommen, und man hört oft Sätze des Typs:
Os postais custam 2 € **cada**. *Die Postkarten kosten 2 € pro Stück.*

In der Umgangssprache steht **cada** für Redewendungen der Verwunderung oder des Erstaunens:
Ele diz **cada uma**! *Sachen sagt er!*
Ele tem **cada** ideia! *Was er für Einfälle hat!*
Tu tens **cada uma**! *Du kommst aber auch auf Ideen!*
Ela faz **cada uma**! *Sie stellt die tollsten Dinge an!*

todo/toda
Die Formen **todo/toda** entsprechen dem deutschen «ganz» und «jeder». Der Artikel, der sich auf das Substantiv bezieht, steht zwischen dem Pronomen und dem Substantiv.

Ele comeu **todo o** bolo / **o** bolo **todo**. *Er hat den **ganzen** Kuchen gegessen.*
Trabalhei **toda** a semana / **a** semana **toda**. *Ich habe die ganze Woche gearbeitet.*
Toda criança quer ser feliz. ***Jedes** Kind will glücklich sein.*
Toda vez que neva há acidentes. ***Jedes** Mal wenn es schneit, gibt es Unfälle.*
(bei **todo/a** ist Vor- und Nachstellung möglich)

Beachten Sie! Tome nota!
Der Ausdruck **toda a gente** bedeutet «alle».
Toda a gente quer ser feliz. ***Alle** möchten glücklich sein.*

Einige Ausdrücke und Wendungen:
Ao todo foram mil euros. ***Insgesamt** waren es eintausend Euro.*
Há lixo por **toda a parte**. *Es gibt **überall** Müll.*
Todas as vezes que chove há inundações. ***Jedes Mal** wenn es regnet, gibt es Überschwemmungen.*
O F. C. do Porto vai ser campeão. Com **toda a certeza**. *Der F.C. Porto wird Meister. **Ganz sicher.***
Choveu **o tempo todo**. *Es hat die **ganze Zeit / ununterbrochen** geregnet.*

todos/-as, cada
Das Pronomen **todos/as** wird verwendet im Sinne von alle, jedermann/jedefrau, wenn eine Gruppe oder Anzahl von Personen und Sachen gemeint ist. Wenn man vor allem die einzelnen Mitglieder der Gruppe hervorheben möchte, verwendet man **cada**:
Todos os CDs foram vendidos. ***Alle** CDs wurden verkauft.*
Ele trabalha **todos os dias**. *Er arbeitet jeden Tag.*
Cada estudante recebe um teste diferente. *Jeder Student / Jede Studentin erhält einen anderen Test.*

ambos/ambas
Wird **ambos/-as** adjektivisch gebraucht, ist der Artikel zwischen ihm und dem Substantiv erforderlich. Diese Formen werden nur im Plural verwendet.
Ambos os irmãos casaram. *Beide Geschwister haben geheiratet.*
Eles são **ambos** professores de português. *Sie sind beide Portugiesischlehrer.*

In Brasilien wird **ambos/-as** auch ohne Artikel verwendet:
Ambos filhos são médicos. *Beide Söhne (beide Kinder) sind Ärzte.*

In der Umgangssprache wird statt **ambos/as** auch häufig **os dois, as duas** verwendet:

Gosto d**as duas** equipas de futebol. **As duas** são muito fortes. *Ich mag beide Fußballmannschaften. Beide sind sehr stark.*

qualquer/quaisquer

Die Formen **qualquer/quaisquer** stehen oft in negativen Sätzen in der Bedeutung von «gar kein», «keinerlei» und stehen in der Regel vor dem Substantiv:
Não tenho **qualquer** dúvida a esse respeito. *Ich habe gar keinen Zweifel in dieser Hinsicht.*
Ele não teve **qualquer** problema em traduzir o texto. *Er hat keine Schwierigkeiten gehabt, den Text zu übersetzen.*
Alleinstehend wird das Pronomen **qualquer** vom unbestimmten Artikel begleitet und meistens als Antwort verwendet:
Qual destes bolos deseja? Um **qualquer**. *Welche dieser Kuchen möchten Sie? Irgendeinen ...*

muito(s), muita(s) / pouco(s), pouca(s) – *viel(e), wenig(e)*

Diese Formen werden dem Substantiv vorangestellt und können gesteigert werden:
Tivemos **muito** trabalho no escritório. *Wir haben viel Arbeit im Büro gehabt.*
Tivemos **muitíssimo** trabalho na fábrica. *Wir haben viel Arbeit in der Fabrik gehabt.*
Poucos estudantes sabem isso. *Wenige Studenten wissen das.*
Muito poucos estudantes sabem isso. *Ganz wenige Studenten wissen das.*

Beachten Sie! Tome nota!
Um pouco bedeutet *ein bisschen.*

tanto(s) / tanta(s)

Als Adjektiv	Não bebas **tanta** cerveja! *Trink nicht so viel Bier!* Não podes ficar **tanto** tempo ao sol. *Du solltest nicht so lange in der Sonne bleiben.*
Als Pronomen	**Tanto** quanto possível continuarei a trabalhar durante o periodo de tratamento. *Im Rahmen des Möglichen, werde ich während der Bahandlung weiter arbeiten.* O álcool é uma droga entre **tantas** outras. *Alkohol ist eine Droge von vielen.*

Einige Ausdrücke und Wendungen

tantas vezes – *so oft*
deitar-se às tantas – *sehr spät ins Bett gehen*
não é para tanto – *es ist nicht so schlimm*
tanto faz – *das ist egal*

Beachten Sie! Tome nota!

Während *tão* vor Adjektiven und Adverbien steht, verbindet sich **tanto** mit Verben und Substantiven:

Ela é **tão** bonita. *Sie ist so hübsch.*

Falas **tão** depressa! Não compreendo nada. *Du sprichst so schnell! Ich verstehe nichts.*

Ele bebe **tanto**! *Er trinkt so viel!*

Gastei **tanto** dinheiro nas férias! *Ich habe so viel Geld im Urlaub ausgegeben!*

Tanta gente no restaurante! *So viele Leute im Restaurant!*

Nunca vi **tantas** pessoas na praia! *Ich habe noch nie so viele Leute am Strand gesehen!*

Weitere Indefinitpronomen

Já estiveste **alguma** vez em Portugal? *Warst du schon **einmal** in Portugal?*

Não tenho **nenhum** interesse por futebol. *Ich habe **kein** Interesse an Fußball.*

A minha filha tem **certo** jeito para o teatro. *Meine Tochter hat ein gewisses Talent für das Theater.*

Nem **um** nem **outro** tem razão. *Weder der eine noch der andere hat recht.*

Eu tenho **vários** CDs do grupo Madredeus. *Ich habe verschiedene CDs von der Gruppe Madredeus.*

Alguém quer **mais** café? *Will noch jemand mehr Kaffee?*

Agora tenho **menos** trabalho. *Jetzt habe ich weniger Arbeit.*

Test 15

Setzen Sie die fehlenden Endungen ein.

Tenho de comprar algu. . . . livros. *Ich muss einige Bücher kaufen.*

Algu. . . . das minhas amigas não podem vir. *Einige von meinen Freundinnen können nicht kommen.*

Eu falei com vári. . . . pessoas. *Ich habe mit verschiedenen Personen gesprochen.*

Hoje não vem ningué. . . .. *Heute kommt niemand.*

Onde estão os outr. . . . colegas? *Wo sind die anderen Kolleginnen?*

Nós não temos muit. . . . dinheiro. *Wir haben nicht viel Geld.*

A Carla tem pouc. . . . tempo. *Carla hat wenig Zeit.*

Nós trabalhamos a semana tod. . . .. *Wir haben die ganze Woche gearbeitet.*

Die Relativpronomen / Os pronomes relativos

Was Sie vorab wissen sollten:
Die Relativpronomen erfüllen sowohl im Portugiesischen als auch im Deutschen gleichzeitig zwei Funktionen: Sie ersetzen ein Substantiv und verbinden zwei Sätze (Haupt- und Nebensatz) miteinander.
Es werden unveränderliche und veränderliche Formen unterschieden:

Die Formen der Relativpronomen

Unveränderlich	Veränderlich
	o /a qual *(der, die, das; welcher, welche[s])*
que *(der, die, das; welcher / -e / -es)*	quanto/a *(wie viel)*
	cujo/cuja *(dessen, deren)*
quem *(wer, wem, wen; derjenige, der, die)*	os/as quais *(die, welche)*
	quantos/as *(wie viele)*
onde *(wo; in dem, in der)*	cujos/as *(deren)*

Zum Gebrauch der unveränderlichen Relativpronomen / O uso dos pronomes relativos invariáveis

que – *der, die, das / welcher, welche, welches*

Que ist in Geschlecht und Zahl unveränderlich. Es ist das meistgebrauchte der portugiesischen Relativpronomen und kann sich auf Personen und Sachen beziehen. Es wird auch mit einsilbigen Präpositionen wie **a**, **com**, **de** und **em** verbunden, nicht aber mit **sem** *(ohne)* und **sob** *(unter).*
O livro **que** eu li esta semana foi bom. *Das Buch, das ich diese Woche gelesen habe, war gut.*
O DVD **que** me emprestaste era muito interessante. *Die DVD, die du mir geliehen hast, war sehr interessant.*
O estudante **de que** falas não passou no exame. *Der Student, von dem du sprichst, bestand die Prüfung nicht.*
1888 é o ano **em que** foi abolida a escravatura no Brasil. *1888 ist das Jahr, in dem die Sklaverei in Brasilien abgeschafft wurde.*

O que – *was*
O que entspricht dem deutschen *«das, was»* und kann auch mit einer Präposition verbunden werden.
Eles não sabem **o que** é. *Sie wissen nicht, was es ist.*
É exatamente **do que** o país precisa. *Es ist genau das, was das Land braucht.*

Não tem **de quê**! *Bitte! Keine Ursache! (als Antwort auf Danke)*
(Hier wird **que** am Satzende betont und erhält den Akzent Zirkumflex: **quê**)

Test 16

Setzen Sie **que** oder **o que** ein.

a) O Joel tem um novo trabalho, ... me agrada muito. *Joel hat eine neue Arbeit, was mich sehr freut.*
b) O Joel tem um novo trabalho . . . . lhe agrada muito. *Joel hat eine neue Arbeit, die ihm sehr gefällt.*
c) Muitos turistas . . . . visitam Portugal não falam português. *Viele Touristen, die Portugal besuchen, sprechen kein Portugiesisch.*
d) Também hoje chego muito tarde, ... lamento muito. *Auch heute komme ich zu spät, und das tut mir sehr leid.*
e) Digo . . . . penso. *Ich sage, was ich denke.*
f) Eu quero deixar de fumar, ... não é fácil. *Ich möchte mit dem Rauchen aufhören, was nicht leicht ist.*
g) O filme . . . . eu vi ontem foi muito bom. *Der Film, den ich gestern gesehen habe, war sehr gut.*
h) Já não sei . . . . te queria dizer. *Ich weiß nicht mehr, was ich dir sagen wollte.*

Sprichwort / Provérbio

Não deixes para amanhã **o que** podes fazer hoje. *Was du heute kannst besorgen, das verschiebe nicht auf morgen.*
Há males **que** vêm por bem. *Auch das Unglück hat ein Gutes.*

quem – *wer, derjenige, der*

Das Relativpronomen **quem** ist unveränderlich, kann sich nur auf Personen beziehen und wird meist mit einer Präposition (außer «sem» *ohne*) verwendet. Alleinstehend heißt es *wer, derjenige, der* und wird oft in Sprichwörtern verwendet.

Ri melhor **quem** ri por último. *Wer zuletzt lacht, lacht am besten.*
Quem tudo quer, tudo perde. *Wer alles will, verliert alles.*
Quem não estiver contente pode queixar-se. *Wer nicht zufrieden ist, kann sich beschweren.*

Beachten Sie! Tome nota!

Als Relativpronomen wird es eher in der Schriftsprache verwendet und **quem** wird als Objekt oft in der Umgangssprache durch «**que**» ersetzt.

Este é o amigo **de quem / de que te** falei. *Das ist der Freund, von dem ich dir erzählt habe.*

Onde – *wo*
Als Relativpronomen steht **onde** für erwähnte Orte und hat im Relativsatz die Funktion einer Adverbialbestimmung des Ortes. Es kann mit oder ohne Präposition verwendet werden.
A Universidade **onde** andamos fica perto do jardim botânico. *Die Universität, wo wir sind, ist in der Nähe des Botanischen Gartens.*
O apartamento **para onde** eles foram morar é novo. *Die Wohnung, in die sie ziehen werden, ist neu.*

Test 17
Setzen Sie **que** oder **quem** ein.

a) Eu tenho um colega .... fala seis línguas. *Ich habe einen Kollegen, der sechs Sprachen spricht.*
b) Eu conheci a colega de .... tu me falaste. *Ich habe die Kollegin kennengelernt, von der du mir erzählt hast.*
c) Ri melhor .... ri por último. *Wer zuletzt lacht, lacht am besten.*
d) Não conheço a mulher com .... fizeste as compras. *Ich kenne die Frau nicht, mit der du die Einkäufe gemacht hast.*
e) A estudante .... te apresentei ontem não vem à festa. *Die Studentin, die ich dir gestern vorgestellt habe, kommt nicht zur Party.*
f) Esta é a mulher por .... o meu irmão está apaixonado. *Das ist die Frau, in die mein Bruder verliebt ist.*
g) Gosto muito do casaco .... está na montra. *Die Jacke, die im Schaufenster hängt, gefällt mir sehr.*
h) O dinheiro .... tenho não chega. *Das Geld, das ich habe, reicht nicht.*

Zum Gebrauch der veränderlichen Relativpronomen / O uso dos pronomes relativos variáveis

Das veränderliche Relativpronomen kann sich auf Personen oder Sachen beziehen. Es richtet sich in Geschlecht und Zahl nach dem Substantiv, auf das es sich bezieht. In der Umgangssprache findet es vorwiegend nach Präpositionen Verwendung und kann durch **que** ersetzt werden.

o/a qual, **os/as quais** – *welche / -r,-s*
O romance, sobre **o qual** falámos ontem, é fantástico. *Der Roman, über den wir gestern gesprochen haben, ist fantastisch.*

A autora, **a qual** tu te referes e que faleceu no ano passado, era dinamarquesa. *Die Autorin, von der du sprachst und die letztes Jahr gestorben ist, war Dänin.*
Eram países com **os quais** Portugal não tinha relações diplomáticas. *Es waren Länder, mit denen Portugal keine diplomatischen Beziehungen hatte.*
As condiçoes sob **as quais** trabalho aqui, são excelentes. *Die Bedingungen, unter denen ich hier arbeite, sind ausgezeichnet.*

cujo(s), cuja(s) – *dessen, deren*
Diese Relativpronomen beziehen sich sowohl auf Personen als auch auf Dinge und richten sich in Genus und Numerus nach dem folgenden Substantiv, auf das sie sich beziehen. Die Relativpronomina finden vor allem in der Schriftsprache Verwendung und können mit oder ohne Präposition stehen:
O presidente **cujo** mandat**o** termina esta semana, decidiu não se candidatar. *Der Präsident, dessen Mandat diese Woche endet, hat sich entschlossen nicht anzutreten.*
O senhor, **cuja** espos**a** a senhora conhece, é o meu professor de história. *Der Mann, dessen Ehefrau Sie kennen, ist mein Geschichtslehrer.*
A escola **cujos** alun**os** são na maioria portugueses, vai fechar. *Die Schule, deren Schüler überwiegend Portugiesen sind, wird schließen.*
Os alunos **cujas** prov**as** estão negativas, não passam de ano. *Die Schüler, deren Prüfungen negativ sind, kommen nicht weiter.*

quanto(s), quanta(s) – *das, was; soviel, wie viel*
Diese werden als Relativpronomen zusammen mit **tudo**, **todo/a**, **todos/as** verwendet.
Paulo! Diz tudo **quanto** sabes. *Paulo! Sag alles, was du weißt.*
Não ganho tanto **quanto** quero. *Ich verdiene nicht so viel, wie ich möchte.*
Podes beber tantas cervejas **quantas** quiseres. *Du kannst so viel Bier trinken, wie du willst.*

Test 18
Setzen Sie **que** oder **o(s) qual (quais)**, **a(s) qual (quais)** etc. ein.

a) Esqueci-me dos óculos sem . . . . não posso ler. *Ich habe meine Brille vergessen, ohne die ich nicht lesen kann.*
b) O livro, sobre . . . . falámos ontem, é fantástico. *Das Buch, über das wir gestern gesprochen haben, ist fantastisch.*
c) A minha mãe . . . . passou férias no Algarve regressou ontem. *Meine Mutter, die den Urlaub in der Algarve verbracht hat, ist gestern zurückgekommen.*

d) Passaram quatro anos, durante .... nada mudou no país. *Es vergingen vier Jahre, in denen sich nichts im Land verändert hat.*

e) A casa na .... os meus pais vivem é muito antiga. *Das Haus, in dem meine Eltern wohnen, ist sehr alt.*

f) O carro .... está na garagem é meu. *Das Auto, das in der Garage steht, gehört mir.*

g) As condições sob .... trabalhamos aqui, são boas. *Die Bedingungen, unter denen wir hier arbeiten, sind gut.*

h) O tema do .... se trata é muito importante. *Das Thema, um das es geht, ist sehr wichtig.*

Die Interrogativpronomen / Os pronomes interrogativos

Was Sie vorab wissen sollten:
Ähnlich wie im Deutschen leiten auch im Portugiesischen Fragewörter (Interrogativa) sowohl direkte als auch indirekte Fragen ein. Sie werden auch als Relativpronomen gebraucht.

Im Portugiesischen gibt es folgende Interrogativpronomen:
que? (o que?) *was?*
o quê? *was?*
quem? *wer / wen / wem?*
qual? quais? *welche,-r,-s?*
quanto(s)? quanta(s)? *wieviel, wie viele?*

onde? *wo?*
donde? *woher?*
como? *wie?*
Porque? (BP: por que?) *warum?*
porquê? *warum?*
quando? *wann?*

Das Fragewort «que» / O pronome interrogativo «que»

Das Fragewort **que** wird in Bezug auf Personen und Sachen verwendet. **Que** kann sowohl eine adjektivische als auch pronominale Funktion haben und entspricht dem deutschen «welch», «was für ein» bzw. «was». Es begleitet ein Substantiv, passt sich ihm aber weder im Genus noch im Numerus an. Es ist unveränderlich.

Que filme português é que vocês conhecem? *Welchen portugiesischen Film kennt ihr?*
Que bosta de filme! *Was für ein blöder Film!*
Que jogador é aquele? *Welcher Spieler ist das?*

In der Umgangssprache wird **que** in der direkten Frage häufig, in der indirekten Frage fast immer durch **o que** ersetzt:
O que queres fazer amanhã? *Was möchtest du morgen machen?*
Quero saber **o que** tu tens. *Ich möchte wissen, was du hast.*

Allein oder am Ende eines Satzes, aber auch in Sätzen ohne Verb wird **o quê** mit Zirkumflex verwendet:
Eles querem, **o quê**? *Was wollen sie?* (O que eles querem?)
Elas estudam, **o quê**? *Was studieren sie?* (O que elas estudam?)
O quê? Você já não me conhece? *Was? Sie kennen mich nicht mehr?*

Nur die Form **que** kann von einer Präposition begleitet werden:
Para que queremos isso? *Wozu wollen wir das?*
Em que pensas? *An was / Woran denkst du?*
De que estás a falar? *Wovon / Worüber sprichst du?*

Beachten Sie! Tome nota!
Einer durch ein Fragewort eingeleiteten Frage wird im Portugiesischen sehr häufig der Ausdruck «**é que**» hinzugefügt. Der Sinn wird dadurch nicht verändert. Die Wortstellung im Fragesatz lautet in diesem Fall:
a) vor dem Verb
   Como (**é que**) te chamas? *Wie heißt du?*
   O que (**é que**) tu queres? *Was willst du?*
b) nach dem Substantiv
   Quanto tempo (**é que**) demora a viagem? *Wie lange dauert die Reise?*

Das Fragewort «quem» / O pronome interrogativo «quem»
Das Fragewort **quem** bezieht sich auch als Interrogativpronomen nur auf Personen. Es ist unveränderlich und fragt sowohl nach dem Subjekt *(wer)* als auch nach dem direkten Objekt *(wen)*. Es wird oft in Verbindung mit Präpositionen gebraucht:
Quem é? *Wer ist das?*
Quem telefonou? *Wer hat angerufen?*
Quem esperas? *Wen erwartest du?*
Quem conheces aqui? *Wen kennst du hier?*

Die Fragewörter im Genitiv *(wessen)* und im Dativ *(wem)* können nur durch **quem** mit Präposition ausgedrückt werden:
De quem é o carro? *Wessen Auto ist das? Wem gehört das Auto?*
Com quem jantou hoje? *Mit wem haben Sie heute zu Abend gegessen?*
A quem escreveste este e-mail? *Wem hast du diese E-Mail geschrieben?*
Contra quem joga o Benfica no domingo? *Gegen wen spielt Benfica am Sonntag?*

Test 19
Entscheiden Sie, ob **que**, **o que** oder **quem** eingesetzt wird.
a) Com .... vão ao cinema? *Mit wem geht ihr ins Kino?*
b) .... fazes hoje à noite? *Was machst du heute Abend?*
c) A .... escreves? *Wem schreibst du?*
d) De .... cor é o teu carro novo? *Welche Farbe hat dein neues Auto?*
e) .... música gostas? *Welche Musik gefällt dir?*
f) De .... filmes vocês estão a falar? *Über welchen Film redet ihr?*
g) .... dicionário usas? *Welches Wörterbuch benutzt du?*
h) .... pensas sobre isso? *Was denkst du darüber?*

Das Fragewort «qual»/«quais» / O pronome interrogativo «qual»/«quais»
Die Formen **qual/quais** werden für Personen, Lebewesen und Sachen als Interrogativpronomen ohne Artikel verwendet und richten sich in Genus und Numerus nach dem Substantiv, auf das sie sich beziehen. Sie fragen nach Eigenschaften oder stehen bei Fragen nach einer Auswahl aus einer bestimmten Menge. Sie werden auch in Verbindung mit Präpositionen gebraucht:
Qual é o teu quarto? *Welches ist dein Zimmer?*
Quais são os filmes que mais gostas? *Welche Filme gefallen dir am besten?*
De qual praia vocês gostam mais? *Welchen Strand mögt ihr lieber?*
Com qual dos teus amigos vais ao Brasil? *Mit welchem deiner Freunde fährst du nach Brasilien?*

Das Fragewort «quanto(s)»/«quanta(s)» / O pronome interrogativo «quanto(s)»/«quanta(s)»
Damit fragt man nach der Menge oder Anzahl von Personen, Lebewesen oder Sachen. Sie können substantivisch oder adjektivisch (vor einem Substantiv) gebraucht werden und passen sich in Genus und Numerus dem Substantiv an:
Quanto custa este livro? *Wieviel kostet dieses Buch?*
Quanto quer ela? *Wie viel will sie?*
Quantos restaurantes portugueses há em Hamburgo? *Wie viele portugiesische Restaurants gibt es in Hamburg?*

Quanta carne compras? *Wie viel Fleisch kaufst du?*
Para quantas pessoas é a caldeirada de peixe? *Für wie viele Personen ist der Fischeintopf?*

Test 20

Setzen Sie **qual**, **quais** und **quanto(s)**, **quanta(s)** ein

a) .... tempo temos de esperar? *Wie lange müssen wir warten?*
b) Já lemos alguns livros brasileiros. .... ? *Wir haben schon einige brasilianische Bücher gelesen. Welche?*
c) Em .... partes está dividido o texto? *In wie viele Teile gliedert sich der Text?*
d) Para .... pessoas é a mesa? *Für wie viele Personen ist der Tisch?*
e) .... são as línguas mais faladas no mundo? *Welche sind die meistgesprochenen Sprachen der Welt?*
f) .... é a capital de Moçambique? *Welches ist die Hauptstadt Mosambiks?*
g) .... ganhas por mês? *Wie viel verdienst du im Monat?*
h) .... é o teu e-mail? *Wie ist deine E-Mail Adresse?*

Test 21

Setzen Sie die richtige Endung ein.

a) Quant. . . . dias ficam em Portugal? *Wie viele Tage bleibt ihr in Portugal?*
b) Para quant. . . . pessoas é este quarto? *Für wie viele Personen ist dieses Zimmer?*
c) Quant. . . . anos tens? *Wie alt bist du?*
d) Quant. . . . custa este carro? *Wie viel kostet dieses Auto?*
e) Quant. . . . irmãs tens? *Wie viele Schwestern hast du?*
f) Quant. . . . paga de renda (bras.: aluguel)? *Wie viel Miete zahlen Sie?*
g) Quant. . . . tempo dura o filme? *Wie lange dauert der Film?*
h) Quant. . . . línguas falas? *Wie viele Sprachen sprichst du?*

Das Fragewort «onde» / O pronome interrogativo «onde»

Es fragt nach dem Ort, an dem sich jemand oder etwas befindet:
Desculpe! **Onde** fica os Correios? *Entschuldigung! Wo ist das Postamt?*
Onde é que temos de sair? Na próxima paragem (br.: parada). *Wo müssen wir aussteigen? Bei der nächsten Haltestelle.*
Para onde vais de férias? *Wohin fährst du in Urlaub?*
Aonde vais? Vou ao café. *Wohin gehst du? Ins Café.*
De onde (EP **Donde**) é que a senhora é? *Woher sind / kommen Sie?*
Por onde vão? Vamos pela auto estrada. *Welche Straße nehmt ihr? Die Autobahn.*
Por onde temos que passar? *Wo müssen wir durchfahren?*

Beachten Sie! Tome nota!

Die Interrogativpronomen leiten oft Ausrufe und Ausrufesätze ein:

Que coisa! *So etwas!*
Que calor! *Was für eine Hitze!*
Que jogador! *Was für ein Spieler!*
Que pena! *Wie schade!*
Que simpático! *Wie sympathisch!*
Que horror! *So was! Wie furchtbar!*
Que mulher! *Was für eine Frau!*
Que chatice! *So ein Mist!*
Que lindo! *Wie schön!*
Que desagradável! *Wie unangenehm!*
Como não! *Natürlich! / Selbstverständlich!*
Quem teria pensado numa coisa dessas! *Wer hätte das gedacht!*
Quantas vezes eu já vi isso! *Wie oft habe ich das schön gehört!*

Weitere Fragewörter / Outros pronomes interrogativos

Porquê? porque? Por que? (BP) – *warum?*

Porque não vens hoje connosco (bras.: conosco) ao cinema? *Warum kommst du nicht heute mit uns ins Kino?*

Não comes? **Porquê**? Porque não tenho fome. *Isst du nichts? Warum? Weil ich keinen Hunger habe.*

(Wenn **porque** allein steht, erhält es einen Zirkumflex: Não vou à festa. **Porquê**? Estás doente? *Ich gehe nicht zur Party. Warum? Bist du krank?*)

Como estás? *Wie geht es dir?*
Como wird nicht mit Präpositionen verwendet.
Onde moras? *Wo wohnst du?*
Onde está o Pedro? **Cadê** (BP) o Pedro? *Wo ist Pedro?*
De onde /donde (EP) vens? *Von wo / Woher kommst du?*
Para onde vais de férias? *Wohin fährst du in den Urlaub?*
Aonde vamos? *Wohin gehen wir?*
Quando chegas? *Wann kommst du?*
Quando nasceu o senhor? *Wann sind Sie geboren?*
Desde quando vives aqui? *Seit wann wohnst du hier?*
Até quando tens tempo? *Bis wann hast du Zeit?*
Para quando reservamos o quarto? *Für wann reservieren wir das Zimmer?*

Wendungen und Ausdrücke mit *que tal?*:

Que tal a comida? Está boa? *Wie ist das Essen? Ist es gut?*
Que tal a viagem? *Wie war die Reise?*
Que tal o tempo? *Wie ist / war das Wetter?*
Que tal a festa? Está boa, não está? *Wie ist die Party? Gut, nicht wahr?*

Test 22

Setzen Sie das richtige Fragewort ein.

a) .... se vão embora? *Wann fahrt ihr weg?*

b) .... são os teus amigos? *Woher stammen deine Freunde?*

c) .... é que vocês vão para a Universidade? *Wie geht ihr zur Universität?*

d) .... queres esperar? *Bis wann willst du warten?*

e) .... são os teus novos vizinhos? *Wie sind die neuen Nachbarn?*

f) .... é a reserva? *Für wann ist die Reservierung?*

g) .... trabalhas tanto? *Warum arbeitest du so viel?*

h) .... aprendes português? *Wo lernst du Portugiesisch?*

Der Konjunktiv / O conjuntivo (bras.: subjuntivo)

Was Sie vorab wissen sollten:
Der Konjunktiv (auch Möglichkeitsform genannt) der Gegenwart ist ein sehr wichtiger Teil der portugiesischen Sprache, mit dem der Sprecher / die Sprecherin etwas anderes ausdrücken kann als mit dem Modus Indikativ. Für Sprecher/Sprecherinnen mit Deutsch als Muttersprache ist es oft schwierig, diese Feinheiten zu erkennen bzw. den gegebenen Bedeutungsunterschied wahrzunehmen.

a) Der Gebrauch des conjuntivo entspricht nicht dem des deutschen Konjunktivs.
b) Der conjuntivo hat drei Zeiten: der Konjunktiv Präsens, der Konjunktiv Imperfekt und der Konjunktiv Futur.
c) Ob der conjuntivo verwendet wird oder nicht, hängt von einigen Elementen ab (z. B. bestimmten Verben oder Konjunktionen), die sich normalerweise im Hauptsatz befinden und Konjunktivauslöser genannt werden:
   - Verb als Konjunktivauslöser:
     O meu pai **insiste** que eu *termine* os estudos. *Mein Vater besteht darauf, dass ich mein Studium abschließe.*
   - Konjunktion als Konjunktivauslöser:
     Eu quero falar contigo **antes que** tu partas. *Ich will mit dir sprechen, bevor du wegfährst.*

Der Konjunktiv Präsens / O presente do conjuntivo

Die regelmäßigen Formen
Der Konjunktiv Präsens wird gebildet, indem man die 1. Person Singular Indikativ Präsens zugrunde legt, die Endung **-o** streicht und folgenden Endungen anhängt. Die Verben mit Infinitiv auf **-ar** enden im Konjunktiv Präsens auf **-e**, die Verben auf **-er**, **-ir** enden im Konjunktiv Präsens auf **-a**. Somit ist der Konjunktiv hauptsächlich durch einen Wechsel des Endungsvokals gekennzeichnet:

Konjunktiv Präsens

-ar	falar *(sprechen)*	-er und -ir	beber *(trinken)*	partir *(abfahren)*
-e	fal**e**	-a	beb**a**	part**a**
-es	fal**es**	-as	beb**as**	part**as**
-e	fal**e**	-a	beb**a**	part**a**
-emos	fal**emos**	-amos	beb**amos**	part**amos**
-em	fal**em**	-am	beb**am**	part**am**

Bei den unregelmäßigen Verben geht man von der 1. Person Singular Indikativ Präsens aus. Der Stamm des Konjunktivs hat dabei die gleiche Unregelmäßigkeit wie die 1. Person Singular Indikativ Präsens:

	Indikativ Präsens	Konjunktiv Präsens
ter *(haben)*	tenho	tenh**a**, tenh**as**, tenh**a**, tenh**amos**, tenh**am**
dizer *(sagen)*	digo	dig**a**, dig**as**, dig**a**, dig**amos**...
ver *(sehen)*	vejo	vej**a**, vej**as**, vej**a**...
poder *(können)*	posso	poss**a**, poss**as**...
fazer *(machen)*	faço	faç**a**, faç**as**...
vir *(kommen)*	venho	venh**a**, venh**as**...
ouvir *(hören)*	ouço	ouç**a**...

Beachten Sie! Tome nota!

Es gibt nur sieben unregelmäßigen Verben bei der Bildung des Konjunktiv Präsens:

dar *(geben)*:	**dê**, **dês**, **dê**, **dêmos**, **deem**
estar *(sein)*:	estej**a**, estej**as**, estej**a**, estej**amos**, estej**am**
haver *(haben)*:	haj**a** (3. Person Singular)
ir *(gehen)*:	**vá**, **vás**, **vá**, **vamos**, **vão**
querer *(möchten)*:	queir**a**, queir**as**, queir**a**, queir**amos**, queir**am**
saber *(wissen)*:	saib**a**, saib**as**, saib**a**, saib**amos**, saib**am**
ser *(sein)*:	sej**a**, sej**as**, sej**a**, sej**amos**, sej**am**

Wichtig!

Da die Aussprache des Infinitivs in allen Formen erhalten werden muss, ergeben sich folgende orthographische Änderungen:

	Indikativ Präsens	Konjunktiv Präsens
tocar *(spielen / berühren)*	toco	to**que**, to**ques**, to**que**, to**quemos**, to**quem**
ligar *(verbinden)*	ligo	li**gue**, li**gues**, li**gue**, li**guemos**...
pagar *(bezahlen)*	pago	pa**gue**, pa**gues**, pa**gue**...

exigir *(fordern)* exijo **exija**, ex**ijas** ...
avançar *(vorbringen)* avanço avan**ce** ...

Zum Gebrauch / O uso

Im Gegensatz zum Deutschen wird der Konjunktiv im Portugiesischen sehr häufig gebraucht. Der Konjunktiv findet Anwendung im Zusammenhang mit Verben, die einen Zweifel *(dúvida)*, Wunsch *(desejo)*, Willen *(vontade)*, Befehl *(ordem)*, Rat *(conselho)*, Vorschlag *(proposta)* bzw. ein Verbot *(proibição)*, ein Gefühl *(sentimento)*, eine Bitte *(súplica)*, Zustimmung *(consentimento)*, Überraschung *(surpresa)* oder eine Verneinung *(negação)* zum Ausdruck bringen. Der Konjunktiv ist in erster Linie eine Verbform, die in Nebensätzen auftritt, aber in einigen Fällen tritt der Konjunktiv Präsens auch in Haupt- bzw. einfachen Sätzen auf. Als deutsche Entsprechung wird in der Regel der Indikativ des Verbs verwendet.

a) Wünsche *(desejos)*:
Espero que amanhã **esteja** bom tempo. *Ich hoffe, dass das Wetter morgen gut ist.*
Espero que o teu exame **corra** bem. *Ich hoffe, dass deine Prüfung gut verläuft.*
Preferes que eu **saia**? *Willst du, dass ich gehe?*
Oxalá não **chova** amanhã. *Hoffentlich regnet es morgen nicht.*
(Synonym auch für oxalá = Deus queira que, tomara que, quem me dera que → h*offentlich*)

b) Zweifel *(dúvidas)*:
Talvez **estejamos** enganados na rua. *Vielleicht haben wir uns in der Straße geirrt.*
Duvido que isto **seja** a resposta certa. *Ich bezweifle, dass das die richtige Antwort ist.*
Temos muitas dúvidas que ela **saiba** tudo. *Wir bezweifeln sehr, dass sie alles weiß.*
Não acredito que ela **chegue** a horas (bras.: na hora).
Ich glaube nicht, dass sie rechtzeitig kommt.

Beachten Sie! Tome nota!

Steht **talvez** jedoch nach dem Verb, wird der Indikativ Präsens gebraucht:
Ela é **talvez** mais nova do que tu. *Sie ist vielleicht jünger als du.*
(**Talvez** ela seja mais nova do que tu.)

c) Gefühle *(sentimentos)*:
Lamentamos que não **possam** ficar mais tempo connosco (bras.: conosco)
Wir bedauern, dass ihr nicht länger bei uns bleiben könnt.

Tenho pena que não **possa** vir. *Es tut mir leid, dass ich nicht kommen kann.*
Sinto muito que te **trate** sempre tão mal.
Es tut mir leid, dass ich dich immer so schlecht behandle.
Estou triste que se **vá** embora, Carla. *Ich bin traurig, dass Sie weggehen, Carla.*

d) Befehle/Bitten und Abweisungen/Verweigerungen *(pedidos e recusas)*:
Peço-te que me **ajudes**. *Ich bitte dich, dass du mir hilfst.*
Não podemos permitir que **façam** tanto barulho a partir da meia noite.
Wir können nicht erlauben, dass ihr nach Mitternacht noch solchen Lärm macht.
Exijo que me **devolvam** o dinheiro. *Ich fordere, dass ihr mir das Geld zurückgebt.*
Peço-lhe que **seja** rápido! *Ich bitte Sie, sich kurzzufassen.*
Quero que desapareças. *Ich möchte, dass du verschwindest.*

e) Meinungen nach verneinten Hauptsätzen *(opiniões depois duma oração principal negativa)*:
Não penso que **vá** telefonar (bras.: ligar) nos meus anos.
Ich glaube nicht, dass er mich an meinem Geburtstag anrufen wird.
Não creio que ***mintas.*** *Ich glaube nicht, dass du lügst.*
Não acredito que **queiras** fazer isso realmente.
Ich glaube nicht, dass du das wirklich machen willst.
Não é que não **goste** de espanhol, mas acho o português mais lindo.
Es ist ja nicht so, dass ich Spanisch nicht mag, aber ich finde Portugiesisch einfach schöner.
Não estou certo de que o euro **vá** sobreviver.
Ich bin nicht sicher, ob der Euro überleben wird.

f) Relativsätze, die den Hauptsatz noch genauer beschreiben bzw. diesen klarer machen:
Estou à procura duma saia, que **fique** / (bras.: **vá**) bem com a minha blusa.
Ich suche einen Rock, der zu meiner Bluse passt.
Procuramos uma secretária que **saiba** falar português, inglês e alemão.
Wir suchen eine Sekretärin, die Portugiesisch, Englisch und Deutsch sprechen kann.
Há alguém por aqui que **saiba** falar alemão? *Gibt es hier jemanden, der Deutsch spricht?*
Procuro um apartamento de férias que **tenha** vista para o mar.
Ich suche eine Ferienwohnung, die Meerblick hat.

g) Nach folgenden Strukturen:
ser + Adjektiv + que

achar + Adjektiv + que
achar bem que
achar mal que
É triste que não **estudes** mais. *Es ist traurig, dass du nicht mehr studierst.*
Acho fantástico que **venhas** comigo para Portugal.
Ich finde es fantastisch, dass du mit mir nach Portugal kommst.
Acho bem que me **ajudes**. *Ich finde es toll, dass du mir hilfst.*
Acho mal que já não **fales** com ela. *Ich finde es nicht gut, dass du mit ihr nicht mehr sprichst.*

h) Nach den Konstruktionen *por mais que, por muito que, por pouco que,* etc.:
Por mais que **tente**, não funciona. *So sehr ich es auch versuche, es funktioniert nicht.*
Por muito que me **peças** não vou mudar de opinião.
So viel du mich auch bitten magst, ich ändere meine Meinung nicht.
Por pouco que **beba,** o café sempre me tira o sono.
So wenig Kaffee ich auch trinke, ich werde immer davon wach.

i) Nach den Konstruktionen *quem quer que (wer auch immer), onde quer que (wo auch immer), quer ... quer ... (sowohl ... als auch)*:
Quem quer que **venha** será bem recebido.
Wer auch immer kommen mag, ist herzlich willkommen.
Vou-te buscar onde quer que **estejas**. *Ich hole dich ab von wo auch immer du sein magst.*
Quer **queiras** quer não, vais ter que ir ao médico.
Ob du willst oder nicht, du musst zum Arzt gehen,

j) Der Konjunktiv Präsens steht nach folgenden unpersönlichen Redewendungen:

é possível que ...	*Es ist möglich, dass ...*
é provável que ...	*Es ist wahrscheinlich, dass ...*
é bom que ...	*Es ist gut, dass ...*
é ótimo ...	*Es ist optimal, dass ...*
é importante que ...	*Es ist wichtig, dass ...*
é impossível que ...	*Es ist unmöglich, dass ...*
é conveniente que ...	*Es ist angebracht, dass ...*
é indispensável que ...	*Es ist unabdingbar, dass ...*
é lógico que ...	*Es ist logisch, dass ...*
é estranho que ...	*Es ist seltsam / komisch, dass ...*
é aconselhável que ...	*Es ist ratsam, dass ...*
é difícil que ...	*Es ist schwierig, dass ...*

é suficiente que ...	*Es genügt, dass ...*
é necessário que ...	*Es ist notwendig, dass ...*
é preciso que ...	*Es ist nötig, dass ...*
é melhor que ...	*Es ist besser, dass ...*
é incrível que ...	*Es ist unglaublich, dass ...*
é uma sorte que ...	*Es ist ein Glück, dass ...*
basta que ...	*Es ist ausreichend, dass ...*
convém que ...	*Es empfiehlt sich, dass ...*
há quem ...	*es gibt welche, die ...; es gibt Leute, die ...; es gibt jemanden, der ...*

k) In Konzessivsätzen *(orações concessivas)*, nach Konstruktionen wie embora *(obwoh)* mesmo que *(selbst wenn)* und ainda que *(wenn auch)*:
Embora **ganhe** bem, detesto o meu trabalho.
Obwohl ich gut verdiene, verabscheue ich meine Arbeit.
Mesmo que *saiba* inglês perfeitamente, quase nunca fala.
Selbst wenn ich Englisch perfekt kann, spreche ich doch kaum.

l) In Finalsätzen *(orações finais)*, nach Konstruktionen wie: **para que** *(damit)*, **a fim de que** *(um ... zu)*
Vou-te comprar uma aspirina para que não **fiques** doente.
Ich werde dir eine Aspirin kaufen, damit du nicht krank wirst.

Test 1

Stellen Sie fest, ob in den folgenden Sätzen der *conjuntivo* erforderlich ist, und markieren Sie die richtige Möglichkeit.

Eu penso

a) que a Manuela (é/seja) uma pessoa inteligente.
Ich denke, dass Manuela ein intelligenter Mensch ist.

b) Nós sabemos que tu (és/sejas) uma boa amiga.
Wir wissen, dass du eine gute Freundin bist.

c) O teu pai e eu queremos que tu (és/sejas) feliz.
Dein Vater und ich wollen, dass du glücklich bist.

d) Segundo a minha opinião a Sofia (tem/tenha) gripe.
Meiner Meinung nach hat Sofia Grippe.

e) Eu espero que vocês (organizam/organizem) a festa.
Ich erwarte, dass ihr das Fest organisiert.

f) Disseram-me que o Tiago (tem/tenha) febre.
Ich habe erfahren, dass Tiago Fieber hat.

Test 2

Setzen Sie die Formen des Konjunktiv Präsens ein. Das Subjekt im Nebensatz ist unterstrichen.

a) A Ana acredita que o Pedro (viver) .... ainda aqui.
Ana glaubt, dass Pedro noch hier wohnt.

b) Penso que a Clara e o Nuno (vender) .... a casa.
Ich denke, dass Clara und Nuno das Haus verkaufen.

c) Espero que tu (ficar) .... connosco. *Ich hoffe, dass du bei uns bleibst.*

d) Não sei se vocês (entender) .... a minha situação.
Ich weiß nicht, ob ihr meine Situation versteht.

e) O António está contente que os convidados finalmente (partir) ....
António ist froh, dass die Gäste endlich abfahren.

f) Parece que o Jorge e a Luísa (preferir) .... ficar em casa.
Es scheint, dass Jorge und Luísa es vorziehen, zu Hause zu bleiben.

Test 3

Wie lauten die Formen des Konjunktiv Präsens der in Klammern gesetzten Verben? Das Subjekt im Nebensatz ist unterstrichen.

a) Eu creio que a Isabel e o Tomás (fazer) .... muitas coisas interessantes. *Ich glaube, dass Isabel und Tomás viele interessante Dinge machen.*

b) Não penso que a Inês (beber) .... muito café. *Ich glaube nicht, dass Inês viel Kaffee trinkt.*

c) Temos pena que os filhos não (vir) .... *Es tut uns leid, dass die Kinder nicht kommen.*

d) Não sei, se ele (dizer) .... a verdade. *Ich weiß nicht, ob er die Wahrheit sagt.*

e) A Matilde está contente que o Manuel (ter) .... tempo. *Matilde ist froh, dass Manuel Zeit hat.*

f) Espero que tu (estar) .... contente. *Ich hoffe, dass du zufrieden bist.*

Einige Redewendungen mit Konjunktiv

assim seja – *so sei es*
há quem diga – *es gibt Leute, die sagen*
diga-se de passagem – *nebenbei bemerkt*
doa a quem doer – *ohne Rücksicht auf Verluste*
faça chuva, faça sol – *egal ob es regnet oder die Sonne scheint*
por estranho que pareça – *so seltsam es scheint*

Test 4

Oxalá! – Wandeln Sie die Sätze nach folgendem Muster um:
Eles gostam da praia. *Hoffentlich mögen Sie den Strand.* **Oxalá** eles gostem da praia.

a) Não há greve dos comboios. *Es gibt keinen Bahnstreik.*
b) O Futebol Clube do Porto joga bem. *Der F.C. Porto spielt gut.*
c) Não faz mau tempo. *Es ist kein schlechtes Wetter.*
d) Eles chegam a tempo. *Sie kommen rechtzeitig an.*
e) Ele vem à nossa festa de aniversário. *Er kommt zu unserer Geburtstagsfeier.*

Der Konjunktiv Perfekt / O perfeito composto do conjuntivo

Der Konjunktiv Perfekt ist eine zusammengesetzte Zeit und wird aus dem presente do conjuntivo des Hilfsverbs **ter** *(haben)* und dem Partizip des Hauptverbs gebildet:

	Presente do conjuntivo	Partícipio
eu	tenha	
tu	tenhas	
ele/ela/você	tenha	falado
nós	tenhamos	
eles/elas/vocês	tenham	

Zum Gebrauch / O uso

Der conjuntivo perfeito composto wird benutzt, um von einer abgeschlossenen Handlung in Bezug auf die Gegenwart oder die Zukunft zu sprechen. Das Verb des Hauptsatzes steht im Präsens. Konjunktivauslöser sind auch für diese Zeit dieselben Verben, Bedingungen, Konjunktionen und Konstruktionen, die für die anderen Zeiten des conjuntivo gelten.

Eu duvido que o exame da Claudia **tenha corrido** bem. *Ich bezweifle, dass Claudias Examen gut gelaufen ist.*

É possivel que o Tiago **tenha estado** aqui. *Es ist möglich, dass Tiago hier gewesen ist.*

Tu queres ir antes que o jogo **tenha terminado**? *Willst du gehen, bevor das Spiel beendet ist?*

Nós esperamos que a Mafalda ontem **tenha ido** ao médico. *Wir hoffen, dass Mafalda gestern zum Arzt gegangen ist.*

Test 5

Markieren Sie die richtigen Verbformen.

a) É possivel que ele não (sabia / tenha sabido). *Es ist möglich, dass er es nicht gewusst hat.*

b) Eu espero que tu (fales / tenhas falado) agora connosco. *Ich hoffe, dass du jetzt mit uns sprichst.*

c) Talvez ela ainda não (faça / tenha feito) a tradução. *Vielleicht hat sie noch nicht die Übersetzung gemacht.*

d) Eu quero ter tudo pronto antes que a Clara (chegue / tenha chegado). *Ich möchte alles fertig haben, bevor Clara ankommt.*

e) Eu receio que ele não (rebeça / tenha recebido) o e-mail. *Ich fürchte, dass er die E-Mail nicht bekommen hat.*

Der Konjunktiv Imperfekt / O imperfeito do conjuntivo

Die Formen des imperfeito do conjuntivo aller Verben werden von der 3. Person Plural des Indikativs P. P. S. abgeleitet. Dabei entfallen die letzten Silben **-ram/-ram/-ram** und werden durch die jeweiligen Endungen des imperfeito do conjuntivo wie folgt ersetzt. Diese Regel trifft übrigens auf alle Verben zu, auch wenn das Perfekt unregelmäßig gebildet wird:

		Imperfeito do conjuntivo
eles/elas trabalha**ram**	→	eu trabalha**sse**
eles/elas disse**ram**	→	eu disse**sse**
eles/elas parti**ram**	→	eu parti**sse**

Die Formen

-ar	-er	-ir
falar *(sprechen)*	viver *(leben)*	abrir *(öffnen)*
falasse	vivesse	abrisse
falasses	vivesses	abrisses
falasse	vivesse	abrisse
fal**ássemos**	viv**êssemos**	abr**íssemos**
falassem	vivessem	abrissem

Beachten Sie! Tome nota!

Die 1. Person Plural bekommt einen Akzent: einen Akut (**á** bzw. **í**) in der 1. und 3. Konjugation und einen Zirkumflex (**ê**) in der 2. Konjugation. Unregelmäßige Verben auf **-er** bekommen (mit Ausnahme von ser / ir → nós **fôssemos**) wiederum einen Akut: fazer → fiz**éssemos**, ter → tiv**éssemos** etc.

Zum Gebrauch / O uso

Der Konjunktiv Imperfekt wird bei denselben Umständen verwendet, wie der Konjunktiv Präsens, er drückt allerdings eine größere Unsicherheit aus als der Konjunktiv Präsens und bezieht sich auf die Vergangenheit:

1) Wird für mögliche Ereignisse gebraucht, die in der Zukunft eventuell eintreffen oder in der Vergangenheit hätten eintreten können:
   Seria (era) excelente que a seleção nacional **ganhasse** o jogo contra a Alemanha. *Es wäre ausgezeichnet, wenn die Nationalmannschaft das Spiel gegen Deutschland gewinnen würde.*
   Esperei que ela me **escrevesse** ou **telefonasse**. *Ich habe gehofft, dass sie mir schreiben oder mich anrufen würden.*
2) Um irreale Wünsche auszudrücken:
   Se **pudéssemos**, iríamos (íamos) à Austrália de férias. *Wenn wir könnten, würden wir in den Ferien nach Australien fliegen.*
   Se eu **fosse** a ti, não diria (dizia) nada à Maria. *Wenn ich du wäre, würde ich nichts zu Maria sagen.*
   Se eles **chegassem** cedo, poderíamos (podíamos) ir à ópera. *Wenn sie pünktlich ankommen würden, könnten wir in die Oper gehen.*
   Se eu **fosse** rico, compraria (comprava) uma vivenda (bras.: mansão). *Wenn ich reich wäre, würde ich eine Villa kaufen.*
3) In komparativen Sätzen, die mit folgenden Ausdrücken eingeleitet werden: **como** *(wie)*, **conforme** *(entsprechend, wie)*, **consoante** *(gemäß)*, **segundo** *(laut, wie)* und **como se** *(als ob, zufolge)*.
   Eles estavam tão contentes como se **vivessem** o maior sonho da vida deles. *Sie waren so froh, als würden sie den größten Traum ihres Lebens leben.*
   Ele sorriu para mim na rua como se me **conhecesse**. *Er lächelte mich auf der Straße so an, als würde er mich kennen.*
4) In Ausdrücken des Zweifels, des Wünschens, der Wahrscheinlichkeit oder der Möglichkeit:
   O Fábio disse que talvez **fosse** melhor começares já a trabalhar. *Fabio hat gesagt, dass es vielleicht besser wäre, wenn du mit der Arbeit anfangen würdest.*
   Oxalá **pudesses** vir! *Wenn du doch kommen könntest!*
   Tivesse eu força e saúde! *Wenn ich doch Kraft hätte und gesund wäre!*
   Talvez ele ainda **estivesse** em casa. *Vielleicht war er ja noch zu Hause.*
5) Im Portugiesischen ist es außerdem wichtig, die Zeitenfolge einzuhalten. Steht der Hauptsatz in einer Zeit der Vergangenheit, muss der Konjunktiv im Nebensatz automatisch darauf abgestimmt werden. (Hauptsatz: Indikativ im Perfekt, Nebensatz: Konjunktiv im Imperfekt)
   Pensei que **estivesses** em casa. *Ich dachte, du wärst zu Hause.*

Nunca pensei que **fosses** capaz de ser tão fria. *Ich hätte nie gedacht, dass du so kalt sein könntest.*
Duvidei que ela **estivesse** a ser sincera. *Ich hatte bezweifelt, dass sie ernst sein könnte.*
A professora exigiu que os alunos **estudassem** mais. *Die Lehrerin verlangte, dass die Schüler mehr lernten.*

Der Konjunktiv Plusquamperfekt / O pretérito mais-que-perfeito do conjuntivo

O pretérito mais-que-perfeito do conjuntivo (composto) wird gebildet mit dem Konjunktiv Imperfekt des Hilfsverbs ter und dem Partizip des Hauptverbs:
tivesse
tivesses
tivesse + telefonado
tivésemos
tivessem

O pretérito mais-que-perfeito do conjuntivo (composto) wird ähnlich wie der Konjunktiv Imperfekt gebraucht; beim pretérito mais-que-perfeito do conjuntivo (composto) bezieht sich die Handlung allerdings auf die Vergangenheit:

Se os meus amigos tivessem tido férias, teriam (tinham) vindo a Portugal. *Wenn meine Freunde Ferien gehabt hätten, wären sie nach Portugal gekommen.*
Por mais que a Petra tivesse corrido, já não ía conseguir apanhar o comboio! *Wie sehr Petra auch gerannt wäre, sie hätte den Zug nicht mehr erreicht.*

Der Konjunktiv Futur I / O futuro do conjuntivo

Was Sie vorab wissen sollten:
Portugiesisch ist die einzige romanische Sprache, in der es noch einen Konjunktiv Futur gibt.

Bildung des Konjunktiv Futur
Das futuro do conjuntivo wird mit der 3. Person Plural des einfachen Perfekts (P. P. S.) gebildet, indem die Endung **-am** wegfällt und durch die jeweiligen Konjunktivendung ersetzt wird:

P.P.S.		Futuro do conjuntivo
telefonar *(anrufen)*	telefonar**am**	telefona**r**, telefona**res**, telefona**r**, telefona**rmos**, telefonar**em**
ler *(lesen)*	ler**am**	le**r**, le**res**, le**r**, le**rmos**, le**rem**
ser/ir *(sein / gehen)*	for**am**	fo**r**, fo**res**, fo**r**, fo**rmos**, fo**rem**
pôr *(setzen, stellen)*	puser**am**	puse**r**, puse**res**, puse**r**, puse**rmos**, puse**rem**
fazer *(machen)*	fizer**am**	fize**r**, fize**res**, fize**r**, fize**rmos**, fizerem
vir *(kommen)*	vier**am**	vie**r**, vie**res**, vier, vie**rmos**, vie**rem**
ter *(haben)*	tiver**am**	tive**r**, tive**res**, tive**r**, tive**rmos**, tive**rem**
trazer *(bringen)*	trouxer**am**	trouxe**r**, trouxe**res**, trouxe**r**, trouxermos, trouxe**ram**

Zum Gebrauch / O uso

Mit dem Konjunktiv Futur bezeichnet man eine zukünftige Handlung, die der Sprecher als wahrscheinlich oder unsicher ansieht. Im Deutschen gibt es keine entsprechende Form. Der Konjunktiv Futur wird im Deutschen entweder mit dem Indikativ Futur oder dem Präsens übersetzt:
Se **tivermos** dinheiro, iremos (vamos) à Nova Zelândia.
Wenn wir Geld haben (werden), werden wir nach Neuseeland fahren.

Der Konjunktiv Futur steht in Nebensätzen

a) mit folgenden temporalen Konjunktionen: assim que *(sobald)*, enquanto *(solange)*, logo que *(sobald)*, quando *(wenn)*, conforme *(wie)*, mal *(kaum)*, se *(wenn, falls)*, sempre que *(jedesmal wenn)*, sempre que *(immer wenn)*, cada vez que *(immer wenn)*, todas as vezes que *(jedes mal wenn)*

   Das Verb im Hauptsatz kann im Indikativ Präsens (Umgangssprache) bzw. im futuro simples (Schriftsprache) stehen:

   Assim que as férias **começarem**, vou viajar para Portugal. *Sobald die Ferien beginnen, fahre ich nach Portugal.*

   Quando **souber** mais sobre a festa, ligo-te. *Sobald ich mehr über die Party weiß, rufe ich dich an.*

   Se não **receber** o meu salário hoje, não posso comprar o computador. *Wenn ich heute nicht mein Gehalt bekomme, kann ich den Computer nicht kaufen.*

   Enquanto **estiverem** doentes, não podem trabalhar. (solange/während). *Solange Sie krank sind, können Sie nicht arbeiten.*

   Enquanto não **tiver** dinheiro, não posso fazer férias. *Solange ich kein Geld habe, kann ich keinen Urlaub machen.*

   Logo que **puderes**, passa pelo supermercado e compra pão, queijo e leite. *Wenn du kannst, geh beim Supermarkt vorbei und kauf Brot, Käse und Milch.*

Quando **forem** 18.00h, irei (vou) para casa. *Wenn es 18 Uhr ist, gehe ich nach Hause.*

Beachten Sie! Tome nota!

Wenn sich die Handlung auf die Gegenwart bezieht und als Gewohnheit dargestellt wird, dann steht im Bedingungssatz das Verb im Indikativ Präsens:
Quando (sempre que) posso, visito a minha avó.
Immer wenn ich kann, besuche ich meine Großmutter.
Assim que chego a casa, tomo um duche. *Sobald ich zu Hause ankomme, dusche ich (immer).*
Quando chego a casa, escrevo-te um e-mail.
Immer wenn ich nach Hause komme, schreibe ich dir eine E-Mail.

b) mit komparativen Konjunktionen, wenn sie sich auf die Zukunft beziehen:
Podes fazer o trabalho como **quiseres**. *Du kannst die Arbeit machen, wie du willst.*
Ela fará a festa conforme **quiser**. *Sie wird das Fest gemäß ihren Wünschen gestalten.*

c) in Relativsätzen, in denen die Möglichkeit des Eintretens einer Handlung noch ungewiss ist:
Quem **for** o último a sair da sala, apaga a luz e fecha a porta. *Wer zuletzt den Klassenraum verlässt, mache das Licht aus und schließe die Tür.*
Eu fico onde vocês **ficarem**. *Ich werde da sein, wo ihr seid.*
A Maria aceita tudo o que lhe **disseres**. *Maria akzeptiert alles, was du ihr sagen wirst / sagst.*
Aquele que **chegar** primeiro receberá uma recompensa. *Der, der zuerst da ist, bekommt eine Belohnung.*

d) nach **se** im wahrscheinlichen Bedingungssatz:
Se **tiver** oportunidade, irei (vou) aos Açores nas férias de Natal. *Wenn / Falls ich die Gelegenheit habe, werde ich in den Weihnachtsferien auf die Azoren fahren.*
Se nós **tivermos** tempo, iremos (vamos) ao cinema. *Wenn wir Zeit haben, gehen wir ins Kino.*

e) Oft wird der Konjunktiv Futur auch in Verbindung mit dem Konjunktiv Präsens verwendet, meist in Zusammenhang mit Redewendungen. Der Konjunktiv Futur steht auch in folgenden festen Ausdrücken:
Aconteça o que **acontecer**, nunca te vou esquecer. *Komme, was wolle, ich werde dich nie vergessen.*
Tenho que estar lá, **custa** o que **custar**. *Koste es, was es wolle, ich muss dort sein.*

Seja quem **for**, não abro a porta. *Wer auch immer das sein mag, ich öffne die Tür nicht.*

Seja qual **for** o resultado, o Futebol Clube do Porto será campeão nacional. *Was auch immer geschehen wird, der F.C. Porto wird Landesmeister sein.*

Seja como **for**, iremos todos ver o jogo da final da Champions League. *Wie auch immer, wir werden das Champions League Endspiel sehen.*

Aconteça o que **acontecer**, estarei à tua espera. *Komme, was wolle, ich werde auf dich warten.*

Custe o que **custar**, o quadro será meu. *Koste es, was es wolle, das Gemälde wird meins sein.*

Venha quem **vier**, não estarei em casa hoje à noite. *Wer auch immer kommen wird, ich werde heute Abend nicht zu Hause sein.*

Durma o que **dormir**, estou sempre cheio de sono. *So viel / so lange ich auch schlafe, ich bin immer ganz schläfrig.*

Façam como **quiserem**, não me importa. *Machen Sie es, wie Sie wollen, es ist mir egal.*

Digam o que **disserem**, eu não vou trabalhar amanhã. *Was man auch immer sagen wird, morgen werde ich nicht arbeiten.*

Chegue quando **chegar**, estaremos em casa à sua espera. *Wann auch immer er / sie ankommt, wir werden zu Hause auf ihn / sie warten.*

Pense como **pensar**, não mudarei de opinião. *Wie auch immer er / sie denkt, ich werde meine Meinung nicht ändern.*

f) Und in Ausdrücken wie z. B.

seja como for	*wie dem auch sei*
seja o que for	*was es auch sein mag*
seja quando for	*wann es auch sei*
seja quem for	*wer es auch sein mag*
seja qual for	*was für eine / r / s es auch sein mag*
seja onde for	*wo es auch sei*
doa quem doer	*ohne Rücksicht auf Verluste*
salva-se que puder	*Rette sich, wer kann*
digam o que disserem	*Sie können sagen, was sie wollen*
esteja como estiver	*wie er / sie / es auch immer ist*
esteja onde estiver	*wo er / sie / es auch immer ist*
venha quem vier	*wer auch immer kommen mag*
custa o que custar	*koste es, was es wolle*
aconteça o que acontecer	*komme, was wolle*

Der Konditional / O condicional

Was Sie vorab wissen sollten:
Das Portugiesische besitzt neben dem Indikativ und dem Konjunktiv einen dritten Modus, den Konditional mit zwei Zeiten, den Konditional I (condicional simples) und den Konditional II (condicional composto).
Der Konditional drückt aus, was unter Umständen sein oder geschehen könnte.
Hoje à noite gostaria de ficar em casa, porque estou cansado.
Heute Abend würde ich gerne zu Hause bleiben, weil ich müde bin.

Der Konditional I / O condicional simples

Formen
Der Konditional I wird gebildet, indem die für alle Konjugationen einheitlichen Endungen (-ia, -ias, ia, -íamos, -iam) an den Infinitiv angehängt werden.

	falar *sprechen*	poder *können*	abrir *öffnen*
eu	falar**ia**	poder**ia**	abrir**ia**
tu	falar**ias**	poder**ias**	abrir**ias**
ele, ela, você	falar**ia**	poder**ia**	abrir**ia**
nós	falar**íamos**	poder**íamos**	abrir**íamos**
eles, elas, vocês	falar**iam**	poder**iam**	abrir**iam**

Beachten Sie! Tome nota!
Es gibt im Konditional I sowie im Futur I nur 3 Verben, die unregelmäßig sind:

dizer *(sagen)* → dir**ia**, dir**ias**, dir**ia**, dir**íamos**, dir**iam**
fazer *(machen)* → far**ia**, far**ias**, far**ia**, far**íamos**, far**iam**
trazer *(bringen)* → trar**ia**, trar**ias**, trar**ia**, trar**íamos**, trar**iam**

Diese Unregelmäßigkeit gilt auch für abgeleitete Verben wie desfazer *(auseinandernehmen)*, contradizer *(widersprechen)* etc.

Zum Gebrauch / O uso

a) Wenn die Handlung, aus der Vergangenheit gesehen, in der Zukunft liegt:
O Marco ontem à noite disse que **falaria**/falava com a professora.
Marco sagte gestern Abend, dass er mit der Lehrerin sprechen wollte / würde.
Elas disseram que **chegariam**/chegavam no comboio de Lisboa às 20h30.
Sie sagten, dass sie um 20:30h im Zug von Lissabon ankommen würden.

b) Das condicional simples wird hauptsächlich gebraucht, wenn eine Handlung nur unter gewissen Bedindungen eintreten kann. Dabei steht das Verb des Satzes, das mit se eingeführt wird, im conjuntivo / subjuntivo do imperfeito:
Se eu <u>tivesse</u> dinheiro, **compraria**/comprava um carro. *Wenn ich Geld hätte, würde ich ein Auto kaufen.*
Se o metro <u>chegasse</u> a tempo, **poderia**/podia ainda ver o jogo de futebol. *Wenn die U-Bahn pünktlich ankommen würde, könnte ich noch das Fußballspiel sehen.*

c) Das condicional simples wird in Ausrufesätzen gebraucht, die Überraschung oder Empörung ausdrücken:
Ninguém **diria** que o avô da Sofia já tem 80 anos! *Niemand hätte gedacht, dass der Großvater von Sofia schon 80 Jahre alt ist!*
Quem **diria** tal coisa! *Wer hätte das gedacht (gesagt)!*

d) Als Höflichkeitsform:
Poderia/podia dizer-me onde fica o banco, se faz favor? *Könnten Sie mir bitte sagen, wo sich die Bank befindet?*
Eu **gostaria**/gostava de ouvir a tua palestra hoje à noite, mas infelizmente não tenho tempo. *Ich würde gern deinen Vortrag heute Abend hören, aber ich habe leider keine Zeit.*

e) Das condicional simples wird gebraucht, um Zweifel, Unsicherheit oder Vermutungen über vergangene Handlungen auszudrücken:
Sem o dicionário, não **conseguiríamos** fazer a tradução. *Ohne das Wörterbuch würden wir wohl die Übersetzung nicht machen können.*
A professora ainda **estaria** no gabinete a estas horas? *Wird die Professorin zu dieser Uhrzeit wohl noch im Büro sein?*

Beachten Sie! Tome nota!

In der Umgangssprache wird heute im europäischen Portugiesisch das condicional simples zunehmend durch das imperfeito do indicativo ersetzt, insbesondere in irrealen Bedingungssätzen und bei der höflichen Bitte. **In Brasilien** wird hingegen das Konditional auch in der Umgangssprache häufiger verwendet.

Test 1

Vervollständigen Sie mit den Formen des condicional I.

a) Sem o carro (tu / apanhar) .... o comboio e (tu / chegar) .... em todo o caso a tempo à Universidade. *Ohne Auto würdest du den Zug nehmen und auf jeden Fall pünktlich in der Universität ankommen.*

b) (Eu / telefonar) .... à Isabel ou lhe (escrever) .... um e-mail, mas eu não tenho o endereço electrónico dela aqui. *Ich würde Isabel anrufen oder ihr eine E-Mail schreiben, aber ich habe ihre Mail-Adresse nicht dabei.*

c) Com um emprego em part time (tu / ganhar) .... menos, mas também (pagar) .... menos impostos. *Mit einem Halbtagsjob würdest du weniger verdienen, aber auch weniger Steuern bezahlen.*

d) Amanhã (nós / gostar) .... de ir nadar algumas horas na piscina e (poder) .... também fazer sauna. *Morgen würden wir für ein paar Stunden ins Schwimmbad gehen, und wir könnten auch in die Sauna gehen.*

(Vocês / dever) não .... comer tanto. *Ihr solltet nicht so viel essen.*

Für die Stellung des complemento direto e indireto beim condicional simples gelten die gleichen Regeln wie beim Futur I:

a) Nachstellung:

Eu **convidaria** a Amélia.	→	Eu **convida**-la-**ia.**
Ich würde Amélia einladen.		*Ich würde sie einladen.*
Eu **daria** o presente a ti.	→	Eu **dar**-to-**ia**.
Ich würde dir das Geschenk geben.		*Ich würde es dir geben.*
Eu **telefonaria** à Isabel.	→	Eu **telefonar**-lhe-**ia**.
Ich würde Isabel anrufen.		*Ich würde sie anrufen.*

b) Voranstellung:

Eu não lhe escreveria. *Ich würde ihm (oder: ihr) nicht schreiben.*

O que lhe darias? *Was würdest du ihm geben?*

Der Konditional II / O condicional composto

Das condicional composto wird mit dem condicional simples des Hilfsverbs ter – *haben* (manchmal auch haver – *haben*) und dem Partizip Perfekt des Hauptverbs gebildet:

Eu **teria entendido**. *Ich würde verstanden haben.*

Eu **teria chegado**. *Ich würde angekommen sein.*

eu	teria	
tu	terias	
ele, ela, você	teria	telefonado, bebido, tido, estado
nós	teríamos	
eles, elas vocês	teriam	

Das condicional composto wird häufig durch das zusammengesetzte Plusquamperfekt ersetzt:
Eu **teria ido** (**tinha ido**), mas não pude. *Ich wäre gekommen, aber konnte nicht.*
Teria sido (**tinha sido**) melhor. *Es wäre besser gewesen.*

Zum Gebrauch / O uso

Der *condicional II* kann sowohl im Haupt- als auch im Nebensatz verwendet werden.

a) Der *condicional II* wird in Verbindung mit dem *conjuntivo imperfeito* zum Ausdruck einer irrealen Bedingung der Vergangenheit verwendet:
Se ela me tivesse dito antes, eu **teria ido** ao seu casamento. *Wenn sie es mir vorher gesagt hätte, wäre ich zu ihrer Hochzeit gegangen.*
Se eu tivesse tido tempo, **teria vindo**. *Wenn ich Zeit gehabt hätte, wäre ich gekommen.*
Se o Manuel fosse um verdadeiro amigo, **teria**-me **ajudado**. *Wenn Manuel ein echter Freund gewesen wäre, hätte er mir geholfen.*

b) Der *condicional II* wird bei Wünschen, Vermutungen oder Unsicherheiten in der Vergangenheit benutzt:
Ontem **teríamos gostado** de ir à piscina. *Gestern wären wir gerne ins Schwimmbad gegangen.*
Eu **teria escrito** antes, mas sabia que tu não chegavas a Portugal antes do fim do mês. *Ich hätte früher geschrieben, aber ich wusste, dass du nicht vor Monatsende in Portugal ankommen würdest.*
Eles **teriam preferido** ficar hoje em casa. *Sie wären heute lieber zu Hause geblieben.*
Com um carro novo **teria** me **sentido** mais seguro. *Mit einem neuen Auto hätte ich mich sicherer gefühlt.*

c) Der *condicional II* wird auch verwendet nach Verben des Sagens, des Zweifelns oder des Denkens wie dizer *sagen*, afirmar *behaupten*, não saber *nicht wissen*, duvidar *bezweifeln*, pensar *denken*, acreditar *glauben*. Hier drückt er eine Handlung aus, die in der Vergangenheit hätte stattfinden können oder sollen, aber nicht eingetreten ist:
O Carlos era um querido rapaz, mas eu não sei, se **teria casado** com ele. *Carlos war ein lieber Kerl, aber ich weiß nicht, ob ich ihn geheiratet hätte.*

Eles disseram que até junho **teriam escrito** os testes de gramática. *Sie sagten, dass sie bis Juni die Grammatiktests geschrieben hätten.*

Test 2

Stellen Sie fest, ob der condicional II eine Möglichkeit (M), einen Wunsch (W), eine Aufforderung (A) oder eine gewisse Distanzierung des Sprechers (D) ausdrückt.

		M	W	A	D
a)	Com a ajuda da Petra teria feito a tradução. *Mit Petras Hilfe hätte ich die Übersetzung machen können.*				
b)	A Sandra esperava que o Rui lhe teria telefonado. *Sandra hoffte, dass Rui sie anrufen würde.*				
c)	Segundo a informação do pai, o José teria estado no Porto. *Nach Aussage seines Vaters war José in Porto gewesen.*				
d)	Eu teria gostado de ter alguns dias só para mim. *Ich hätte gerne ein paar Tage ganz für mich gehabt.*				
e)	Com mais três dias livres, teríamos podido viajar até ao Rio. *Mit drei freien Tagen mehr hätten wir nach Rio fahren können.*				
f)	Eu teria feito isso se me tivessem dito. *Ich hätte das gemacht, wenn jemand mir das gesagt hätte.*				

Der Imperativ / O imperativo

Was Sie vorab wissen sollten:
Der Imperativ (z. B. «*sprich*» oder «*sprechen Sie!*» drückt sowohl im Deutschen als auch im Portugiesischen einen Befehl bzw. eine Aufforderung aus.

Der Imperativ kann ausdrücken:

- einen Befehl: Meninos, vão para a cama! *Kinder, geht ins Bett!*
- einen Ratschlag geben: Não gastes tanto dinheiro aqui! *Gib hier lieber nicht so viel Geld aus!*
- eine Empfehlung: Prova esta sopa, está muito boa! *Probier diese Suppe, sie ist sehr lecker!*
- eine Anweisung: Abram os livros na página 20, por favor! *Öffnet die Bücher bitte auf Seite 20!*
- eine Bitte: Por favor, ajudem-me! *Bitte helfen Sie mir!*
- eine höfliche Aufforderung: Posso passar? Passe, passe! *Kann ich vorbeigehen! Ja, kommen Sie bitte!*

Aufforderungen und Verbote in der 2. Person Singular sowie Formen für die 3. Person Singular und Plural: Die 3. Person Plural wird auch für die 2. Person Plural verwendet:

	Singular		Plural
	formal (você)	informal (tu)	formal e informal (vocês)
Verben auf -ar	Compr**e**! *Kaufen Sie!*	Compr**a**! *Kauf!*	Compr**em**! *Kaufen Sie!*
Negat.		Não compr**es**!	
Verben auf -er	Com**a**! *Essen Sie!*	Com**e**! *Iss!*	Com**am**! *Essen Sie!*
Negation		Não com**as**!	
Verben auf -ir	Abr**a**! *Öffnen Sie!*	Abr**e**! *Öffne!*	Abr**am**! *Öffnen Sie!*
Negation		Não abr**as**!	

Beachten Sie! Tome nota!

Die Formen der 3. Person entsprechen den Konjunktivformen, da der Imperativ formal mit den Formen des Konjunktiv Präsens identisch ist. Bei der Verneinung entsprechen die Imperativformen bei allen Verben und allen Personen den Formen des Konjunktivs:

Não trabalh**es** mais!	Não trabalh**e**!	Não trabalh**em**!
Hör auf zu arbeiten!	*Arbeiten Sie nicht!*	*Arbeiten Sie (arbeitet) nicht!*
Não com**as** estas maçãs!	Não com**a**!	Não com**am**!
Iss diese Äpfel nicht!	*Essen Sie nicht!*	*Essen Sie (esst) nicht!*
Não abras a port**a**!	Não abr**a**!	Não abr**am**!
Öffne die Tür nicht!	*Öffnen Sie nicht!*	*Öffnen Sie (öffnet) nicht!*

Dem Imperativ der 1. Person Plural (nós/wir) liegt ebenfalls eine Konjunktivform zugrunde. In der Umgangssprache wird sie allerdings in der Regel durch eine periphrastische Form ersetzt:

Não **exageremos**! → Não vamos exagerar! *Übertreiben wir nicht!*
Digamos a verdade! → Vamos dizer a verdade! *Lasst uns die Wahrheit sagen!*

Wichtige unregelmäßige Verben

	Singular		**Plural**
	formal (você)	informal (tu)	formal e informal (vocês)
dar	Dê! *(Geben Sie!)*	Dá! *(Gib!)*	Dêem! *(Gebt!)*
Negat. Não **dês**!			
estar	Esteja! *(Seien Sie!)*	Está! *(Sei!)*	Estejam! *(Seid!)*
Negat. Não **estejas**!			
ser	Seja! *(Seien Sie!)*	Sê! *(Sei!)*	Sejam! *(Seid!)*
Negat. Não **sejas**!			
fazer	Faça *(Machen Sie!)*	Faz! *(Mach!)*	Façam! *(Macht!)*
Negat. Não **faças**!			
trazer	Traga! *(Bringen Sie!)*	Traz! *(Bring!)*	Tragam! *(Bringt!)*
Negat. Não **tragas**!			
dizer	Diga! *(Sagen Sie!)*	Diz! *(Sag!)*	Digam! *(Sagt!)*
Negat. Não **digas**!			
ir	Vá! *(Gehen Sie!)*	Vai! *(Geh!)*	Vão! *(Geht!)*
Negat. Não **vás**!			
vir	Venha! *(Kommen Sie!)*	Vem! *(Komm!)*	Venham! *(Kommt!)*
Negat. Não **venhas**!			

Test 1

Vervollständigen Sie die Sätze mit den regelmäßigen Formen der 2. Person Singular des Imperativs:

a) (Tomar) .... uma cerveja! *Nimm ein Bier!*
b) (Telefonar) .... ao Tiago! *Ruf Tiago an!*
c) (Ouvir) .... que horas são! *Hör mal, wie spät es ist!*
d) (Chamar) .... a Mónica! *Ruf Mónica an!*
e) (Acabar) .... o trabalho rápido! *Beende schnell die Arbeit!*
f) (Escrever) .... um e-mail à Cristina! *Schreib Cristina eine E-Mail!*

Test 2

Vervollständigen Sie die Sätze mit den unregelmäßigen Formen der 2. Person Singular des Imperativs:

a) (Dizer) .... à Andreia que eu telefono-lhe amanhã!
Sag Andreia, dass ich sie morgen anrufe!
b) (Dar) .... ao Manuel o teu e-mail. *Gib Manuel deine E-Mail!*
c) (Vir) .... aqui e (beber) .... alguma coisa connosco.
Komm her und trinke etwas mit uns!
d) (Ter) .... paciência! *Hab Geduld!*
e) (Estar) .... calmo! *Bleib ruhig!*
f) Hoje está bom tempo: (Ir) .... dar uma volta! *Heute ist schönes Wetter: Gehe etwas raus!*

Test 3

Setzen Sie die fehlenden Formen des Imperativs ein:

	Bejahter Imperativ	Verneinter Imperativ
a) cantar *singen*	canta!	
b) partir *abfahren*		
c) andar *gehen*		
d) vender *verkaufen*		
e) levar *nehmen*		
f) saber *wissen*		

Kapitel 11

Der persönliche Infinitiv / O infinitivo pessoal

Er ist ein Charakteristikum der portugiesischen Sprache und ersetzt in der Regel einen Nebensatz. Wie der Name schon andeutet, handelt es sich um einen Infinitiv, der konjugiert wird. In der 2. Person Singular, der 1. Person Plural und der 3. Person Plural werden an die Grundform des Verbs die entsprechenden Personalendungen angehängt. Sie gelten für alle Verben:

	-ar	**-er**	**-ir**
eu	fala**r** *(sprechen)*	aprende**r** *(lernen)*	sorri**r** *(lächeln)*
tu	fala**res**	aprende**res**	sorri**res**
ele/ela/você	fala**r**	aprende**r**	sorri**r**
nós	fala**rmos**	aprende**rmos**	sorri**rmos**
eles/elas/vocês	fala**rem**	aprende**rem**	sorri**rem**

Hinweis: Während bei den regelmäßigen Verben die Formen des persönlichen Infinitivs mit den Formen des Konjunktiv Futur übereinstimmen, ist dies bei den unregelmäßigen Verben häufig nicht der Fall. Zwar sind die Endungen dieselben, aber teilweise nicht der Wortstamm, da sich der Konjunktiv Futur vom pretérito perfeito simples ableitet. Anders als im Konjunktiv Futur ist die Bildung des infinitivo pessoal immer regelmäßig. Die Formen für die erste Person Einzahl lauten im Vergleich:

Infinitiv	Konjunktiv Futur	
ser/ir	for	*(sein / gehen)*
estar	estiver	*(sein)*
ter	tiver	*(haben)*
dar	der	*(geben)*
dizer	disser	*(sagen)*
fazer	fizer	*(machen)*
poder	puder	*(können)*
pôr	puser	*(setzen, stellen, legen)*
querer	quiser	*(wollen)*
saber	souber	*(wissen)*
trazer	trouxer	*(bringen)*
ver	vir	*(sehen)*
vir	vier	*(kommen)*

Zum Gebrauch / O uso

1. Mit Subjekt.
   O importante é tu **perceberes** a matéria. *Das Wichtige ist, dass du den Stoff verstehst.*
   Meninos! Já é muito tarde. É tempo de eu ir **preparar** as aulas e de vocês irem para a cama.
   Kinder! Es ist schon sehr spät. Es ist Zeit, dass ich meinen Unterricht vorbereite und dass ihr ins Bett geht.
2. Ohne Subjekt, wenn es durch vorhergehende Informationen bekannt ist.
   É preciso **estudares** mais. *Es ist notwendig, dass du mehr lernst.*
   É impossivel **tirarmos** férias no Natal. *Es ist unmöglich für uns, Weihnachtsurlaub zu nehmen.* É bom **irmos** cedo. *Es ist gut, dass wir früh gehen.*
3. Bei einem unbestimmten Subjekt, in der 3. Person Plural.
   Ouvi **perguntarem** por mim. *Ich habe gehört, dass nach mir gefragt wurde.*
   É melhor **levarem** os casacos. *Es wird besser sein, die Jacken mitzunehmen.*
4. Nach Konjunktionen.
   Ficamos aqui até **acabarmos** tudo. *Wir bleiben hier, bis wir alles gemacht haben.*
   Eu espero até **chegares**. *Ich warte, bis du kommst.*
   O Ricardo pediu ao pai para ele lhe **emprestar** o carro. *Ricardo bat den Vater, dass er ihm das Auto ausleiht.*
   Apesar de **estudares** ainda não sabes a matéria. *Obwohl du gelernt hast, kannst du den Stoff noch nicht.*
   Vi o filme antes de **ler** o livro. *Ich habe den Film gesehen, bevor ich das Buch gelesen habe.*
   Antes de **ires** embora, bebe mais um copinho connosco. *Bevor du gehst, trink noch ein Glas mit uns.*
5. In Sätzen, die mit **ao/a** anfangen. Sie können wahlweise auch durch ein *Gerundium* oder einen mit *quando* eingeführten Satz ersetzt werden.
   Ao **entrarem** em casa, o filho deles saiu imediatamente. *Beim Betreten des Hauses ging ihr Sohn weg.* **Entrando** na sala ... *(Beim Betreten des Raumes ...)* **Quando** entraram na sala ... *(Als sie den Raum betraten ...)*
   Ao chegar ao Banco, ele encontrou a porta fechada. **Chegando** ao Banco ... **Quando** chegou ao Banco ...

Beachten Sie! Tome nota!

Die Sätze mit der Präposition **a** haben eine konditionale Bedeutung.

A continuar a jogar assim, a equipa perde o campeonato. *Wenn sie so weiterspielen, wird das Team die Meisterschaft verlieren.*

Se continuar a jogar assim, a equipa perde o campeonato.

Test 1

Markieren Sie die richtigen Form. Presente do infinitivo oder conjuntivo pessoal?

a) É bom a Joana (estar/esteja) em Portugal. *Es ist gut, dass Joana in Portugal ist.*

b) É impossivel (tirarmos/tiremos) férias este ano. *Es ist für uns unmöglich, dieses Jahr Urlaub zu machen.*

c) É bom que (falares/fales) primeiro com o profesor. *Es ist gut für dich, zuerst mit dem Lehrer zu sprechen.*

d) É melhor (comprarem/comprem) os bilhetes na agência de viagens. *Es ist besser für euch, im Reisebüro die Tickets zu kaufen.*

e) É possível que as amigas da Joana (chegam/chegarem) hoje. *Es ist möglich, dass die Freundinnen von Joana heute ankommen.*

Merken Sie sich! Fixe bem!

Nach unpersönlichen Ausdrücken: Es ist wichtig ...

é aconselhável ...	*es ist ratsam / empfehlenswert ...*
é importante ...	*es ist wichtig ...*
é necessário ...	*es ist notwendig ...*
é provável ...	*es ist wahrscheinlich ...*
é bom/mau ...	*es ist gut / schlecht ...*
é possível/impossível ...	*es ist möglich / unmöglich ...*
é melhor/pior ...	*es ist besser / schlechter ...*
é sorte/pena ...	*es ist Glück / Pech ...*
é preciso ...	*es ist notwendig ...*
é recomendável ...	*es ist empfehlenswert ...*
é urgente ...	*es ist dringend ...*
é útil ...	*es ist nützlich ...*
é injusto ...	es ist ungerecht ...

Merken Sie sich! Tome nota!

Ao leitet einen Nebensatz ein, dessen Handlung zeitgleich zur Handlung des Hauptsatzes verläuft.

Ao entrarem em casa, o filho deles saiu imediatamente. *Als sie nach Hause kamen* (informeller)*, ging ihr Sohn sofort weg.*

Quando eles entraram em casa, o filho deles saiu imediatamente. Entrando em
casa ... *Als sie das Haus betraten* (etwas formell), *ging ihr Sohn sofort weg ...*
Ao chegar ao Banco, ele encontrou a porta fechada. *Als er bei der Bank ankam, war die Tür geschlossen / fand er die Tür geschlossen vor.*
Quando ele chegou ao Banco, encontrou a porta fechada. *Als er bei der Bank ankam, ...*
Chegando ao Banco ... *Als / Während er bei der Bank ankam, ...*

Der zusammengesetzte persönliche Infinitiv / Infinitivo pessoal composto

Der *infinitivo pessoal* hat auch eine zusammengesetzte Form. Der *infinitivo pessoal composto* wird mit dem Hilfsverb **ter** (im infinitivo pessoal simples) und dem *particípio passado* des Hauptverbs gebildet:

1. für Handlungen in der Vergangenheit
   A Carolina gostou de **ter visto** o filme até ao fim. *Carolina hätte den Film gerne zu Ende gesehen.*
   Apesar de **ter tido** muito tempo, não fui a Espanha. *Obwohl ich viel Zeit gehabt hätte, bin ich nicht nach Spanien gefahren.*
2. für zukünftige Handlungen, die zum angesprochenen Zeitpunkt bereits abgeschlossen sein werden
   Rita! Tu não te podes levantar antes de **teres comido** tudo. *Rita! Du darfst nicht aufstehen, bevor du nicht alles aufgegessen hast.*
   Vocês podem ir brincar para o jardim depois de **terem feito** todos os trabalhos da escola. *Ihr könnt in den Garten spielen gehen, sobald / wenn / nachdem ihr alle eure Schulaufgaben gemacht habt.*

Kapitel 12

Das Partizip Perfekt / O particípio passado

Regelmäßige Verben auf	-ar	-er	-ir
	falado	comido	partido

Einige Verben bilden das Partizip unregelmäßig. Andere haben eine regelmäßige und eine unregelmäßige Form.

Zum Gebrauch / O uso

1. Konjugiert mit dem Verb **ter** ist das *particípio passado* unveränderlich: Nos últimos tempos, tenho **ouvido** muita música latino-americana. *In der letzten Zeit habe ich viel lateinamerikanische Musik gehört.*
2. Die Passivform wird gebildet durch die Konjugation der Hilfsverben ser, estar oder ficar und dem particípio passado. Letzteres ist veränderlich und stimmt in Genus und Numerus mit dem Subjekt überein:
   O texto foi **lido** pela Petra. *Der Text wurde von Petra gelesen.* As temperaturas mais altas foram **registadas** em Beja. *Die höchsten Temperaturen wurden in Beja gemessen.*
   A carne está **assada**, **grelhada** ou **frita**? *Ist das Fleisch gebraten, gegrillt oder frittiert?*
   Portugal está **situado** a sudoeste da Europa e o Brasil está **situado** na América do Sul. *Portugal befindet sich im Südwesten Europas, und Brasilien befindet sich in Südamerika.*
   A tradução ficou **feita** ontem à noite. *Die Übersetzung wurde gestern Nacht gemacht.*
3. Als Adjektiv kann das particípio passado eventuell substantiviert werden:
   Uma aula **divertida**. *Eine unterhaltsame Unterrichtsstunde.*
   O **preso** saiu em liberdade provisória. *Der Gefangene bekam vorläufige Haftentlassung.*

Verben mit einem unregelmäßigen Partizip

abrir *(öffnen / aufmachen)*	aberto	fazer *(machen)*	feito
cobrir *(be-, zudecken)*	coberto	pôr *(setzen, stellen, legen)*	posto
descobrir *(entdecken)*	descoberto	supor *(vermuten)*	suposto
dizer *(sagen)*	dito	ver *(sehen)*	visto
escrever *(schreiben)*	escrito	vir *(kommen)*	vindo

ganhar (verdienen, gewinnen)	ganho
gastar (ausgeben, verbrauchen)	gasto
pagar (bezahlen)	pago

Verben mit zwei Partizipien

	regelmäßig	unregelmäßig
aceitar *((an)nehmen)*	aceitado/a	aceite
acender *(anzünden)*	acendido/a	aceso
completar *(vervollständigen)*	completado/a	completo
convencer *(überzeugen)*	convencido/a	convicto
eleger *(wählen)*	elegido/a	eleito
empregar *(anwenden, anstellen)*	emoregado/a	empregue
entregar *(abgeben)*	entregado/a	entregue
expressar *(ausdrücken)*	expressado/a	expresso
expulsar *(hinauswerfen)*	expulsado/a	expulso
ganhar *(verdienen, gewinnen)*	ganhado/a	ganho
gastar *(verbrauchen, ausgeben)*	gastado/a	gasto
limpar *(reinigen)*	limpado/a	limpo
matar *(töten)*	matado/a	morto
morrer *(sterben)*	morrido/a	morto
pagar *(bezahlen)*	pagado/a	pago
prender *(festnehmen)*	prendido/a	preso
salvar *(retten)*	salvado/a	salvo
secar *(trocknen)*	seco/a	secado

Beachten Sie! Tome nota!

Das Partizip wird zur Bildung aller zusammengesetzten Zeiten der Verben gebraucht. Bei doppelten Partizipien wird hierbei gewöhnlich die regelmäßige Form gebraucht. Es kann in prädikativer Funktion in Verbindung mit Verben wie *estar* (wenn die Handlung als vollendet dargestellt werden soll), *andar (gehen), ficar (bleiben), aparecer (erscheinen), continuar (fortsetzen), permanecer (bleiben)* gebraucht werden. In diesen Fällen ist es veränderlich und richtet sich nach dem jeweiligen Objekt. (Ela está **aborrecida**. *Sie ist verdrossen.* Ela anda **apaixonada**. *Sie ist verliebt.* Eu fiquei **convencido** de que ela tinha **dito** a verdade. *Ich war überzeugt, dass sie die Wahrheit gesagt hatte.*)

Wendungen mit dem Partizip

melhor dito	*besser gesagt*
dito e feito	*gesagt, getan*
Entendido	*Einverstanden*

Bem feito!	*Das geschieht dir / ihm usw. recht!* Und auch: *Gut gemacht!*
bem/mal passado	*gut / nicht gut durch (gebraten)*
em dado momento	*zur gegebenen Zeit*
É proibido fumar!	*Rauchen verboten!*
É servido?	*Dürfen wir Ihnen etwas anbieten?*

Kapitel 13

Das Gerundium / O gerúndio

Das einfache Gerundium / O gerúndio simples

Das gerúndio simples ist sehr einfach zu bilden und, man höre und staune, es gibt keine Ausnahmen. An den Verbstamm wird (nur) die Endung -**ndo** angehängt:

infinitivo	gerúndio
chegar *(ankommen)*	cheg**ando**
escrever *(schreiben)*	escreve**ndo**
ir *(gehen)*	**indo**
pôr *(setzen, stellen, legen)*	po**ndo** (Hinweis: pôr verliert den Akzent)

Allerdings ist es nicht ganz leicht, das gerúndio ins Deutsche zu übersetzen.
Chegando a casa, a Carmen encontrou o Filipe. *Während Carmen nach Hause ging, traf sie Filipe.*

Oft findet man es in Sätzen, die im Deutschen mit *indem* oder *wobei* eingeleitet werden:
Façam este exercício, **utilizando** a forma do presente do indicativo. *Machen Sie diese Übung, indem Sie den Indikativ Präsens verwenden.*
O resultado das eleições é aguardado com grande expectativa, **sendo** muito difícil de prever quem vai ganhar. *Das Wahlergebnis wird mit viel Spannung erwartet, wobei es schwierig ist vorherzusehen, wer gewinnen wird.*
Das gerúndio wird eher in der Schriftsprache als im gesprochenen Portugiesisch benutzt.

Zum Gebrauch / O uso

1. Nach der Präposition **em** zum Ausdruck einer Handlung, die ein vorher begonnenes Geschehen für eine andere Handlung ist:
   Em o jogo **acabando**, vamos todos para casa. *Wenn das Spiel zu Ende ist, gehen wir alle nach Hause.*
   Chamas-me, em **começando** o noticiário na TV. *Ruf mich, wenn die Fernsehnachrichten anfangen.*
2. Ohne Präposition zum Ausdruck von Zeit, Art und Weise, Grund, Bedingung etc.:
   Voltando para casa, tive um acidente. = Quando voltei para casa, tive um acidente. *Als ich nach Hause fuhr, habe ich einen Unfall gehabt.*
   = Ao voltar para casa tive um acidente. *Auf dem Nachhauseweg habe ich einen Unfall gehabt.*

Sabendo que ias ao teatro, vim também. = Como sabia que ias ao teatro, vim também. *Wissend, dass du ins Theater gehen würdest, kam ich auch.*
Tendo sede, bebe uma cerveja. = Se tiveres sede, bebe uma cerveja. *Wenn du Durst hast, trink ein Bier.*
Ganharias mais **sendo** médico. = Se fosses médico, ganharias mais. *Du würdest mehr verdienen, wenn du Arzt wärst.*
O tempo passa **voando**. *Die Zeit vergeht im Flug.* Veio **correndo**. *Er / Sie kam angerannt.*

3. In Zusammenhang mit dem Verb **ir**:
   Realização gradual: O tempo vai **passando**. = O tempo passa. *Die Zeit vergeht.*
   Vou **andando**. Já é tarde. *Ich komme sofort. Es ist schon sehr spät.*

Test 1

Setzen Sie die Formen des gerundio ein:

a) Estou (ler) . . . . um bom romance. *Ich bin dabei, einen guten Roman zu lesen.*
b) Ontem, (andar) . . . . pela cidade, encontrei a Paula. *Gestern, als ich in die Stadt ging, sah ich Paula.*
c) (Haver) . . . . tempo, iremos visitar os amigos. *Wenn wir Zeit haben, werden wir die Freunde besuchen.*
d) Enquanto estava (ver) . . . . televisão, preparei o jantar. *Während ich ferngesehen habe, habe ich das Abendessen zubereitet.*
e) Junte as frases (utilizar) . . . . o futuro do conjuntivo. *Verbinden Sie die Sätze, und verbinden Sie dabei den Konjunktiv Futur.*

Ausdrücke und Wendungen mit dem Gerundium

Já estou **indo**.	*Ich komme sofort.*
Tendo em vista que ...	*Wenn man berücksichtigt, dass ...*
Supondo que ...	*angenommen, dass*
Como vai? (bras.:) Vou **indo**.	*Wie geht es dir? Es geht.*
Considerando/tendo em ...	*im Hinblick auf*
Seguindo o teu conselho	*auf seinen / ihren Rat hin*
Concluindo	*Abschließend*

Beachten Sie! Tome nota!

Möchte man den Verlauf einer Handlung ausdrücken, verwendet man im brasilianischen Portugiesisch eine Form von **estar** und das *Gerundium* des Verbs. Diese Form existiert im Deutschen nicht, stattdessen wird durch «gerade» darauf verwiesen, dass diese Handlung in diesem Moment stattfindet.

A Isabel **está dançando** tango. *Isabel tanzt gerade Tango.* **Estamos vendo** um bom filme. *Wir sehen gerade einen guten Film.*

continuar + gerundium: Eine Handlung wird weiterhin ausgeführt.
O Tiago **continua trabalhando** na mesma empresa. *Tiago arbeitet weiterhin in derselben Firma.* **Continua fazendo** frio na Alemanha. *Es ist weiterhin kalt in Deutschland.*

Das zusammengesetzte Gerundium / O gerúndio composto

Das zusammengesetzte Gerundium zeigt eine abgeschlossene Handlung an, die vor der Handlung im Hauptsatz stattfand bzw. stattfindet. Es wird mit dem Verb **ter** im Gerundium und dem particípio passado des Hauptverbs gebildet.

tendo falado tendo escrito tendo aberto

Tendo falado tudo o que tinha a falar, foi-se embora. *Nachdem er / sie über alles gesprochen hatte, ging er / sie weg.*
Tendo feito o teste escrito, passamos (passaremos) para as provas orais. *Nachdem wir die schriftliche Prüfung gemacht haben, werden wir in die mündliche Prüfung gehen.*

Lass uns vergleichen! Vamos comparar!

Gerúndio simples (ação a decorrer)	Gerúndio composto (ação terminada)
Estando para sair, o telefone tocou. *Ich / er / sie war kurz davor auszugehen, als das Telefon klingelte.*	**Tendo** nevado, os carros não passam. *Nachdem es geschneit hatte, kamen die Autos nicht durch.*

Kapitel 14

Das Passiv / A voz passiva

Was Sie vorab wissen sollten!
Wie im Deutschen gibt es auch im Portugiesischen neben den aktiven Formen des Verbs (eu amo – *ich liebe*, eu amei – *ich liebte* usw.) die entsprechenden passiven Formen (eu serei amado/a – *ich werde geliebt*, eu fui amado/a – *ich wurde geliebt* usw.)

In den einfachen Zeiten (wie *presente, perfeito, imperfeito, usw.*) gibt es zwei Möglichkeiten, das Passiv zu bilden:

- Das Zustandspassiv **estar** in Verbindung mit dem Partizip drückt eine vollendete Handlung aus. Die Betonung liegt auf dem Endzustand, nicht auf der Handlung. Mit dem Hilfsverb **ficar** wird meistens eine Zustandsveränderung ausgedrückt.

Beispiele:

- Dois assaltantes **foram apanhados** pela polícia. *Zwei Einbrecher wurden von der Polizei gefasst.*
- Uma criança que **tinha sido ferida** gravemente no acidente **foi transportada** para o hospital. *Ein Kind, das bei dem Unfall schwer verletzt worden war, wurde ins Krankenhaus transportiert.*

Zum Gebrauch / O uso

Das Passiv wird oft vor allem in der Schriftsprache in bestimmten Textsorten wie der Behördensprache, Fachtexten, Gebrauchsanweisungen und Zeitungen gebraucht. In der Umgangssprache wird es seltener gebraucht als im Deutschen.

1. Bildung des Passivs mit dem Hilfsverb **ser**:

(ativa)	(passiva)
Indikativ Präsens:	
A Joana escreve o artigo.	O artigo **é escrito** pela Joana.
Joana schreibt den Artikel.	*Der Artikel wird von Joana geschrieben.*
Einfaches Perfekt:	
Ela escreveu o artigo.	O artigo **foi escrito** por ela.
Sie hat den Artikel geschrieben.	*Der Artikel wurde von ihr geschrieben.*

Zusammengesetzes Perfekt:

Ela tem escrito o artigo.

O artigo **tem sido** escrito por ela.
Der Artikel ist von ihr geschrieben worden.

Imperfekt:

Ela escrevia o artigo.
Sie schrieb den Artikel.

O artigo **era escrito** por ela.
Der Artikel wurde von ihr geschrieben.

Plusquamperfekt:

Ela tinha escrito o artigo.
Sie hatte den Artikel geschrieben.

O artigo **tinha sido** escrito **por** ela.
Der Artikel war von ihr geschrieben worden.

Futur:

Ela escreverá o artigo.
Sie wird den Artikel schreiben.

O artigo **será escrito** por ela.
Der Artikel wird von ihr geschrieben werden.

Konditional:

Ela escreveria o artigo.
Sie würde den Artikel schreiben.

O artigo **seria escrita** por ela.
Der Artikel würde von ihr geschrieben werden.

Konjunktiv Präsens:

Talvez ela escreva o artigo.
Vielleicht würde sie den Artikel schreiben.

Talvez o artigo **seja escrita** por ela.
Vielleicht würde der Artikel von ihr geschrieben werden.

Zusammengesetztes Perfekt:

Talvez ela tenha escrito o artigo.
Vielleicht hätte sie den Artikel geschrieben.

Talvez o artigo **tenha sido** escrita por ela.
Vielleicht wäre der Artikel von ihr geschrieben worden.

Plusquamperfekt:

Se ela tivesse escrito o artigo ...
Wenn sie den Artikel geschrieben hätte ...

Se o artigo **tivesse sido escrita** por ela ...
Wenn der Artikel von ihr geschrieben worden wäre ...

Futur:

Se ela escrever o artigo ...
Wenn sie den Artikel schreiben würde ...

Se o artigo **for escrito** por ela ...
Wenn der Artikel von ihr geschrieben werden würde ...

2. Bildung des Passivs mit dem Hilfsverb **estar** oder **ficar**:
Das Zustandspassiv **estar** in Verbindung mit dem Partizip drückt eine vollendete Handlung aus:
A carta **está escrita**. *Der Brief ist geschrieben worden.*
A porta **está aberta**. *Die Tür ist geöffnet / offen.*
Os exercícios ainda não **estão feitos**. *Die Übungen sind immer noch nicht fertig.*
As cartas já **estavam assinadas**. *Die Briefe waren bereits unterzeichnet.*

Mit dem Hilfsverb **ficar** wird meistens eine Zustandsveränderung ausgedrückt:
Ela **ficou roída** de ciúmes. *Sie wurde verrückt vor Eifersucht.*
Após o terramoto de 1755, parte de Lisboa **ficou destruída**. *Nach dem Erdbeben von 1755 lag ein Teil der Stadt Lissabon in Trümmern.*

3. Bildung des Passivs mit **se**:
Das Passiv kann auch mit der partícula apassivante **se** gebildet werden, wenn der Urheber unbekannt ist oder nicht besonders hervorgehoben werden soll. In diesem Fall bevorzugt man unpersönliche Wendungen. Das Verb kann dabei in der dritten Person Singular oder Plural erscheinen, denn es richtet sich nach dem Substantiv:
Aluga-se apartamento de férias no Algarve. *Es ist eine Ferienwohnung an der Algarve zu vermieten.*
Vende-se casa de campo com árvores de fruto. *Es ist ein Landhaus mit Obstbäumen zu verkaufen.*
Alugam-se apartamentos de férias no Algarve. *Es sind Ferienwohnungen an der Algarve zu vermieten.*
Vendem-se vivendas com jardim e piscina. *Es sind Einfamilienhäuser mit Garten und Schwimmbad zu verkaufen.*
Aos domingos não **se trabalha**. *Sonntags wird nicht gearbeitet (arbeitet man nicht.)*

Test 1
Tragen Sie die Endungen der Partizipien ein:
a) O convento foi constru. . . . . em 1755. *Das Kloster ist 1755 erbaut worden.*
b) O presidente foi elei. . . . . . *Der Präsident ist gewählt worden.*
c) A Petra é ama. . . . . por todos. *Petra wird von allen geliebt.*
d) Também os avós serão convid. . . . . . *Auch die Großeltern werden eingeladen.*
e) A porta está ab. . . . . . *Die Tür ist geöffnet.*
f) A tradução ainda não está f. . . . . . *Die Übersetzung ist noch nicht gemacht.*
g) Uma mulher que tinha sido fer. . . . . gravemente no acidente foi transport. . . . . para o hospital. *Eine Frau, die bei dem Unfall schwer verletzt worden war, wurde ins Krankenhaus transportiert.*
h) Os primeiros escravos africanos foram traz. . . . . para o Brasil no séc. XVI (16). *Die ersten afrikanischen Sklaven wurden im 16. Jahrhundert nach Brasilien gebracht.*

Kapitel 15

Konjunktionen / Conjunções

Konjunktionen verbinden Satzteile oder ganze Sätze miteinander. Sind die verbundenen Teile gleichrangig, nennt man sie nebenordnende (koordinierende) Konjunktionen. Die unterordnenden Konjunktionen verbinden hingegen einen Hauptsatz mit einem Nebensatz. Der Gebrauch entspricht weitgehend dem Deutschen. Beispiele:

- O André **e** a Marta dão um passeio, **mas** o José fica em casa. – *André **und** Marta machen einen Spaziergang, **aber** José bleibt zu Hause.* (nebenordnend)
- Espero **que** te sintas bem. – *Ich hoffe, **dass** du dich wohlfühlst.* (Haupt- und Nebensatz)

Die Konjunktionen selbst sind unveränderlich. In den Nebensätzen nach unterordnenden Konjunktionen steht oft (häufiger als im Deutschen) der Konjunktiv.

Nebenordnende (koordinierende) Konjunktionen / As conjunções coordenativas

e *und*	O Pedro parte **e** tu ficas. *Pedro fährt weg, und du bleibst.*
nem *und (auch) nicht*	Não sei, **nem** quero saber. *Ich weiß es nicht und will es (auch) nicht wissen.*
também *auch*	Eu **também** sou bom jogador. *Ich bin auch ein guter Spieler.*
não só ... mas também *nicht nur ... sondern auch*	Ela **não só** é bonita, mas também esperta. *Sie ist nicht nur hübsch, sondern auch schlau.*
como também *wie auch*	O meu filho **como também** a minha filha gostam de música. *Mein Sohn wie auch meine Tochter mögen Musik.*
assim como / bem como *genau so*	**Assim como** é que se deve proceder. *Genau so muss wie vorgegangen werden.*
tanto ... como *sowohl ... als auch*	Eu conheço **tanto** a Maria **como** a Rita. *Ich kenne sowohl Maria als auch Rita.*
mas *aber, doch, sondern*	Gosto muito de peixe, **mas** não peixe de água doce. *Ich mag Fisch sehr gern, aber keinen Süßwasserfisch.*
senão *sonst*	Acaba o trabalho, **senão** vais ter problemas. *Mach die Arbeit fertig, sonst bekommst du Probleme.*
no entanto *dennoch*	**No entanto**, estamos satisfeitos por este programa ter saído tal como queríamos. *Wir freuen uns den-*

	noch, dass dieses Programm so geworden ist, wie wir es wollten.
apesar disso *trotzdem*	**Apesar disso**, a segurança alimentar é um tema que está no top da ordem do dia. *Trotzdem steht die Lebensmittelsicherheit als Thema ganz oben auf der Tagesordnung.*
de contrário *anderenfalls*	**De contrário** o remédio pode ser pior do que a doença. *Andernfalls kann die Arznei schlimmer sein als die Krankheit.*
ou *oder*	Habitualmente bebo vinho tinto **ou** cerveja. *Gewöhnlich trinke ich Rotwein oder Bier.*
ou ... ou *entweder ... oder*	**Ou** tudo **ou** nada. *Entweder alles oder nichts.*
nem ... nem *weder ... noch*	**Nem** o meu pai **nem** a minha mãe estão em casa. *Weder mein Vater noch meine Mutter sind zu Hause.*
ora ... ora *bald ... bald, mal ... mal*	**Ora** diz que sim, **ora** diz que não. *Mal sagt er / sie ja, mal sagt er / sie nein.*
quer...quer *sei es ... sei es*	Vou amanhã, **quer** ela queira **quer** não. *Ich fahre morgen weg, ob sie will oder nicht.*
seja...seja *sei es ... sei es*	**Seja** na rua, **seja** no café, todos os dias encontro o Pedro. *Sei es auf der Straße, sei es im Café, jeden Tag treffe ich Pedro.*
logo, portanto *also*	Penso, **logo** existo. *Ich denke, also bin ich.*
por conseguinte *infolgedessen*	O artista teve um acidente. **Por conseguinte** a estreia teve que ser cancelada. *Der Künstler war verunglückt. Infolgedessen musste die Premiere abgesagt werden.*
por isso *deshalb, daher*	Dói-me a cabeça, por isso não vou trabalhar. *Mir tut der Kopf weh, deshalb gehe ich nicht arbeiten.*
que, pois, porque *denn*	A Sofia já chegou, **pois** vi-a hoje de manhã. *Sofia ist schon angekommen, denn ich habe sie heute morgen gesehen.*

Unterordnende (subordinierende) Konjunktionen / As conjunções subordenativas

Wie bereits erwähnt, leiten unterordnende Konjunktionen Nebensätze ein. Hier gibt es starke Unterschiede zwischen dem Deutschen und dem Portugiesischen. Die Unterschiede werden besonders deutlich bei Konjunktionen, die im Portugiesischen je nach Kontext den Indikativ oder den Konjunktiv verlangen. Im

Folgenden werden wir daher nur auf die gängigsten Konjunktionen eingehen.

Unterordnende Konjunktionen, die nur mit dem Indikativ stehen

porque *weil*	Não vou ao concerto, **porque** é muito caro. *Ich gehe nicht ins Konzert, weil es zu teuer ist.*
visto que *in Anbetracht dessen, dass*	**Visto que** já não precisas de mim, vou-me embora. *In Anbetracht dessen, dass du mich nicht mehr brauchst, gehe ich weg.*
já que / dado que / pois que *da ja / da / nämlich*	**Já que** estamos no Porto, vamos às Caves de Vinho do Porto. *Da wir schon in Porto sind, gehen wir zum Portweinkeller.*
pois *denn/da (weil)*	Não compreendi nada, **pois** todos falavam ao mesmo tempo. *Ich habe nichts verstanden, denn alle sprachen zur gleichen Zeit.*
tanto mais que *zumal da*	Não vou alongar-me sobre este assunto, **tanto mais que** possuo muito pouco tempo. *Ich möchte mich nicht weiter in Einzelheiten vertiefen, zumal meine Redezeit sehr kurz ist.*
uma vez que *da nun einmal*	A proposta não devia suscitar controvérsia, ***uma vez que*** descreve um facto histórico. *Der Vorschlag dürfte nicht strittig sein, da er eine historische Tatsache beschreibt.*

Unterordnende Konjunktionen, die nur mit dem Konjunktiv stehen

que *dass / damit*	
a fim de que / para que *damit*	Os portugueses têm que fazer grandes esforços **para que** possa ultrapassar a crise económica. *Die Portugiesen müssen große Opfer bringen, damit sie die wirtschaftliche Krise überwinden können.*
embora *obwohl*	**Embora** esteja *(Konjunktiv)* bom tempo, não vou à praia. *Obwohl das Wetter gut ist, gehe ich nicht zum Strand.*
caso *falls, wenn*	**Caso** queiras, podemos ir ao teatro. *Wenn du willst, können wir ins Theater gehen.*
a não ser que *es sei denn*	O avião chega às 10h00, **a não ser que** haja atrasos. *Das Flugzeug kommt um 10.00 Uhr, es sei denn, es gibt Verspätungen.*
logo que *sobald*	**Logo que** chegue ao aeroporto, telefono-te. *Sobald ich am Flughafen ankomme, rufe ich dich an.*

antes que *bevor*	Compra o livro **antes que** se esgote. *Kauf das Buch, bevor es ausverkauft ist.*
como se *als ob*	Ela cumprimentou-me **como se** eu a conhecesse. *Sie hat mich begrüßt, als ob ich sie kennen würde.*
por muito / mais que *so sehr*	Não consigo me lembrar do nome dela **por mais que** pense. *Ich erinnere mich nicht an ihren Namen, so viel ich auch darüber nachdenke.*

Test 1

Setzen Sie die passenden Konjunktionen ein.

a) Vocês ficam . . . . têm de ir para casa? *Bleibt ihr oder müsst ihr nach Hause gehen?*

b) Levo o guarda-chuva . . . . vou-me molhar. *Ich nehme den Regenschirm, sonst werde ich nass.*

c) Eu trabalho . . . . vocês vão de férias! *Ich arbeite, und ihr macht Ferien!*

d) A Mariana chegou ontem, ... eu não sei quando. *Mariana ist gestern angekommen, aber ich weiß nicht wann.*

e) . . . . que chego a casa, telefono-te. *Sobald ich zu Hause ankomme, rufe ich dich an.*

f) Aos cinco anos o Pedro fala . . . . português . . . . alemão. *Mit fünf Jahren spricht Pedro sowohl Portugiesisch als auch Deutsch.*

g) . . . . vamos à festa . . . . ficamos em casa. *Entweder gehen wir zum Fest oder wir bleiben zu Hause.*

h) Da Espanha, ... bom vento . . . . bom casamento. *Aus Spanien kommt nichts Gutes (wörtl.: weder guter Wind noch gute Ehe).*

Test 2

Hier die gängigsten entgegensetzenden Konjunktionen. Kombinieren Sie die portugiesischen Formen mit ihrer deutschen Entsprechung.

a) embora	1) falls
b) senão	2) deswegen
c) no entanto	3) denn, da
d) por isso	4) dennoch
e) para que	5) obwohl
f) caso	6) damit
g) pois	7) sonst

Satzbau im Aussagesatz und Fragesatz / A fraseologia em frases declarativas e interrogativas

Was Sie vorab wissen sollten:
Satzbau und Satzgefüge sind sowohl im Portugiesischen als auch im Deutschen sehr komplexe Themen. Hier werden nur die Grundlagen mit den wichtigsten Abweichungen berücksichtigt.
Zu unterscheiden sind zwei grundsätzliche Satzformen: der Aussagesatz und der Fragesatz.

Der Aussagesatz / As frases declarativas

a) Ein einfacher Satz besteht meist aus einem Subjekt und einem Prädikat, wobei das Subjekt vor dem Prädikat steht:

Subjekt	**Prädikat**	
A Joana	estuda.	*Joana studiert.*

In manchen Fällen muss das Subjekt nicht ausgedrückt werden, sondern ist gedanklich im Verb mit seiner Endung bereits enthalten: **Estudo.** – *Ich* (Subjekt) *studiere* (Prädikat). Oder: **Neva.** – *Es schneit.*

b) Etwas umfangreicher wird der Satz, wenn noch ein Objekt hinzutritt:

Subjekt	**Prädikat**	**Objekt**	
O Joel	compra	um carro.	*Joel kauft ein Auto.*

c) Stellung des direkten und indirekten Objekts
Im Gegensatz zum Deutschen steht normalerweise das direkte Objekt vor dem indirekten Objekt.

Subjekt	**Prädikat**	**indir. Objekt**	**dir. Objekt**	**indir. Objekt**
A Joana	manda		um e-mail	aos amigos.
Joana	*schickt*	*den Freunden*	*eine E-Mail.*	

d) Ein Objekt oder mehrere Objekte stehen im Regelfall nach dem Prädikat. Was die Reihenfolge mehrerer Objekte betrifft, ist die Wortstellung umgekehrt wie im Deutschen. Im Portugiesischen folgt das direkte Objekt unmittelbar dem Verb. Wenn beide Objekte von Substantiven gebildet werden, steht das indirekte Objekt nach dem direkten Objekt.
Anders ist es, wenn das indirekte Objekt durch ein Pronomen ersetzt wird:
Ela dá-lhe o DVD. *(Sie gibt ihm die DVD.)*
Ela dá-lho. *(Sie gibt es ihm.)*

Im letzten Fall ist **lho** eine Kontraktion aus **lhe + o** *(ihm + es)*. Hier kommt im Portugiesischen also zuerst das indirekte, dann das direkte Objekt, also wieder genau anders als im Deutschen.
Neben Subjekt, Prädikat und Objekt gibt es noch verschiedene weitere Satzglieder:

e) Stellung der Zeit- und Ortsangaben
Die Stellung der Zeit- und Ortsangaben ist relativ frei. Stehen sie am Satzanfang oder am Satzende, so sind sie besonders betont.
Zeitangaben
A Joana manda amanhã um e-mail aos amigos.
Joana schickt morgen den Freunden eine E-Mail.
A Joana manda um e-mail aos amigos amanhã.
Joana schickt morgen den Freunden eine E-mail.
Amanhã a Joana manda um e-mail aos amigos.
Morgen schickt Joana den Freunden eine E-Mail.
Ortsangaben
O Joel manda um postal do Brasil aos amigos.
Joel schickt den Freunden aus Brasilien eine Karte.
O Joel manda um postal aos amigos do Brasil.
Joel schickt den Freunden eine Karte aus Brasilien.
Do Brasil o Joel manda um postal aos amigos
Aus Brasilien schickt Joel den Freunden eine Karte.
Treffen Zeit- und Ortsangaben aufeinander, ist auch hier die Stellung relativ frei, z. B.:
Do Brasil o Joel manda amanhã um postal aos amigos.
Aus Brasilien schickt Joel morgen den Freunden eine Karte.
Amanhã o Joel manda um postal do Brasil aos amigos.
Morgen schickt Joel den Freunden eine Karte aus Brasilien.

Test 1
Bringen Sie die Satzteile in die richtige Reihenfolge:
a) o jornal / traz / ao Carlos / hoje / a Márcia
Márcia bringt Carlos heute die Zeitung.
b) O Miguel / uma carta / ontem / à Sofia / escreveu
Miguel hat gestern Sofia einen Brief geschrieben.
c) de Lisboa / parte / a Inês / amanhã
Inês fährt morgen aus Lissabon weg.
d) o novo carro / no Porto / comprará / o meu irmão / na próxima semana
Mein Bruder wird nächste Woche das neue Auto in Porto kaufen.

Der Fragesatz / As frases interrogativas

Was Sie vorab wissen sollten:
Hier ist zu unterscheiden zwischen drei verschiedenen Arten des Fragesatzes.

a) Die Entscheidungsfragen. Hier lautete die Antwort Sim *(Ja)* oder Não *(Nein)*
Entendeste? *Hast du verstanden?*
b) Die Ergänzungsfrage. Sie wird mit einem Fragewort eingeleitet.
Onde vais? *Wohin gehst du?*
c) Die Alternativfrage. Die Antwort ist eines der beiden Elemente des Fragesatzes.
Vamos ao cinema ou ao teatro? *Gehen wir ins Kino oder ins Theater?*

1. Die Entscheidungsfrage

Die Wortstellung bei der Entscheidungsfrage ist dieselbe wie beim Aussagesatz. Kennzeichen für die Frage sind in der gesprochenen Sprache die Intonation und in der geschriebenen Sprache das Fragezeichen.

Fragesatz	**Aussagesatz**
O Joel chegou? *Ist Joel schon angekommen?*	O Joel chegou. *Joel ist angekommen.*

Soll das Subjekt besonders hervorgehoben werden, ist auch folgende Satzstellung mit einer Inversion möglich: Chegou o Joel? *Ist Joel angekommen?*

2. Die Ergänzungsfrage

a) Wenn das Interrogativpronomen Subjekt ist, ist die Wortstellung wie beim Aussagesatz.
Quem chegou? *Wer ist angekommen?*
O que se passa? *Was ist los?*
b) In allen anderen Fällen ist die Wortstellung bei der Ergänzungsfrage wie folgt:
Para onde vai o Pedro? *Wohin geht Pedro?*
Como está Maria? *Wie geht es Maria?*

3. Die Alternativfrage

Auch bei der Alternativfrage ist die Wortstellung dieselbe wie beim Aussagesatz.
Aussage: O Mário toma um café ou um chá. *Mário trinkt einen Kaffee oder einen Tee.*
Frage: O Mário toma um café ou um chá? *Trinkt Mário einen Kaffee oder einen Tee?*

Test 2

Kombinieren Sie die Fragen mit den Antworten.

a)	Para onde vai nas férias a Isabel? *Wohin fährt Isabel in Urlaub?*	1)	Sim, ontem. *Ja, gestern.*
b)	Tomas um café ou uma cerveja? *Trinkst du einen Kaffee oder ein Bier?*	2)	Um pouco melhor. *Etwas besser.*
c)	Como estás Carlos? *Wie geht es dir, Carlos?*	3)	O Manuel. *Manuel.*
d)	O José já partiu? *Ist José schon abgefahren?*	4)	Para o Algarve. *An die Algarve.*
e)	Quem chegou? *Wer ist angekommen?*	5)	Ainda não me decidi. *Ich habe mich noch nicht entschieden.*

Beachten Sie! Tome nota!

Hier bleibt die Wortstellung im Fragesatz gegenüber dem Aussagesatz unverändert. Im Schriftbild ist der einzige Unterschied, dass am Ende ein Fragezeichen kommt. Beim Sprechen wird die Frage dadurch angezeigt, dass, wie im Deutschen, die Stimme am Satzende angehoben und so durch die Intonation das Satzende betont wird.

- **A senhora tem um bilhete?** *Haben Sie eine Fahrkarte?*
- **Quer um bilhete de segunda classe?** *Wollen Sie eine Fahrkarte zweiter Klasse?*

Hier kann sinngemäß mit **Sim** *(Ja)* oder **Não** *(Nein)* geantwortet werden. Allerdings wird diese Antwort aus Gründen der Höflichkeit nicht allein durch «sim» oder «não» ausgedrückt, sondern wie folgt:

- **Não, não tenho.** Nein. (Wörtlich: *Nein, habe ich nicht.*)
- **Quero.** oder **Quero, sim.** oder seltener **Sim, quero.** *Ja.* (Wörtlich: *Ich will.* oder *Ich will, ja.*) Es wird das Verb des Fragesatzes (in der für die Antwort angepassten Person) wiederholt. Das Personalpronomen entfällt.
- Queres um cigarro? *Möchtest du eine Zigarette?* **Pode ser**. *Ja.* (Wörtlich: *«kann sein», so wie «ja okay!»*)

Der verneinte Satz / As frases de negação

Der Gebrauch von *não*

a) Não bedeutet «**nein**». Allerdings gilt es als unhöflich, eine Frage nur mit «não» zu beantworten, sondern man wiederholt zusätzlich das verneinte Verb (siehe das erste Beispiel im nächsten Abschnitt).

b) Das Adverb **não** wird auch verwendet, um im Satz eine Verneinung auszudrücken. Es steht – abweichend vom Deutschen – immer unmittelbar vor dem Verb. Je nach Zusammenhang ist es mit **nicht** oder auch mit **kein/keine** zu übersetzen:
Fumas? **Não**, **não** fumo. *Rauchst du? **Nein** (ich rauche **nicht**).*
Vens connosco (bras.: conosco)? **Não**, obrigado! *Kommst du mit uns? Nein, danke!*
A senhora professora **não** está. *Die Frau Lehrerin ist **nicht** da.*
(Eu) **não** gosto de cantar. *Ich singe **nicht** gern.*
Não é verdade! *Das ist **nicht** wahr!*
(Eu) **não** gosto de carne. *Ich mag **kein** Fleisch.*
Ele **não** vem. *Er kommt **nicht**.*
(Eu) **não** tenho tempo. *Ich habe **keine** Zeit.*
(Nós) **não** temos dinheiro. *Wir haben **kein** Geld.*

Die mehrfache Verneinung

Eine Besonderheit des Portugiesischen ist die mehrfache Verneinung. Meistens wird ein Satz durch não oder durch andere verneinende Adverbien wie **nem** *(nicht)*, **nunca** *(nie)* oder Indefinita wie **ninguém** *(niemand)*, **nenhum** *(keiner)*, **nada** *(nichts)*, **nunca mais** *(nie wieder)* usw. verneint.
Aqui **não** conheço **ninguém**. *Hier kenne ich niemanden.*
Aqui **nunca** encontro **ninguém**. *Hier treffe ich nie jemanden.*

nem

In einigen Fällen wird **nem** anstelle von «não» gebraucht:

Nem um me conhece.	*Nicht einer (kein einziger) kennt mich.*
Nem todos vão ao cinema.	*Nicht alle gehen ins Kino.*
Nem tudo o que brilha é ouro.	*Nicht alles, was glänzt, ist Gold.*
Nem sempre bebo vinho.	*Nicht immer trinke ich Wein.*
Nem sequer ele me telefona.	*Nicht einmal er ruft mich an.*

Verneinenden Sinn hat auch **nem ... nem** *(weder ... noch)*:
Nem conheço A Madeira **nem** os Açores. *Ich kenne **weder** Madeira **noch** die Azoren.*
Eu não quero **nem** fumar **nem** beber. *Ich will **weder** rauchen **noch** trinken.*

nicht mehr

Das deutsche **nicht mehr** kann auf verschiedene Weise wiedergegeben werden: im zeitlichen Sinn durch **já não**, im quantitativen Sinn durch **não mais**:

Ele **já não** joga tão bem como antes. *Er spielt **nicht mehr** so gut wie früher.*
Não falamos **mais** do assunto. *Wir reden **nicht mehr** über das Thema.*

weitere verneinende Ausdrücke
nenhum, nenhuma, nenhuns, nenhumas – *keiner, keine*
ninguém – *niemand*, **nada** – nichts, **nunca** – *nie, niemals*, **nunca mais** – *nie mehr, nie wieder*, **ainda não** – *noch nicht*
Stehen diese Ausdrücke vor dem Verb, genügen sie allein zur Verneinung des Satzes. Stehen sie nach dem Verb, muss vor dem Verb zusätzlich die Verneinung «não» eingefügt werden. (Diese doppelte Verneinung hebt im Portugiesischen nicht etwa die Verneinung auf, sondern betont sie.)
Não conheço **ninguém** em Lisboa. *Ich kenne **niemanden** in Lissabon.*
Não quero ver **ninguém**. *Ich will **niemanden** sehen.*
Ninguém gosta do José. ***Niemand** mag José.*
Ninguém estava em casa. ***Niemand** war zu Hause.*
Eles **não** sabem **nada**. *Sie wissen **nichts**.*
Eu **não** digo **nada**. *Ich sage **nichts**.*
Nunca mais vou a este restaurante. *Ich gehe **nie wieder** in dieses Restaurant.*

Beachten Sie! Tome nota!
Das Deutsche *«ich glaube nicht»* / *«ich hoffe nicht»* usw. wird im Portugiesischen wiedergegeben mit **creio que não / espero que não**.
Entendeste? Creio que não. *Hast du verstanden? Ich glaube nicht.*
A lição é difícil? Espero que não. *Ist die Lektion schwer? Ich hoffe nicht.*
Analog dazu wird *«ich glaube schon»* bzw. *«ich hoffe schon»* mit «creio que sim» bzw. «espero que sim» wiedergegeben.
Entendeste? Creio espero que sim. *Hast du verstanden? Ich glaube schon. / Ich hoffe schon.*

Test 3
Verneinen Sie die folgenden Sätze.
a) O Pedro telefona a todos. *Pedro ruft alle an.*
b) Nós vamos sempre para a praia. *Wir gehen immer zum Strand.*
c) Tu dizes-me tudo. *Du erzählst mir alles.*
d) Eu escrevo à Julia e ao Marco. *Ich schreibe an Julia und an Marco.*
e) Eu entendo tudo. *Ich verstehe alles.*
f) A Marta é bonita também simpática. *Marta ist schön und auch sympathisch.*

Test 4

Setzen Sie **não**, **nunca**, **nenhuma** und **ninguém** ein.

a) A Sofia está em casa? Penso que .... *Ist Sofia zu Hause? Ich denke nicht.*

b) O Pedro .... se ri. *Pedro lacht niemals.*

c) Vocês vêm hoje à noite? ...., hoje à noite .... Nós ....temos .... Babysitter. *Kommt ihr heute Abend? Nein, heute Abend nicht. Wir haben keinen Babysitter.*

d) A Manuela .... tem .... paciência. *Manuela hat keine Geduld.*

e) Vocês trabalham e nós .... *Ihr arbeitet und wir nicht.*

f) .... mais vou falar contigo. *Nie wieder rede ich mit dir.*

g) .... conheço .... na Alemanha. *Ich kenne niemanden in Deutschland.*

Der Bedingungssatz / O período hipotético

Ein Bedingungssatz ist ein mit der Konjunktion **se** (*wenn, falls*) eingeleiteter Nebensatz, der eine Bedingung für den zugehörigen Hauptsatz formuliert. Zur Verdeutlichung zwei Beispiele:

- Se **quiseres**, podemos ir ao restaurante. – *Wenn du willst, können wir ins Restaurant gehen.*
- Se **estivesse** bom tempo, podíamos dar um passeio. – *Wenn schönes Wetter wäre, könnten wir einen Spaziergang machen.*

Die beiden Fälle unterscheiden sich dadurch, dass im ersten Fall der Eintritt der Bedingung möglich ist, im zweiten Fall aber nicht (es ist gerade kein schönes Wetter). Im ersten Fall handelt es sich um einen realen Bedingungssatz, den zweiten Fall nennt man irrealen Bedingungssatz. Je nachdem, welcher Fall vorliegt, werden verschiedene Verbformen verwendet, die mit dem Deutschen oft nicht übereinstimmen.

Der reale Bedingungssatz / A oração real

Wird eine realisierbare Bedingung formuliert, eine **Möglichkeit, die in der Zukunft eintreten kann**, so steht im Bedingungssatz der Konjunktiv Futur, im Hauptsatz das Futur, das Präsens oder der Imperativ.

Bedingungssatz	**Hauptsatz**
Konjunktiv Futur	**Präsens, Futur oder Imperativ**
Se **precisar** de mim,	**vou**-lhe ajudar.
Wenn Sie mich brauchen,	*werde ich Ihnen helfen*

Se ela **passar** no exame,	**receberá** um presente.
Falls sie die Prüfung besteht,	*wird sie ein Geschenk erhalten.*
Se a **virem,**	**digam**-lhe tudo.
Wenn ihr sie seht,	*sagt ihr alles.*

Wird eine **bereits real eingetretene Bedingung** formuliert oder eine bloße Folgerung aus einer Bedingung zum Ausdruck gebracht, steht die Bedingung im **Indikativ**, etwa im Perfekt oder in der Gegenwart:

Bedingungssatz	**Hauptsatz**
Indikativ Perfekt	
Se **vim** aqui,	hei de falar-lhe.
Wenn ich schon hierher gekommen bin,	*werde ich auch mit ihm sprechen.*
Se **estás** doente,	toma um medicamento.
Wenn du krank bist,	*nimm ein Medikament.*
Se **chove**,	não podemos ir de mota.
Wenn es regnet,	*können wir nicht mit dem Motorrad fahren.*

Der irreale Bedingungssatz / A oração irreal

In diesem Fall wird eine Bedingung ausgedrückt, die der Sprecher für unmöglich hält. Bezieht sich die Bedingung auf die Gegenwart («Wenn ich jetzt Zeit hätte»), werden folgende Verbformen verwendet:

Bedingungssatz	**Hauptsatz**
Konjunktiv Imperfekt	**Konditional I oder Indikativ Imperfekt**
Se eu **tivesse** dinheiro,	**iria/ía** ao Brasil.
Wenn ich Geld hätte,	*würde ich nach Brasilien gehen.*

Bezieht sich die Bedingung auf die Vergangenheit («Wenn ich damals Geld gehabt hätte»), werden folgende Verbformen verwendet:

Bedingungssatz	**Hauptsatz**
Konjunktiv Plusquamperfekt	**Konditional II oder Indikativ Plusquamperfekt**
Se eu **tivesse tido** dinheiro,	**tinha passado** férias no Brasil.
Wenn ich Geld gehabt hätte,	*hätte ich Ferien in Brasilien gemacht.*

Test 1

Wählen Sie die richtige Form:

a) Se eu (aprendo/aprender) português, então (posso/poderei) comunicar-me com muitas pessoas. *Wenn ich Portugiesisch lerne, kann ich mich mit vielen Menschen unterhalten.*

b) Se ela (telefona/telefonasse), então eu (poderei/poderia) explicá-la. *Wenn sie anrufen würde, könnte ich es ihr erklären.*

c) Se eu (tinha/tivesse) estudado mais na semana passada, então eu (tinha/teria) tirado uma nota melhor. *Wenn ich letzte Woche mehr gelernt hätte, hätte ich eine bessere Note bekommen.*

d) Se o Pedro e a Clara (chegam/chegarem) a tempo ainda (podemos/poderemos) ir ao cinema. *Falls Pedro und Clara rechtzeitig ankommen, werden wir noch ins Kino gehen können.*

e) Se você não se (sente/sinta) bem, (vai/vá) para casa. *Falls Sie sich nicht gut fühlen, gehen Sie nach Hause.*

f) Se eu (tenho / tivesse) um carro, (faço / faria) muitas viagens. *Falls ich ein Auto hätte, würde ich viele Reisen machen.*

g) Se (respondes/responderes) bem a esta pergunta, (ganhas/ganharás) um prémio. *Wenn du diese Frage richtig beantwortest wirst du einen Preis gewinnen.*

h) Se (tínhamos/tivéssemos) partido mais cedo, agora já (estamos/estaríamos) no Porto. *Wenn wir früher losgefahren wären, wären wir jetzt schon in Porto.*

Direkte und indirekte Rede / O discurso direto e indireto

Wenn die direkte Rede einer Person von einer anderen Person wiedergegeben wird, spricht man von indirekter Rede. Die indirekte Rede wird gebildet durch einen Hauptsatz, in dem in der Regel ein Verb des Sagens, wie **achar** *(meinen)*, **dizer** *(sagen)*, **afirmar** *(behaupten)*, **responder** *(antworten)*, **perguntar** *(fragen)*, **pensar** *(denken)*, **saber** *(wissen)* o. ä. steht, und einen Nebensatz, der durch **que** *(dass)* oder **se** *(ob)* eingeleitete wird. Dabei bleibt in der indirekten Rede das Verb in der gleichen Zeitform, wenn:

- das Verb im Hauptsatz im Präsens steht.

direkte Rede	**indirekte Rede**
Não tenho vontade de trabalhar.	Ele diz que não tem vontade de trabalhar.
Ich habe keine Lust zu arbeiten.	*Er sagt, er habe keine Lust zu arbeiten.*
Sinto-me muito feliz.	Ela diz que se sente muito feliz.
Ich fühle mich sehr glücklich.	*Sie sagte, dass sie sich sehr glücklich fühle.*

- das Verb eine wiederholte Handlung ausdrückt.

direkte Rede	**indirekte Rede**
Em agosto vamos sempre para o Algarve.	Eles dizem que em agosto vão sempre para o Alagarve.
Im August fahren wir immer an die Algarve.	*Sie sagen, dass sie im August immer an die Algarve fahren.*

Steht im einleitenden Satz eine Zeit der Vergangenheitsgruppe (Imperfekt, einfaches Perfekt oder Plusquamperfekt), so ergeben sich im abhängigen Satz folgende Veränderungen:

	direkte Rede	indirekte Rede
Die Verbalformen	Präsens	Imperfekt
	Einfaches Perfekt (P.P.S.)	Plusquamperfekt
	Futur I	Konditional
	Konjunktiv Präsens	Konjunktiv Imperfekt
	Konjunktiv Imperfekt	Konjunktiv Imperfekt
	Konjunktiv Futur	Konjunktiv Imperfekt
	Imperativ	Konjunktiv Imperfekt oder Infinitiv

Beachten Sie! Tome nota!

Bei der Umsetzung von der direkten in die indirekte Rede ändern sich ähnlich wie im Deutschen neben den Verbzeiten auch einige Adverbien und Pronomina.

Possessivpronomen	1ª e 2ª Person *(mein, meine, dein, deine, unser, unsere, euer, eure)*	3ª Person *(ihr, ihre, sein, ihr)* oder weglassen
Demonstrativpronomen	este *dieser*, esse / isto, isso *das*	aquele *dieser*, aquilo *das*
Ortsadverbien	aqui, cá *(hier)*, neste lugar	ali, lá *(dort)*, naquele lugar *(an jenen Ort)*
Advérbien	ontem *(gestern)*	no dia anterior (na véspera) *(am Tag zuvor)*
	hoje *(heute)*	nesse dia, naquele dia *(an jenem Tag)*
	amanhã *(morgen)*	no dia seguinte *(am folgenden Tag)*
	agora *(jetzt)*	naquele momento *(in jenem Moment)*
	na próxima semana *(nächste Woche)*	na semana seguinte *(in der Woche darauf)*

Beispiele:

(presente)
Estou de férias. Não **vou** trabalhar.
Ich habe Urlaub. Ich arbeite nicht. / Ich werde nicht arbeiten.

(imperfeito)
Eu disse que **estava** de férias e que não ia trabalhar.
Ich sagte, dass ich im Urlaub sei und nicht arbeiten würde.

Hoje o programa **é** bom.
Das Programm ist heute gut.

Ele disse que **naquele dia** o programa **era** bom.
Er sagte, dass an jenem Tag das Programm gut gewesen sei.

(perfeito)
Ontem encontrei a Rita três vezes.
Gestern habe ich Rita dreimal getroffen.

(mais-que-perfeito)
Ele disse que no **dia anterior tinha encontrado** a Rita três vezes.
Er sagte, dass er Rita am Tag zuvor drei Mal getroffen habe.

Já **lemos** os livros todos.
Wir haben schon alle Bücher gelesen.

Eles disseram que já **tinham lido** os livros todos.
Sie sagten, dass sie schon alle Bücher gelesen hätten.

(futuro)
O concerto **amanhã será** óptimo.
Das Konzert morgen wird toll sein.

(condicional)
Ele disse que o concerto no **dia seguinte seria** ótimo.
Er sagte, dass das Konzert am folgenden Tag toll sein würde.

Terei muito gosto em visitar-vos nas férias.
Ich würde euch gern in den Ferien besuchen.

Ela disse que **teria** muito gosto em visitar-nos nas férias.
Sie sagte, dass sie große Lust hätte, uns in den Ferien zu besuchen.

(presente do conjuntivo)
Espero que **este** filme **seja** bom.
Ich hoffe, dass der Film gut ist.

(imperfeito do conjuntivo)
Ele disse que esperava que aquele filme fosse bom.
Er sagt, er hoffe, dass der Film gut sei.

(futuro do conjuntivo)
Se o filme **for** bom, irei vê-lo.
Wenn der Film gut ist, werde ich ihn auch ansehen.

(imperfeito do conjuntivo)
Ela disse que se o filme **fosse** bom, o iria ver.
Sie sagte, wenn der Film gut sei, werde sie ihn auch ansehen.

(imperativo)	(imperfeito do conjuntivo)
Venha cá ao Brasil de férias!	Ele disse-lhe que **fosse lá** ao Brasil de férias.
Komm mal nach Brasilien in den Ferien!	*Er sagte ihm / ihr, er / sie solle mal nach Brasilien in den Ferien kommen.*

Direkte Rede:
Os sapatos estão aqui, disse a empregada, o senhor quere-os? Mas experimente-os primeiro.
«Hier sind die Schuhe», sagte die Verkäuferin, «möchten Sie sie? Aber probieren Sie sie zuerst an.»

Indirekte Rede:
A empregada disse ao senhor que os sapatos estavam ali, perguntou-lhe se ele os queria, mas sugeriu-lhe que os experimentasse primeiro.
Die Verkäuferin sagte zu dem Herren, dass die Schuhe da seien, fragte ihn, ob er sie wolle, aber schlug ihm vor, sie zuerst anzuprobieren.

Test 6
Formulieren Sie die direkte Rede bzw. die direkte Frage in indirekte Rede bzw. indirekte Frage um.

a) A Catarina disse: «Ontem a minha mãe telefonou do Rio de Janeiro.» *Catarina sagte: «Gestern hat meine Mutter aus Rio de Janeiro angerufen.»*
A Catarina disse que .... do Rio de Janeiro.
b) O Joel perguntou-me: «Chegará amanhã a Julia?» *Joel fragte mich: «Wird Julia morgen ankommen?»*
c) Joel perguntou-me se ....
d) A mãe disse: «Telefona à tua irmã!» *Mutter sagte: «Ruf deine Schwester an!»*
e) A mãe disse para eu ....
f) A Ana perguntou-me: «Ajudas-me amanhã?» *Ana fragte mich: «Hilfst du mir morgen?»*
g) A Ana perguntou-me se ....
h) A Joana disse: «Amanhã telefonará o Davide da Namibia.» *Joana sagte: «Morgen wird Davide aus Namibia anrufen.»*
i) Joana disse que ....

Die Präpositionen / As preposições

Was Sie vorab wissen sollten:

1) Die Präpositionen (im Deutschen «*in*», «*mit*», «*nach*», «*ohne*», «*während*», «*zu*» usw.) verbinden zwei Wörter bzw. zwei Satzteile miteinander. Ihre deutsche Bedeutung ist vom Kontext abhängig.
   O Miguel está **sem** carro. *Miguel ist **ohne** Auto.*
   A Mafalda está **com** amigos no Brasil. *Mafalda ist mit Freunden **in** Brasilien.*
2) Wie im Deutschen können Präpositionen auch im Portugiesischen mit einem bestimmten Artikel verwendet werden.
   Durante as férias pratico desporto (bras.: esporte). *Während des Urlaubs mache ich Sport.*
   Depois da chuva vem o sol. *Nach dem Regen kommt die Sonne.*
3) Die Wahl und der Gebrauch der Präpositionen stimmen in den meisten Fällen nicht mit dem Deutschen überein.

Verschmelzung der Präpositionen *a, de, em, por* mit dem bestimmten Artikel

Portugiesisch	Deutsch
Vou **ao** teatro.	*Ich gehe ins Theater.*
Vamos **à** biblioteca.	*Wir gehen zur Bibliothek.*
Sou **do** Porto.	*Ich komme aus Porto.*
O livro é **da** Ana.	*Das Buch gehört Ana.*
Ele está **no** escritório.	*Er ist im Büro.*
Elas estão **na** biblioteca.	*Sie sind in der Bibliothek.*
Vamos viajar **pelo** Brasil.	*Wir werden in Brasilien herumreisen.*
O autocarro passa **pela** Universidade.	*Der Bus fährt an der Universität vorbei.*

Im Portugiesischen gibt es folgende Präpositionen

a	*nach, zu*	perante	*angesichts, vor*
após	*nach*	por	*durch, für, pro, per, je*
até	*bis*	segundo	*gemäß*
com	*mit*	sem	*ohne*
contra	*gegen*	salvo	*außer*
de	*aus, von*	sob	*unter*

desde	*seit*	sobre	*über, auf*
durante	*während*	trás	*auf, über*
em	*in*		
entre	*zwischen*		
exceto	*ausgenommen*		
para	*für, nach*		

Übersicht zusammengesetzter Präpositionen:

debaixo de	*unter*	perto de	*in der Nähe von*
em cima de	*oberhalb, auf*	longe de	*weit von*
antes de	*vor (zeitlich)*	ao longo de	*entlang*
depois de	*nach*	dentro de	*innerhalb von*
a partir de	*ab (zeitlich)*	fora de	*außerhalb von*
diante de	*vor (örtlich)*	através de	*durch, hindurch*
atrás de	*hinter*	em volta de	*um ... herum*
em frente de	*gegenüber*	em vez de	*statt*
ao lado de	*neben*	por causa de	*wegen*
ao pé de	*nahe bei, neben*	apesar de	*trotz*
junto a	*nahe bei, neben*	a fim de	*um ... zu*
graças a	*dank*	quanto a	*was betrifft*

Die Verwendung der wichtigsten portugiesischen Präpositionen

a (à, ao, às, aos)

Die Präposition **a** *(nach, in)* wird verwendet:

- bei einer Fahrt oder einer Reise von kurzer Dauer: Angabe eines Ortes, an dem man nur für kurze Zeit zu bleiben vorhat.
- bei Ziel- oder Richtungsangaben: Vou **a** Lisboa no fim de semana. *Ich fahre über das Wochenende nach Lissabon.* Vou **à** escola. *Ich gehe zur Schule.*
- bei Preisangaben: **A** como são as uvas? *Wie viel kosten die Weintrauben?* São **a** 2 Euros. Sie *kosten zwei Euro.*
- bei Fortbewegung: Vou sempre **a** pé para o emprego. *Ich gehe immer zu Fuß zur Arbeit.* Gosto muito de andar **a** cavalo. *Ich reite sehr gerne.*
- bei Beschreibung eines Zeitraumes: Daqui **a** uma semana, vou viajar para o Brasil. *In einer Woche reise ich nach Brasilien.*
- bei Zeitangaben: **Aos** sábados e **aos** domingos jantamos no restaurante. *Samstags und sonntags essen wir im Restaurant zu Abend.* Às dez horas. *Um zehn Uhr.* **Ao** meio dia. *Um zwölf Uhr mittags*, **à** tarde *am Nachmittag, nachmittags*, **à** noite *abends*, **à** meia noite *um Mitternacht.*
- bei Bestimmung eines Zeitpunktes: Eu nasci **a** 11 de novembro de 1986. *Ich bin am 11. November 1986 geboren.*

- als Dativ: Ela dá flores **à** mãe. *Sie gibt der Mutter Blumen*. Dou o livro **ao** professor. *Ich gebe dem Lehrer das Buch.*
- bei der Bildung der Verlaufsform: O que estás **a** fazer? *Was machst du gerade?*
- nach Verben wie: pedir alguma coisa **a** alguém (Person im Dativ) – *jemanden um etwas bitten;* perguntar alguma coisa **a** alguém – *jemanden etwas fragen;* telefonar **a** alguém – *jemanden anrufen;* saber **a** – *schmecken nach;* Sabe **a** peixe. – *Es schmeckt nach Fisch.;* começar **a** fazer – *beginnen zu machen;* Vai começar **a** chover. – *Es fängt gleich zu regnen an.;* Ele convidou-me **a** jantar – *Er hat mich zum Abendessen eingeladen.*
- nach Adjektiven: acostumado, habituado **a** – *gewöhnt an;* disposto **a** – *bereit zu;* útil **a** – *nützlich für*
- in Ausdrücken wie: **a** sério *(im Ernst, ehrlich)*, **a** pé *(zu Fuß)*

de (do, da, dos, das)

- bei Herkunft: Sou **de** Lisboa. *Ich komme aus Lissabon*. Vim ontem **da** Alemanha. *Ich bin gestern aus Deutschland gekommen.*
- bei Besitzangabe, als Genitiv: Essa mulher é a mãe **do** Carlos. *Diese Frau (da) ist die Mutter von Carlos.* O livro é **do** João. *Das Buch gehört João.*
- bei Dauer: Uma viagem **de** três meses. *Eine Reise von drei Monaten.* Um curso **de** seis meses. *Ein sechsmonatiger Kurs.*
- bei Zeitangabe: No dia 25 **de** abril faço anos. *Am 25. April habe ich Geburtstag.* Onde vais nas férias **do** Natal? *Wohin fährst du in den Weihnachtsferien?*
- bei Material, Konsistenz eines Objektes (bestehend aus): Um copo **de** vidro. *Ein Glas aus Glas.* Uma mesa **de** madeira. *Ein Tisch aus Holz.*
- bei Maßangaben: Um copo **de** água. *Ein Glas Wasser.*Um maço **de** cigarros. *Ein Schachtel Zigaretten.*
- bei Bestimmung einer Funktion eines Objektes: Uma máquina **de** lavar roupa. *Eine Waschmaschine.* Uma escova **de** cabelo. *Eine Haarbürste.*
- bei Preis/Wert: Um carro **de** 250.000 Euros. *Ein 250.000 Euro teures Auto.* Um bilhete **de** 40 Euros. *Ein 40 Euro teures Ticket.*
- bei Mengenangaben: Dois litros **de** vinho. *Zwei Liter Wein.* Duas horas **de** atraso. *Zwei Stunden Verspätung.*
- bei Verkehrsmitteln (mit): Vou para o emprego **de** comboio (bras.: trem) / autocarro (bras.: ônibus)/carro/avião/bicicleta. *Ich fahre zur Arbeit mit dem Zug/Bus/Auto/Flugzeug/Fahrrad.* – Ausnahmen: a pé *zu Fuß*, a cavalo *mit dem Pferd*. Gosto **de** andar de avião. *Ich fliege gerne.*
- bei Beginn eines Zeitraumes (von ... bis): Vou estar no Algarve **de** 1 a 15 **de** agosto. *Ich werde vom 1. bis 15. August an der Algarve sein.*

Beachten Sie! Tome nota!

Zusammengesetzte Hauptwörter im Deutschen entsprechen im Portugiesischen häufig zwei Substantiven, die mit der Präposition **de** verbunden sind:
O curso **de** português começa amanhã. *Der Portugiesischkurs beginnt morgen.*
Em Portugal usa-se muitos sacos **de** plástico. *In Portugal benutzt man viele Plastiktüten.*
Ainda tenho muitos amigos **de** escola. *Ich habe immer noch viele Schulfreunde.*

em (no, na, nos, nas)

- Bezeichnung des Ortes, wo sich etwas befindet oder etwas geschieht (wo?): Moro **em** São Paulo. *Ich wohne in São Paulo.* Estudei **no** Porto. *Ich habe in Porto studiert.* Ontem estive **em** casa dos meus pais. *Gestern war ich bei meinem Eltern.* Estar em casa *(zu Hause sein)*, no quarto *(im Zimmer)*, nos Correios *(auf dem Postamt)*, na praia *(am Strand)*
- Angaben einer Zeit oder eines Zeitraums: Ela nasceu **em** 1988 (no ano de 1988). *Sie wurde 1988 geboren.* **No** sábado vou ao cinema. *Am Samstag gehe ich ins Kino (an einem bestimmten Samstag.)* Eles fizeram o trabalho **em** quinze minutos. *Sie haben die Arbeit in 15 Minuten erledigt.*
- Nach bestimmten Verben: entrar **em** – *eintreten*, crer **em**, acreditar **em** – *glauben an*, falar **em** – *sprechen von* (Não me fales **nisso**! – *Sprich mir nicht davon!*), dividir **em** – teilen in, enganar-se **em** – *sich irren, täuschen in* (Enganaste-te **no** caminho. – *Du hast dich im Weg geirrt.*), pôr **em** – *stellen auf/in* (Põe-nas **no** frigorífico! (bras.: geladeira) – *Stell sie in den Kühlschrank!*)

para

- Eine Fahrt oder eine Reise von längerer Dauer: Angabe eines Ortes, an dem man vorhat für längere Zeit zu bleiben *(nach, in)*: Vou **para** Lisboa. *Ich fahre nach Lissabon.* Vou **para** a cama. *Ich gehe ins Bett.*
- Zweck *(um zu, für)*: Estamos aqui **para** te ver. *Wir sind hier, um dich zu sehen.* Este livro é **para** ti. *Dieses Buch ist für dich.* Este remédio é **para** as dores de cabeça. *Dieses Medikament ist gegen Kopfweh.*

Beachten Sie! Tome nota!

Das Verb partir *(weggehen, abfahren)* steht immer mit der Präposition «para».

por (pelo, pela, pelos, pelas)

- bei Passiv (von): Este livro foi escrito **por** Fernando Pessoa. *Dieses Buch wurde von Fernando Pessoa geschrieben.*

- bei Grund, Ursache: Está zangado **por** não ter ido ao teatro. *Er / Sie ist darüber wütend, nicht ins Theater gegangen zu sein.*
- bei Art/Weise: Mandei a carta **pelo** correio. *Ich habe den Brief per Post geschickt.*
- bei Preis/Wert: Comprei o carro **por** 250 000 Euros. *Ich habe das Auto für 250 000 Euro gekauft.*
- Etwas aus einem bestimmten Grund tun: Fiz isto **por** amizade. *Ich habe das aus Freundschaft getan.*
- bei ungefährer Zeit: Ele chegou **por volta da** meia noite. *Er ist ungefähr / etwa um Mitternacht angekommen.* Jogo futebol duas vezes **por** semana. *Ich spiele zweimal pro Woche Fußball.*

Test 1

Setzen Sie die Präpositionen + bestimmten Artikel ein.

a) O novo carro .... Joaquim é bonito. *Das neue Auto von Joaquim ist schön.*
b) O passaporte está .... carteira. *Der Reisepass ist in der Tasche.*
c) Eu trabalho .... 8.00h até .... 16.00h. *Ich arbeite von 8 bis 16 Uhr.*
d) A Rita vive .... Brasil. *Rita lebt in Brasilien.*
e) Jantamos .... 20.00h. *Wir essen gegen 20 Uhr zu Abend.*
f) Eles vêm .... sábado. *Sie kommen am Samstag.*
g) A mãe põe as compras .... frigorífico (bras.: geladeira). *Die Mutter stellt die Einkäufe in den Kühlschrank.*

Test 2

Markieren Sie die richtige Lösung.

a) A minha irmã vive (em/no) México. *Meine Schwester lebt in Mexiko.*
b) A Sara tem aniversário (em/no) Março. *Sara hat im März Geburtstag.*
c) Eles chegaram (de/do) comboio (bras.: trem). *Sie sind mit dem Zug angekommen.*
d) A Isabel vive (no/em) centro da cidade. *Isabel wohnt im Zentrum der Stadt.*
e) Estiveste (no/em) ano de 2014 no Brasil? *Bist du im Jahr 2014 in Brasilien gewesen?*
f) Foste (a/ao) Porto de carro? *Bist du nach Porto mit dem Auto gefahren?*
g) Nós fomos (do/de) autocarro (bras.: ônibus) para a Universidade. *Wir sind mit dem Bus zur Uni gefahren.*
h) O Joel come qualquer coisa (em/no) bar. *Joel isst etwas in der Bar.*
i) Ele não veio (por/pelas) razões que não conhecemos. *Er ist aus Gründen, die wir nicht kennen, nicht gekommen..*

Die Zahlen / Os números

Bei den Zahlen – im Portugiesischen wie im Deutschen – wird unterschieden zwischen Grundzahlen (números cardinais) und Ordnungszahlen (números ordinais).

Die Grundzahlen / Os números cardinais

0 zero	10 dez	20 vinte	30 trinta	100 cem
1 um/uma	11 onze	21 vinte e um	31 trinta e um	101 cento e um
2 dois/duas	12 doze	22 vinte e dois	32 trinta e dois	102 cento e dois
3 três	13 treze	23 vinte e três	33 trinta e três	103 cento e três
4 quatro	14 catorze	24 vinte e quatro	40 quarenta	131 cento e trinta e um
5 cinco	15 quinze	25 vinte e cinco	50 cinquenta	200 duzentos
6 seis	16 dezasseis	26 vinte e seis	60 sessenta	300 trezentos
7 sete	17 dezasete	27 vinte e sete	70 setenta	400 quatrocentos
8 oito	18 dezoito	28 vinte e oito	80 oitenta	
9 nove	19 dezanove	29 vinte e nove	90 noventa	

500 quinhentos	1.000 mil	30.000 trinta mil
600 seiscentos	1.001 mil e um	100.000 cem mil
700 setecentos	1.002 mil e dois	1.000.000 um milhão
800 oitocentos	2.000 dois mil	2.000.000 dois milhões
900 novecentos	2.100 dois mil e cem	

Beachten Sie! Tome nota!

Die Grundzahlen sind maskulin und unveränderlich: **o** um, **o** dois, **o** três...
Zu den Zahlen *um*, *dois* und den mit ihnen zusammengesetzten Zahlen existieren die femininen Formen *uma*, *duas*: um livro *(ein Buch)*, uma casa *(ein Haus)*, dois rapazes *(zwei Jungen)*, duas raparigas *(zwei Mädchen)*. Von trint**a** (30) bis novent**a** (90) gibt es keine feminine Form, sondern eine unveränderliche Endung. Die reine Zahl hundert (100) lautet immer «cem», in allen anderen Fällen «cento» (cento e um). Von 200 bis 999 gibt es auch für die Hunderterzahlen je eine männliche und eine weibliche Form, die an das zugehörige Substantiv angepasst sind: duzent**a**s e três cas**a**s, setecent**o**s e oito eur**o**s.

Gebrauch des Wortes «e» («und») bei zusammengesetzten Zahlen / O uso do «e» nos números

Im Deutschen steht **und** nur zwischen Zehnern und Einern (ein**und**zwanzig). Im Portugiesischen muss das Wort **e** noch häufiger stehen, nämlich **vor den Zehnern und vor den Einern** (anders ausgedrückt: zwischen Hundertern und Zehnern und zwischen Zehnern und Einern). Vor den Zehnern steht **e** auch, wenn davor Tausender, aber keine Hunderter stehen.
248 = duzentos **e** quarenta **e** oito
2033 = dois mil **e** trinta **e** três

Bei größeren Zahlen, bei denen alle Stellen vorhanden sind (keine Ziffer ist Null), steht zwischen allen Ziffern **e**, außer zwischen Tausendern und Hundertern und zwischen Millionen und Hunderttausendern. **Nach den Millionen und den Tausendern**, also an den Stellen, wo man Tausender-Trennzeichen setzen könnte, **wird ein Komma geschrieben** und kein **e** gesprochen.
655.263.978 = seiscentos **e** cinquenta **e** cinco milhões, duzentos **e** sessenta **e** três mil, novecentos **e** setenta **e** oito

Fehlen einzelne Stellen (d. h. Hunderter, Zehner oder Einer sind Null) so gilt Folgendes:

- Zwischen Hundertern und Zehnern, zwischen Hundertern und Einern (wenn Zehner fehlen) und zwischen Zehnern und Einern steht immer **e**.
- Zwischen Tausendern und Zehnern oder Tausendern und Einern (d. h. wenn Hunderter fehlen) steht immer **e**.
- Zwischen Tausendern und Hundertern steht nur dann **e**, wenn keine kleinere Zahl folgt, denn vor dem letzten Element der Zahlenverbindung muss immer ein **e** stehen.

Beispiele:
1991 = mil novecentos **e** noventa **e** um *(Die Form neunzehnhundert gibt es nicht!)*

1900 = mil **e** novecentos
1904 = mil novecentos **e** quatro
2009 = dois mil **e** nove
3023 = três mil **e** vinte **e** três

1980 = mil novecentos **e** oitenta
2000 = dois mil
2020 = dois mil **e** vinte
40 800 = quarenta mil **e** oitocentos

Folgt auf die Zahl **milhão** direkt ein Substantiv, wird es mit **de** angeschlossen:
um milhão **de** soldados – *eine Million Soldaten*
dois milhões **de** euros – *zwei Millionen Euro*

Die Zahlen **dois**, **meia dúzia**, **mil**, **milhentos** benutzt man auch, um unbestimmte Mengen ausdrücken:
Esta vida são **dois** dias! *Das Leben ist kurz!*
Vou dizer **duas** palavras ao Carlos! *Ich rede mal ein Wörtchen mit Carlos!*
Ele contou-me **meia dúzia** de coisas sobre a Ana! *Er hat mir ein paar Sachen über Ana erzählt!*
Übrigens! Wenn man in Brasilien Telefonnummern durchgibt, sagt man **meia** anstelle von **seis** (6).
Com **mil** demónios! *Donnerwetter!*
Corre tudo às **mil** maravilhas. *Es läuft alles wie geschmiert.*
Ele pega em **mil** coisas e não acaba nenhuma. *Er fängt tausend Sachen an und bringt keine zu Ende.*
Já ouvi **milhentas** vezes essa canção! *Ich habe das Lied schon tausendmal gehört!*

Der Gebrauch der Grundzahlen / O uso dos números cardinais

Die Grundzahlen werde gebraucht zur Bestimmung

- des Alters: Quantos anos tens? *Wie alt bist du?* Tenho vinte e cinco anos. *Ich bin 25 Jahr alt.*
- des Datums: A revolução dos cravos foi no dia 25 de abril de 1974. *Die Nelkenrevolution war am 25. April 1974.*
- der Uhrzeit: Que horas são? São três e quinze / um quarto. *Wie spät ist es? Es ist Viertel nach drei.*

Beachten Sie! Tome nota!
Zur Bezeichnung des ersten Tages eines Monats kann auch die Ordnungszahl verwendet werden: Hoje é o **primeiro** de dezembro. Hoje é o dia **um** de dezembro. Dia da restauração da República. *Heute ist der erste Dezember. Der Tag der Unabhängigkeit.*

Test 1

a) Zählen Sie rückwärts von 10 bis 1.
b) Zählen Sie von 10 bis 20.
c) Zählen Sie rückwärts von 20 bis 10.
d) Zählen Sie von 40 bis 50.
e) Zählen Sie von 10 bis 100 (nur die Zehner!).
f) Zählen Sie von 100 bis 1000 (nur die Hunderter!).
g) Lesen Sie laut die folgenden Zahlen: 133, 248, 337, 448, 589, 666, 789, 888, 929.

Test 2

Lesen Sie die folgenden Zahlen:

1143, 1249, 1415, 1498, 1500, 1580, 1640, 1755, 1820, 1910, 1926, 1933, 1961, 1974.

Die Ordnungszahlen / Os números ordinais

Vivo no **quarto** andar.
Ich wohne im vierten Stockwerk.

Die Ordnungszahlen lauten:

1° primeiro/a	5° quinto/a	9° nono/a	30° trigésimo
2° segundo/a	6° sexto/a	10° décimo/a	40° quadragésimo
3° terceiro/a	7° sétimo/a	11° décimo primeiro	100° centésimo
4° quarto/a	8° oitavo/a	20° vigésimo	1000 milésimo

Beachten Sie! Tome nota!

Die Ordnungszahlen verwendet man v. a. von 1 bis 10. Ab 11 werden meist die Grundzahlen verwendet. Bei Jahrhunderten, Königen und Päpsten werden die Ordnungszahlen gebraucht. Sind diese jedoch höher als zehn, muss man die Kardinalzahlen verwenden.

a) Sie stehen vor dem Substantiv und richten sich in Zahl und Geschlecht nach diesem: o primeir**o** dia *(der erste Tag)*, a primeir**a** hora *(die erste Stunde)*, a segund**a** cart**a** *(der zweite Brief)*, o terceir**o** andar *(die dritte Etage)*

b) Im Schriftlichen erhalten die Ordnungszahlen, anders als im Deutschen, keinen nachstehenden Punkt, sondern je nach Geschlecht ein hochstehendes (o) bzw. (a): 1º = primeiro *(der Erste)*, 2ª = segunda *(die Zweite)*, 3ª = terceira (terceira alínea = *3. Absatz*)

Rei D. Manuel I – Rei D. Manuel primeiro *(König Manuel der Erste)*
Papa João Paulo II – Papa João Paulo segundo
Papa João XXIII – Papa João Paulo vinte e três
O poeta Luís de Camões viveu no século XVI (desasseis) – *Der Dichter Luís de Camões lebte im sechzehnten Jahrhundert.*

Einige Wendungen und Redensarten mit Ordnungszahlen / Algumas expressões e locuções com os números ordinais

Foi amor à **primeira** vista. *Es war Liebe auf den ersten Blick.*
O F. C. do Porto está em **primeiro** lugar. *Der FC Porto ist an erster Stelle.*
A **primeira** dama do presidente. *Die First Lady des Präsidenten.*
Pôr a **primeira** marcha. *Den ersten Gang einlegen.*
Casar em **segundas** núpcias. *Zum zweiten Mal heiraten.*
O lar da **terceira** idade. *Das Altenwohnheim.*
Já visitei o Brasil pela **vigésima** vez. *Ich habe Brasilien schon zum x-ten Mal besucht.*
A Claudia está no **sétimo** céu. *Claudia ist im siebten Himmel.*
pela **primeira** (**segunda** vez) – *zum ersten (zweiten) Mal*
pela última vez – *zum letzten Mal*

Beachten Sie! Tome nota!
Im Unterschied zum Deutschen werden die Ordnungszahlen in folgenden Ausdrücken **nicht** verwendet:
A Gabriela está grávida de **seis** meses. *Gabriela ist im sechsten Monat schwanger.*
Tenho aula de português de **dois em dois** dias. *Ich habe jeden zweiten Tag Portugiesischunterricht.*
Lá em casa somos **três**. *Dort zu Hause sind wir zu dritt.*
Vou ao Brasil de **quatro em quatro** meses. *Ich fahre jeden vierten Monat nach Brasilien.*

Test 3
Setzen Sie die Endungen der Ordnungszahlen ein.
1. o primeir__ apartamento *(die erste Wohnung)*
2. a quart__ noite *(der vierte Abend)*
3. as primeir__ horas *(die ersten Stunden)*
4. o terceir__ mundo *(die dritte Welt)*
5. os primeir__ anos *(die ersten Jahre)*
6. o segund__ andar *(der zweite Stock)*
7. a terceir__ semana *(die dritte Woche)*
8. o quart__ semestre *(das vierte Semester)*
9. a décim__ fila *(die zehnte Reihe)*
10. a sext__ casa. *(das sechste Haus)*

Die Bruchzahlen / Os numerais fracionários

Die Bruchzahlen werden mit den Grundzahlen und den Ordnungszahlen gebildet: Im Zähler steht die Grundzahl, während die Ordnungszahl im Nenner steht.

1/4 um quarto 1/5 um quinto 2/5 dois quintos

Beachten Sie! Tome nota!

Eine Ausnahme bildet ½ = um meio *(halb)*, metade *(die Hälfte)*, hier wird der Zähler nicht ausdrücklich genannt. Vor einem Substantiv wird **meio** ohne Artikel gebraucht: meio litro de vinho *(ein halber Liter Wein)*, meia dúzia *(ein halbes Dutzend)*, meia hora *(eine halbe Stunde)*. Metade *(die Hälfte)* wird ebenfalls ohne Artikel gebraucht: Nós passamos metade das férias no campo e metade na praia. *(Wir verbrachten die Hälfte unserer Ferien auf dem Land und die andere Hälfte am Strand.)*

Steht der Zähler im Plural, so muss auch der Nenner in der Pluralform stehen. Um quarto (1/4, três quartos (3/4), um sétimo (1/7), quatro sétimos (4/7)

Test 4

Wie werden die folgenden Bruchzahlen ausgesprochen?

1/3, 1/4, 1/5, 1/6, 1/7, 1/10, 6/10, 2/3, 1/20

Die Sammelzahlen / Os numerais coletivos

Sammelzahlen sind Zahlen, die eine unbestimmte Anzahl angeben.

Das Portugiesische verwendet Sammelzahlen, wenn eine Anzahl nicht genau anzugeben ist. Im Deutschen wird dies durch «circa» bzw. «etwa» ausgedrückt.

um par, dois pares *(ein Paar, zwei Paar)*

uma dezena; dezenas *(etwa zehn)*

uma dúzia, duas dúzias *(ein Dutzend; Dutzende)*

um quarteirão *(ein Viertelhundert)*

uma vintena *(etwa zwanzig)*

uma centena; centenas *(etwa hundert; Hunderte)*

um milhar; milhares *(etwa tausend; Tausende)*

Beachten Sie! Tome nota!

Folgt auf die Sammelzahl ein Substantiv, so wird es mit der Präposition **de** angeschlossen: uma centena **de** livros *(ungefähr 100 Bücher)*

um milhar **de** pessoas *(circa 1000 Personen)*

Sammelzahlen zur Bezeichnung von Zeiträumen:
Zur Bezeichnung von Zeiträumen kennt das Portugiesische Formen wie:
uma década *(ein Jahrzehnt)*
década de trinta (nos anos trinta) – *dreißiger Jahre*
uma quinzena *(vierzehn Tage)*
na primeira quinzena de maio – *in der ersten Maihälfte*
um trimestre *(ein Vierteljahr)*
um semestre *(ein Halbjahr, ein Semester)*
um século *(ein Jahrhundert)*
um milénio *(ein Jahrtausend)*

Die Zeitangaben / As datas e as horas

Die Uhrzeit / As horas

Zur Angabe der Uhrzeit werden die Grundzahlen verwendet.

volle Stunden	... nach ...	... vor ...
Volle Stunden werden wie folgt angegeben:	Die Zeit nach der vollen Stunde wird mit **e** *(und)* angegeben:	Die Zeit vor der vollen Stunde wird ab 30 Min. mit **menos** *(weniger)* angegeben:
são nove horas	são três **e** cinco	são dez **menos** vinte
es ist 9 Uhr	*es ist fünf nach drei*	*es ist zwanzig vor zehn*
são dez horas	são duas **e** um quarto	são três **menos** dez
es ist 10 Uhr	*es ist Viertel nach zwei*	*es ist zehn vor drei*
são onze horas	são seis **e** meia	são duas **menos** um quarto
es ist 11 Uhr	*es ist halb sieben*	*es ist Viertel vor zwei*

Beachten Sie! Tome nota!

- Folgende Uhrzeiten stehen immer im Singular:
  é uma hora *(es ist ein Uhr)*, é uma e dez *(es ist zehn nach eins)*, é uma e meia *(es ist halb zwei)*, é meio dia *(es ist Mittag)*, é meia noite *(es ist Mitternacht)*, é meio dia e um quarto *(es ist Viertel nach zwölf)*, é meia noite menos cinco *(es ist fünf vor Mitternacht)*
- Das Deutsche «*um*» wird mit der Präposition «**a**» wiedergegeben:
  A que horas chegas? *Um wie viel Uhr kommst du an?*
  Chego **às** dez e dez. *Ich komme um zehn nach zehn an.*
  A aula de português acaba à uma hora. *Der Portugiesischunterricht endet um ein Uhr.*
  Chego **ao** meio dia. *Ich komme am Mittag an.*

- Bei offiziellen Zeitangaben werden 24 Stunden gezählt:
  O comboio chega às 17.45. *Der Zug kommt um 17.45 an.*
- Die Frage nach der Uhrzeit lautet:
  Que horas são? *Wie spät ist es?*

Einige Wendungen

A que horas exatas? – *Um wie viel Uhr genau?*
às 10 em ponto – *pünktlich um 10 Uhr*
às oito da manhã – *um 9 (Uhr) morgens*
às três da tarde – *um drei (Uhr) nachmittags*
às dez da noite – *um 10 (Uhr) abends*
entre as quatro e as cinco da tarde – *zwischen 16 und 17 Uhr*
pelas três da tarde – *gegen 15 Uhr*
O teu relógio está certo? *Geht deine Uhr richtig?*
Não. Está adiantado / está atrasado – *Nein. Sie geht vor. / Sie geht nach.*
depois das três horas – *nach 3 Uhr*
depois de três horas – *nach 3 Stunden*

Test 5

Geben Sie die Uhrzeit nach dem vorgegebenen Muster an:
Que horas são? *Wie spät ist es?*
03.10 Uhr – São <u>três e dez</u>.

a) 04.05 Uhr – (São / é) . . . . . .
b) 12.55 Uhr – (São / é) . . . . . .
c) 09.15 Uhr – (São / é) . . . . . .
d) 10.00 Uhr – (São / é) . . . . . .
e) 06.45 Uhr – (São / é) . . . . . .
f) 03.15 Uhr – (São / é) . . . . . .
g) 00.00 Uhr – (São / é) . . . . . .
h) 04.40 Uhr – (São / é) . . . . . .

Test 6

Geben Sie die Uhrzeit nach dem vorgegebenen Muster an:
A que horas chegas? *Um wie viel Uhr kommst du an?*
Um 08.05. <u>Às oito e cinco</u>.

a) um 12.00 Uhr – (à, às, ao) . . . . .
b) um 07.20 Uhr – (à, às, ao) . . . . .
c) um 03.55 Uhr – (à, às, ao) . . . . .
d) um 00.00 Uhr – (à, às, ao) . . . . .
e) um 01.10 Uhr – (à, às, ao) . . . . .
f) um 12.45 Uhr – (à, às, ao) . . . . .
g) um 03.15 Uhr – (à, às, ao) . . . . .
h) um 01.30 Uhr – (à, às, ao) . . . . .

Das Datum / A data

Das Datum wird mit den Grundzahlen angegeben, daher wird beim Datum kein Punkt gesetzt. Nur für den Ersten eines Monats verwendet man die Ordnungszahlen: primeiro *(der erste)*
O primeiro de dezembro *(der erste Dezember)*
Aber: Es gibt für den ersten Tag eines Monats verschiedene Formulierungsmöglichkeiten:
no primeiro de dezembro *(am 1. Dezember)*, no dia um de dezembro, a um de dezembro (bras.: em um de dezembro)
O primeiro de maio é feriado. O dia um de maio é feriado. – *Der 1. Mai ist (ein) Feiertag.*

Amanhã é o dia vinte e cinco de abril. *(Morgen ist der fünfundzwanzigste April.)*
Nós partímos **a** dez de agosto. *(Wir fahren am zehnten August.)* = Nós partímos **no dia** dez de agosto.

Die Frage nach dem Datum lautet:
Que dia é hoje? *Was ist heute für ein Tag? Welcher Tag ist heute?*
Em que dia estamos? *Was haben wir heute für einen Tag?*
A quantos estamos hoje? *Den wievielten haben wir heute?*
Quantos são hoje? *Den wievielten haben wir heute?*
Em que dia nasceu? *An welchem Tag sind Sie geboren?*

Im Briefkopf wird das Datum in folgender Form angegeben:
Porto, 21 de fevereiro de 2015 – *Porto, den 21. Februar 2015*

Die Wochentage / Os dias da semana
Die Wochentage lauten:
o domingo *(Sonntag)*
a **segunda-**feira *(Montag)*
a **terça-**feira *(Dienstag)*
a **quarta-**feira *(Mittwoch)*
a **quinta-**feira *(Donnerstag)*
a **sexta-**feita *(Freitag)*
o sábado *(Samstag)*

Beachten Sie! Tome nota!

- Im Gegensatz zum Deutschen werden sie mit kleinen Anfangsbuchstaben geschrieben.
  Die Wochentage stehen in folgender Wendung ohne Artikel:
  Que dia é amanhã? Amanhã é sábado. *Was ist morgen für ein Tag? Morgen ist Samstag.*

- Die Wochentage stehen in folgender Wendung mit bestimmtem Artikel: Chegamos **no** domingo. *Wir kommen am Sonntag.* **Aos** sábados jogo futebol. *Samstags spiele ich Fußball.* **Às** segundas não tenho aulas. *Montags habe ich keinen Unterricht.*
- Die Wochentage stehen in folgender Wendung mit unbestimmtem Artikel:
  num sábado – *an einem Samstag*
  numa quarta-feira – *an einem Mittwoch*
- Das Wort «feira» wird oft im Gespräch weggelassen, wenn mehrere zusammengesetzte Wochentage genannt sind:
  O Banco fecha às segundas, quartas e sextas às 16.30. *Die Bank schließt montags, mittwochs und freitags um 16.30 Uhr.*

Jahreszahlen und Jahrhunderte

Jahreszahlen können mit der Präposition em + Artikel angeschlossen werden
Em 1498 Vasco da Gama descobriu o caminho marítimo para a Índia.
Im Jahre 1498 hat Vasco da Gama den Seeweg nach Indien entdeckt.
Es geht auch wie im Deutschen: No ano de 1498 Vasco da Gama descobriu o camínho marítimo para a Índia.

Präpositionen deutsch/portugiesisch / Preposições alemão/português

Die Präpositionen sind ein sehr komplexes Thema. Wir gehen deshalb in diesem Überblick nur auf die wichtigsten Entsprechungen ein.

ab

a partir de (zeitlich, örtlich, vor Zahlangaben), z. B.:
Vou estar em Lisboa **a partir da** semana que vem. *Ich werde **ab** nächster Woche in Lissabon sein.*
A partir de Coimbra, viaja-se de comboio (bras.: trem). ***Ab** Coimbra fährt man mit dem Zug weiter.*
O filme que vimos ontem só pode ser visto de jovens **a partir dos** 16 anos. *Der Film, den wir gestern gesehen haben, ist nur für Jugendliche **ab** 16.*

an

a) *a*: lokalisierend, zeitliche Bestimmung:
Estou à mesa. *Ich sitze **am** Tisch.*
O Pedro está **à** janela. *Pedro ist **am** Fenster.*
Vou para Angola **a** 10 de abril. ***Am** 10. April fahre ich nach Angola.*

b) *em*: geographisch:
Lisboa fica **na** costa. *Lissabon liegt **an** der Küste.*

c) *para*: lokalisierend mit bestimmter Richtungsangabe:
Ele vai **para** a janela. *Er geht **ans** Fenster.*

auf

a) *a*: zielgerichtet
Há muita gente que vai **ao** mercado aos sábados. *Es gibt viele Leute, die samstags **auf** den Markt gehen.*

b) *em*: nicht zielgerichtet
Compra-se selos **nos** correios. *Man kauft Briefmarken **auf** dem Postamt.*

c) *em cima de, sobre*: lokalisierend
O telemóvel (bras.: celular) está **em cima da** mesa. *Das Handy liegt **auf** dem Tisch.*

d) Weitere Konstruktionen mit *auf*:
Eu vivo **no** campo. *Ich lebe auf dem Land.*
À primeira vista é uma boa ideia. *Auf den ersten Blick ist das eine gute Idee.*
De maneira nenhuma faço. *Auf keinen Fall mache ich das.*
Em português, por favor! *Auf Portugiesisch, bitte!*
De repente ele desapareceu. *Auf einmal ist er verschwunden.*
No caminho para casa tive um acidente. *Auf dem Weg nach Hause habe ich einen Unfall gehabt.*
Na rua – *Auf der Straße*
Neste lado – *Auf dieser Seite*
Abre o livro na página 10. *Öffne das Buch auf Seite 10.*
Hoje à noite **no canal** da «RTP1» há um bom documentário sobre a Madeira. *Heute Abend **auf dem Sende**r «RTP1» gibt es einen guten Dokumentarfilm über Madeira.*

aus

a) *de*: Herkunft, Material, zeitlich:
Este vinho é português, **da** região do Douro. *Das ist ein portugiesischer Wein, **aus** der Douro Region.*
Esta embalagem vem **do** Porto. *Dieses Paket kommt **aus** Porto.*
Esta garrafa é **de** plástico. *Diese Flasche ist aus Plastik.*
Este palácio é **do** século XVII. *Dieser Palast ist **aus** dem 17. Jahrhundert.*

b) *por*: wegen (kausal):
Fiz isto **por** amor. *Ich habe das **aus** Liebe getan.*

c) Weitere Konstruktionen mit *aus*: beber **pela** garrafa ***aus** der Flasche trinken*

O jogo **acabou**. *Das Spiel ist **aus**.*
com medo de ***aus** Angst vor.*
Comprei o carro **em segunda mão**. *Ich habe das Auto **aus zweiter Hand** gekauft (gebraucht).*

bei

a) *perto de:* örtlich, in der Nähe von:
Sintra fica **perto de** Lisboa. *Sintra liegt **in der Nähe von** Lissabon.*

b) *com:* bei jemandem wohnen, Begleitumstände:
Ela vive **connosco** (bras.: conosco). *Sie wohnt **bei** uns.*
Em caso de mau tempo, adiamos a festa para a semana que vem.
***Bei** Schlechtwetter verschieben wir die Party auf nächste Woche.*
A Carolina tem as chaves **com** ela. *Carolina hat den Schlüssel **bei** sich.*

c) *durante:* zeitlich:
Durante a minha estadia em São Paulo conheci a Adriana. ***Bei** meinem Aufenthalt in São Paulo lernte ich Adriana kennen.*

d) bei Gelegenheit: *se proporcionar*

a cada passo	***bei** jedem Schritt*
ao nascer do sol	***bei** Sonnenaufgang*
a cozinhar	***beim** Kochen*
no trabalho	***bei** der Arbeit*
de noite/dia	***bei** Nacht / Tag*
com neve	***bei** Schnee*

bis

a) *até:* zeitlich, räumlich:
Essa loja está aberta das 9 **até** às 19 horas. *Dieses Geschäft hat von 9 bis 19 Uhr geöffnet.*
In einem Nebensatz verlangt *até d*en Konjunktiv Futur bzw. in Verbindung mit *que* den Konjunktiv Präsens:
Espero **até** ela voltar. / Espero **até** que ela volte. *Ich warte, **bis** sie zurückkommt.*

b) *exceto, menos: bis auf*
todos menos um *alle bis auf einen*
Meus senhores! Por agora é tudo. *Meine Herren! Bis auf Weiteres ist das alles.*

durch

a) *por:* örtlich:
Passeámos pelo parque da cidade. *Wir sind **durch** den Stadtpark spaziert.*

b) *através de, por meio de: mithilfe von, Ursache, Urheber*
Conheci a Carla **através** do meu primo. *Ich habe Carla **durch** meinen Cousin kennen gelernt.*

für

a) *durante*: temporal:
Vou ficar em Moçambique **durante** uma semana. *Ich werde **für** eine Woche in Mosambik bleiben.*

b) *para*: final, modal
Fiz isso tudo só **para** ti. *Ich habe das alles nur **für** dich gemacht.*
O presente é **para** vocês. *Das Geschenk ist **für** euch.*
Para a idade que tem, já fala bem inglês. ***Für** sein Alter spricht er schon sehr gut Englisch.*

in

a) *a*: örtlich:
Vamos **ao** teatro? *Gehen wir **ins** Theater?*

b) *em*: zeitlich
As crianças estão **no** jardim. *Die Kinder sind **im** Garten.*
No ano pasado eles tiveram grandes problemas financeiros. ***Im** letzten Jahr hatten sie große finanzielle Schwierigkeiten.*

c) *para*: örtlich, wenn es sich um einen längeren Aufenthalt handelt
Nas férias de verão vamos **para** Portugal. *In den Sommerferien fahren wir **nach** Portugal.*

d) Weitere Konstruktionen mit *in*:
no último momento – ***im** letzten Augenblick*
ultimamente – ***in** letzter Zeit*
em geral – ***im** Allgemeinen*
antecipadamente – ***im** voraus*
pormenorizadamente – ***im** Detail*
a este respeito, **nesse** aspeto – ***in** dieser Hinsicht*
em 2014, **no** ano de 2014 – ***im** Jahr 2014*
A Marta acabou os estudos **em** quatro anos. *Marta hat das Studium **in** vier Jahren abgeschlossen.*
em média – ***im** Durchschnitt*

mit

a) *a*: zeitlich:
Aos seis anos fui para a escola primária. ***Mit*** *sechs Jahren ging ich zur Grundschule.*

b) *com*: Begleitumstand
Queres o café **com** açúcar? *Willst du den Kaffee* ***mit*** *Zucker?*
Ele anda **com** ela. *Er geht* ***mit*** *ihr.*
Vens **comigo** ao futebol? *Kommst du* ***mit*** *mir zum Fußball?*

c) *de*: bei Verkehrsmitteln:
Fui **de** autocarro (bras.: ônibus) para a escola. *Ich bin* ***mit dem*** *Bus zur Schule gefahren.*

d) Weitere Konstruktionen mit *mit*:
escrever **à** mão – ***mit*** *der Hand schreiben*
a toda a velocidade – ***mit*** *voller Geschwindigkeit*

nach

a) *ao fim de, depois de, após*: zeitlich
Depois do curso de português muitas vezes tomamos café juntos. ***Nach*** *dem Portugiesischkurs gehen wir oft auf einen Kaffee zusammen.*
Vou visitar-te **após** o Natal. Ich *komme dich* ***nach*** *Weihnachten besuchen.*
Ao fim de dois anos ele voltou para Cabo Verde. ***Nach*** *zwei Jahren kehrte er nach Kap Verde zurück.*

b) *para*: örtlich
Vou **para** a Alemanha. *Ich fahre* ***nach*** *Deutschland.*

c) na minha opinião – *meiner Meinung nach*
como sempre – *nach wie vor*
à moda da casa – *nach Art des Hauses*
pouco a pouco – *nach und nach*

über

a) *por cima de*: örtlich:
O quadro está pendurado **por cima da** tua cabeça. *Das Bild hängt* ***über*** *deinem Kopf.*

b) *sobre*: über jemanden / etwas ...:
Estamos a falar sobre ti. *Wir sprechen gerade über dich.*
È um livro sobre literatura brasileira. *Es ist ein Buch über brasilianische Literatur.*

c) *via*: geographisch:
Este comboio (bras.: trem) vai para a Paris via Francoforte? *Fährt dieser Zug über Frankfurt nach Paris?*

d) *mais de:* mehr als: Tem mais de 30 anos? *Sind Sie über 30?*

um

a) *a*: Uhrzeit:
A que horas nos encontramos? ***Um wie viel*** *Uhr treffen wir uns?*

b) *à volta de:* um ... herum:
Estavam sentados **à volta da** árvore. *Sie saßen alle um den Baum* **herum**.
Tu tens muitos amigos **à tua volta**. *Du hast viele Freunde* ***um*** *dich.*

c) *por volta de, cerca de:* ungefähre Zeitangabe:
Ele morreu **por volta de** 1900. *Er starb* ***um*** *1900.*

von

a) *de*: örtlich, zeitlich, Stoff, Urheber, Auswahl:
Ele saltou **do** terceiro andar e não morreu. *Er sprang* ***vom*** *3. Stock und starb nicht.*
O exame é **das** 10 às 13 horas. *Die Prüfung dauert* ***von*** *10 bis 13 Uhr.*
De todos os estudantes ele era o melhor. *Von allen Studenten war er der beste.*

b) *da parte de*: von einer Person aus:
Dá-lhe cumprimentos **da minha parte**. *Grüßen Sie ihn* ***von mir***.
Muitos cumprimentos **de todos nós**. *Viele Grüße* ***von uns allen***.

c) *por*: Passiv:
Este romance foi escrito **pelo** autor português José Saramago. *Dieser Roman wurde* ***vom*** *portugiesischen Autor José Saramago geschrieben.*

d) Weitere Konstruktionen mit *von*:
por si – ***von selbst***
a partir de agora – ***von nun an***
qual quê! – ***von wegen***
de tempos em tempos – ***Von Zeit zu Zeit***

zu

a) *a:* örtlich (ein kurzer Aufenthalt):
É melhor ires **ao** médico. *Es ist besser, du gehst* ***zum*** *Arzt.*

b) *com:* als Begleitumstand:
Queres açúcar **com** o café ? *Willst du Zucker* ***zum*** *Kaffee?*

c) *para:* final, örtlich (langer Aufenthalt):
Eu faço jogging **para** emagrecer. *Ich jogge,* ***um*** *Gewicht zu verlieren.*
Agora tenho de ir **para** o trabalho. *Jetzt muss ich* ***zur*** *Arbeit gehen.*

d) Weitere Konstruktionen mit zu:
a pé – ***zu Fuß***

Fico **em** casa hoje à noite. *Ich bleibe heute Abend **zu** Hause.*
às ordens – ***zu Befehl***
a três – ***zu dritt***
por exemplo – ***zum Beispiel***
pela última vez – ***zum letzten Mal***
por brincadeira – ***zum Spaß***
demasiado rápido, rápido demais – ***zu schnell***

Modalverben und ihre Entsprechungen / Os verbos de modo e o seu uso

Die Modalverben werden gemeinsam mit einem weiteren Verb, das im Infinitiv steht, verwendet. Mit ihrer Hilfe kann Folgendes ausgedrückt werden:

ter de / que*

- Um eine Verpflichtung, Notwendigkeit oder einen äußeren Zwang** wie «*müssen*» auszudrücken, verwendet man im Portugiesischen die Konstruktion *ter de* + Infinitiv.

a) Zwang:
O meu trabalho ainda não está terminado, por isso **tenho de** ficar a escrever até amanhã.
Meine Seminararbeit ist noch nicht fertig, deshalb <u>muss</u> ich noch bis morgen daran schreiben.

b) Notwendigkeit:
A esta hora já não havia autocarros (bras.: ônibus), por isso **tivemos de** ir a pé para casa.
Um diese Uhrzeit fuhr kein Bus mehr, deshalb <u>mussten</u> wir zu Fuß nach Hause gehen.
Temos que ir às compras amanhã. *Morgen <u>müssen</u> wir einkaufen gehen.*

* *ter que* wird häufiger verwendet als *ter de*.

** Zum Ausdruck eines moralischen Zwanges siehe das Verb «dever» *(sollen, müssen)*.

precisar de

- Als Vollverb hat **precisar** die Bedeutung von *benötigen, brauchen* und wird immer mit der Präposition **de** verwendet.
- Notwendigkeit:
Nós **precisamos de** comprar vinho e cerveja. *Wir <u>müssen</u> Wein und Bier kaufen.*
(Im Brasilianischen steht nach *precisar* kein *de* vor dem Infinitiv: Eu **preciso** comprar cigarros. *Ich <u>muss</u> Zigaretten kaufen.*)

Precisamos de mais dinheiro para comprar o carro. *Wir brauchen mehr Geld, um das Auto zu kaufen.*
Não **precisas de** gritar. Eu ouço (oiço) muito bem. *Du brauchst nicht zu schreien. Ich höre sehr gut.*

dever

a) Wahrscheinlichkeit:
Eles **devem** estar quase a chegar. *Sie müssten eigentlich jeden Moment kommen.* **Deve** ter chovido. *Es muss geregnet haben.* **Deve** ser um engano. *Das muss eine Verwechslung sein.*

b) Empfehlung, Rat:
Tu não **deves** fumar tanto! *Du sollst nicht so viel rauchen!*

c) Befehl:
Antes da operação não **deves** comer durante três horas. *Vor der Operation sollst du mindestens 3 Stunden nichts mehr essen.*

d) Vermutung:
Ela **deve** estar muito cansada. Trabalhou muito. *Sie muss sehr müde sein. Sie hat viel gearbeitet.* Eles **devem** ser muito felizes. *Sie müssen sehr glücklich sein.*

e) Schulden, Verdanken:
Quanto lhe **devo**? *Wie viel schulde ich Ihnen?* **Devo**-te muito. *Ich verdanke dir viel.*

poder

a) Erlaubnis:
Neste restauraunte aqui **pode**-se fumar! *In diesem Restaurant darf geraucht werden.*
Posso fazer-lhe uma pergunta? *Darf ich Sie etwas fragen?*

b) Möglichkeit:
Podemos fazer férias em agosto. *Wir können im August Urlaub machen.*
Pode haver complicações durante a operação. *Es kann während der Operation unter Umständen zu Komplikationen kommen.*

c) Verbot:
Com o sinal vermelho não se **pode** atravessar a rua. *Bei Rot darf man die Straße nicht überqueren.* Não **podes** fazer esforços. *Du darfst dich nicht anstrengen.*

d) Gelegenheit:
Daqui a um ano somos capazes de / **podemos** mudar para um apartamento maior. *In einem Jahr können wir sicher in eine größere Wohnung ziehen.*

e) Berechtigung zu etwas:
Pode sair do hospital hoje. *Sie können heute das Krankenhaus verlassen.*

Beachten Sie! Tome nota!
Für erlernte Fähigkeiten wird das Verb saber *(wissen)* verwenden:
Sabes tocar piano? *Kannst du Klavier spielen?* Eu **sei** falar inglês. *Ich kann Englisch sprechen.* Ela **sabe** nadar, mas não **sabe** jogar futebol. *Sie kann schwimmen, aber sie kann nicht Fußball spielen.* A Joana **sabe** cozinhar muito bem. *Joana kann gut kochen.* Ele não **sabe** ler. *Er kann nicht lesen.*

querer

a) Willen, Wunsch:
A Joana quer **fazer** um estágio no jornal «Expresso». *Joana will ein Praktikum bei der Zeitung «Espresso» machen.* Sempre **quis** ler este livro. *Dieses Buch habe ich schon immer lesen wollen.*

Hier ein paar andere Beispiele dafür, wie man die deutschen Modalverben (*dürfen, können, mögen, müssen, sollen* und *wollen*) ins Portugiesische übersetzt:

dürfen

O pai das crianças **tem o direito** de vê-las duas vezes por semana. *Der Vater der Kinder hat das Recht (darf), sie zweimal pro Woche zu sehen.*
É provável/possível que a história já seja conhecida: *Diese Geschichte dürfte schon bekannt sein.* Esta **será** a última vez. *Das dürfte das letzte Mal sein.* Não estava **autorizado** a assinar o contrato. *Er durfte den Vertrag nicht unterschreiben.*

können

Daqui a um ano somos **capazes** de / podemos mudar para um apartamento maior. *In einem Jahr können wir sicher in eine größere Wohnung ziehen.* Não **consigo** decorar o número de telefone. *Ich kann mir die Telefonnummer nicht merken.* Nunca se **sabe**. *Man kann nie wissen.*

Lernen Sie einige wichtige Wendungen!
O melhor que eu possa. *So gut ich kann.*
Não o suporto. *Ich kann ihn nicht leiden.*
Posso imaginar! *Das kann ich mir denken!*
Nem imaginas! *Das kannst du dir nicht vorstellen!*

mögen

Diz-lhe que **deve** vir ter comigo! *Sag ihm, er möge zu mir kommen!*
Agora **deve / é capaz de** pensar que não gosto dele ... *Jetzt mag er wohl denken, dass ich ihn nicht mag ...* O que **queres** comer hoje? *Was magst du heute essen?* Não **tenho vontade** de ir ao teatro. *Ich mag nicht ins Theater gehen.* **Pode ser**! *Es mag sein*! Que **tenha** muita sorte! *Mögen Sie viel Glück haben!* Deus te **perdoe**! *Möge Gott dir verzeihen!*

müssen

Nesse caso seríamos forçados a procurar outro apartamento. *In diesem Fall müssten wir eine andere Wohnung suchen.* Vou vomitar. *Ich muss mich übergeben.* **Deu**-me tosse. *Ich musste husten.* Se tiver que ser (bras.: Se não tem outro jeito. *Wenn es sein muss.*

sollen

Não matarás. *Du sollst nicht töten.* Mas o que **hei de** fazer com ele? *Was soll ich nur mit ihm machen?* **No caso de** chover ficamos em casa. *Sollte es regnen, bleiben wir zu Hause.*
Isso **terá** realmente acontecido? *Sollte das wirklich passiert sein?* O vizinho **terá** traido a sua mulher! *Der Nachbar soll seine Frau betrogen haben!* Que vá embora! *Er soll verschwinden!* Que esperem! *Sie sollen warten!* Quer que chame a polícia? *Soll ich die Polizei rufen?* Quer que eu faça um chá? *Soll ich einen Tee machen?* O que será dela? *Was soll aus ihr werden?*

wollen

No verão **tencionamos** fazer uma viagem para a Índia. *Im Sommer wollen wir eine Reise nach Indien machen.* Quem me dera que tudo já tivesse passado ... *Ich wollte, es wäre schon alles vorbei.* Vamos cozinhar? *Wollen wir etwas kochen?* Vamos apostar? *Wollen wir wetten?* O acusado **afirma** que nunca tinha visto a testemunha. *Der Angeklagte will die Zeugin nie gesehen haben.* Espero que não. *Das will ich nicht hoffen.* Isso não quer dizer nada. *Das will nichts heißen.*

Verben mit einer festen Präposition / Verbos com preposição

Zahlreiche portugiesische Verben werden mit den Präpositionen *a*, *de*, *em*, *por* bzw. *para* angeschlossen. Hier sind einige mit bestimmten Präpositionen kombiniert:

a

adaptar-se	sich anpassen an	Adaptei-me a este estilo de vida. *Ich habe mich an diesen Lebensstil gewöhnt.*
acostumar-se	sich gewöhnen an	Ainda não me acostumei ao clima. *Ich habe mich immer noch nicht an das Klima gewöhnt.*
agradar	gefallen	Agradou-me a tua attitude. *Mir hat deine Einstellung gefallen.*
agradecer	sich bedanken bei	Agradeço-te a prenda que me deste. *Ich bedanke mich bei dir für das Geschenk, das du mir gegeben hast.*
ajudar	jdm. bei etwa helfen	Ela ajudou-me na tradução. *Sie hat mir bei der Übersetzung geholfen.*
assistir a	zuschauen/teilnehmen	Assisto ao jogo de futebol. *Ich schaue mir das Fußballspiel an.*
aprender	lernen etw. zu tun	Eu aprendi a fazer surf quando tinha 6 anos. *Ich habe Surfen gelernt, als ich 6 Jahre alt war.*
cheirar	riechen nach	Esta almofada cheira a rosas. *Dieses Kissen riecht nach Rosen.*
começar	anfangen mit	Comecei a fumar. *Ich habe angefangen zu rauchen.*
continuar	weitermachen mit	Vou continuar a aprender português. *Ich werde weiterhin Portugiesisch lernen.*

convencer	jemanden von etwas überzeugen	Convenci o meu irmão a ir ao teatro. *Ich habe meinen Bruder überzeugt, ins Theater zu gehen.*
convidar	jemanden zu etwas einladen	Convido-te a ir ao cinema comigo. *Ich lade dich ein, mit mir ins Kino zu gehen.*
decidir-se	sich für etwas entsc-heiden	Decidi-me a aprender chinês. *Ich habe mich dafür entschie-den, Chinesisch zu lernen.*
dizer	zu jdm. sagen	Que disseste à Carla? *Was hast du zu Carla gesagt?*
ensinar	lehren, etwas zu machen	Ele ensinou-me a preparar o bacalhau. *Er hat mich gelehrt, Stockfisch zuzubereiten.*
enviar	senden an	Enviei um e-mail ao Carlos. *Ich habe eine E-Mail an Carlos gesendet.*
escrever	schreiben an	Escrevo uma carta à minha prima. *Ich schreibe einen Brief an meine Cousine.*
estar	gerade etwas tun	Estou a tomar o pequeno-almo-ço. *Ich frühstücke gerade.*
limitar-se	sich beschränken auf	O professor limita-se a três assuntos principais. *Der Lehrer beschränkt sich auf drei wichtige Themen.*
habituar-se	sich gewöhnen an	Habituei-me a não tomar café à noite. *Ich habe mich daran gewöhnt, abends keinen Kaffee zu trinken.*
obedecer	gehorchen	Devemos obedecer aos nossos pais. *Wir sollten unseren El-tern gehorchen.*
obrigar	zwingen zu	Obriguei-o a limpar a casa. *Ich habe ihn gezwungen, das Haus zu putzen.*
passar	werden zu	Ele passou de secretário a mi-nistro. *Er ist vom Sekretär zum Minister befördert worden.*

pedir	jemanden bitten	Peço o carro ao meu pai. *Ich bitte meinen Vater um das Auto.*
pertencer	zu etwas gehören	Esta carteira pertence a mim. *Diese Brieftasche gehört mir.*
preferir	bevorzugen	Prefiro vinho à cerveja. *Ich bevorzuge Wein statt Bier.*
pôr-se	sich an etwas machen	Vou pôr-me a preparar o almoço. *Ich werde mich an die Vorbereitungen zum Mittagessen machen.*
queixar-se	sich beschweren bei	Queixei-me aos meus vizinhos do barulho que fizeram ontem. *Ich habe mich bei meinen Nachbarn über den Lärm beschwert, den sie gestern gemacht haben.*
referir-se	sich beziehen auf	Refiro-me ao livro. *Ich beziehe mich auf das Buch.*
regressar	zurückkehren nach	Após a minha viagem regressei ao Porto. *Nach meiner Reise bin ich nach Porto zurückgekehrt.*
responder	antworten auf	Ele não respondeu à minha pergunta. *Er hat nicht auf meine Frage geantwortet.*
saber	schmecken nach	Este arroz sabe a marisco. *Dieser Reis schmeckt nach Meeresfrüchten.*
telefonar	jemanden anrufen	Vou telefonar ao Pedro. *Ich werde Pedro anrufen.*
vender	verkaufen an	Vendo a minha casa ao meu vizinho. *Ich verkaufe mein Haus an meinen Nachbarn.*
voltar	zurückkommen	Voltei a casa para almoçar. *Ich bin nach Hause zurückgekommen, um zu Mittag zu essen.*

com

acabar	aufhören mit	Vou acabar com esta conversa. *Ich werde dieses Gespräch beenden.*
alegrar-se	sich freuen über	Alegrou-se com a visita da sua amiga. *Er hat sich über den Besuch seiner Freundin gefreut.*
brincar	spielen mit	Vou brincar com os meus filhos. *Ich werde mit meinen Kindern spielen.*
casar-se	jemanden heiraten	Ele casou-se com a minha irmã. *Er hat meine Schwester geheiratet.*
começar	beginnen mit	Ainda não comecei com o trabalho. *Ich habe noch nicht mit der Arbeit angefangen.*
comparar	vergleichen mit	Nunca se deve comparar um namorado com outro. *Man sollte niemals einen Freund mit dem anderen vergleichen.*
concordar	einverstanden sein mit	Concordo com a tua opinião. *Ich stimme deiner Meinung zu.*
confundir	verwechseln mit	Eu confundi-te com a minha mãe! *Ich habe dich mit meiner Mutter verwechselt!*
contar	rechnen mit	Conto com a tua visita amanhã. *Ich rechne mit deinem Besuch morgen.*
dar	finden	Não dei com a rua onde tu moras. *Ich habe die Straße, in der du wohnst, nicht gefunden.*
encontrar-se	sich treffen mit	Hoje vou encontrar-me com o Rui no café. *Heute werde ich mich mit Rui in einem Café treffen.*
enganar-se	sich täuschen in	Enganei-me imenso contigo. *Ich habe mich sehr in dir getäuscht.*

falar com	sprechen mit	Eu não falo com a minha irmã. *Ich spreche nicht mit meiner Schwester.*
namorar	eine Beziehung haben mit	Ela namora com um português. *Sie ist mit einem Portugiesen zusammen.*
importar-se	Wert legen auf	Importo-me muito com uma casa limpa. *Ich lege sehr viel Wert auf ein sauberes Haus.*
preocupar-se	sich sorgen um	Preocupei-me muito com a minha mãe. *Ich habe mich sehr um meine Mutter gesorgt.*
sofrer	leiden unter	Sofro com a separação dos meus pais. *Ich leide unter der Trennung meiner Eltern.*
sonhar	träumen von	Sonhei com as minhas férias ao Peru. *Ich habe von meinem Urlaub in Peru geträumt.*
surpreender-se	überrascht sein von	Surpreendemo-nos com a eficácia dele. *Wir waren von seiner Effizienz überrascht.*
trocar	tauschen mit	Posso trocar de lugar contigo? *Kann ich mit dir den Platz tauschen?*
zangar-se	sich ärgern über	Zanguei-me com o Carlos. *Ich habe mich über Carlos geärgert.*

de

acabar	gerade etwas getan haben	Acabei de falar contigo. *Ich habe gerade mit dir geredet.*
beber	trinken aus	Não bebas do pacote, há copos para isto! *Trink nicht aus der Packung, wir haben Becher dafür!*
convencer-se	sich überzeugen von	Ainda não me convenci da tua opinião. *Ich bin immer noch nicht von deiner Meinung überzeugt.*

cuidar	sorgen für	Ela cuida muito bem das flores. *Sie kümmert sich gut um die Blumen.*
deixar	aufhören zu	Deixei de fumar. *Ich habe aufgehört zu rauchen.*
despedir-se	sich verabschieden von	Já te despediste de todos os convidados? *Hast du dich schon von allen Gästen verabschiedet?*
depender	abhängen von	Não quero depender dos meus pais. *Ich will nicht von meinen Eltern abhängig sein.*
desistir	aufgeben	Não desistas de aprender português. *Gib nicht auf, Portugiesisch zu lernen.*
discordar	nicht einverstanden sein	Discordo totalmente da sua opinião. *Ich bin absolut nicht mit deiner Meinung einverstanden.*
disfarçar-se	sich verkleiden als	No último carnaval disfarcei-me de Robin Hood. *Beim letzten Karneval habe ich mich als Robin Hood verkleidet.*
divorciar-se	sich trennen von	A Maria divorciou-se do Paulo. *Maria hat sich von Paul getrennt.*
duvidar	zweifeln an	Duvido da verdade desta história. *Ich bezweifle den Wahrheitsgehalt dieser Geschichte.*
esquecer-se	vergessen	Esqueci-me de comprar pão. *Ich habe vergessen, Brot zu kaufen.*
falar	erzählen von	Ele falou da sua viagem. *Er hat von seiner Reise gesprochen.*
gostar	etwas mögen	Gosto muito de café. *Ich mag sehr gerne Kaffee.*

lembrar-se	sich erinnern an	Ainda te lembras de mim? *Erinnerst du dich noch an mich?*
libertar-se	sich befreien von	É melhor libertares-te destes problemas assim que puderes. *Es ist besser, dich von diesen Problemen zu befreien, insofern das möglich ist.*
necessitar	brauchen	Necessitamos de mais dinheiro. *Wir brauchen mehr Geld.*
parar	aufhören zu	Deves parar de beber álcool. *Du solltest aufhören, Alkohol zu trinken.*
pensar	denken über	O que pensas dele? *Was denkst du über ihn?*
queixar-se	sich beklagen über	Ela queixou-se imenso de ti. *Sie hat sich sehr stark über dich beschwert.*
rir-se	lachen über	A Ana riu-se tanto do José que ele ficou muito chateado. *Ana hat so sehr über José gelacht, dass er genervt davon war.*
saber	wissen von	Não sabia nada disso! *Ich wusste nichts darüber!*
sair	hinausgehen	Normalmente não saio de casa à noite. *Normalerweise gehe ich abends nicht aus dem Haus.*
sofrer	leiden an	Ela sofre de reumatismo. *Sie leidet an Rheuma.*
ter medo	Angst haben vor	Tenho medo de andar de avião. *Ich habe Angst vorm Fliegen.*
tratar	handeln von	Este livro trata da violência na Guerra Colonial. *Das Buch handelt von der Gewalt im Kolonialkrieg.*
tratar-se	sich handeln um	Trata-se de um caso delicado. *Es handelt sich um einen sensiblen Fall.*

em

acreditar	glauben an	Acreditas nele? Acreditas nessa história. *Glaubst du ihm? Glaubst du diese Geschichte?*
basear-se	basieren auf	Este livro baseia-se numa história verdadeira. *Dieses Buch beruht auf einer wahren Geschichte.*
concentrar-se	sich konzentrieren auf	Tenho que concentrar-me nos meus estudos. *Ich muss mich auf mein Studium konzentrieren.*
confiar	sich verlassen auf, jemandem vertrauen	Podes confiar em mim. *Du kannst mir vertrauen.*
entrar	eintreten in	Entrou na sala e começou logo a aula. *Er hat den Raum betreten und direkt mit dem Unterricht angefangen.*
ganhar	gewinnen an/bei	Ganhei em confiança. Ganhei no jogo. *Ich habe an Selbstbewusstsein gewonnen. Ich habe das Spiel gewonnen.*
hesitar	zögern	Hesitou em dizer-lhe o que pensava. *Er hat gezögert, ihm zu sagen, was er dachte.*
insistir	bestehen auf	Ela insistou no seu desejo. *Sie bestand auf ihren Wunsch.*
mudar	ändern an	Vou mudar algo na minha vida. *Ich werde etwas in meinem Leben verändern.*
pegar	etwas aufheben	Pega na almofada que caiu ao chão, se faz favor! *Heb bitte das Kissen auf, das auf den Boden gefallen ist!*
passar	bestehen	Nós passamos nos exames. *Wir haben unsere Prüfungen bestanden.*
pensar	denken an	Penso muito em ti. *Ich denke viel an dich.*

sonhar	von etwas träumen	Eu sonho em viajar pelo Amazonas. *Ich träume davon, durch das Amazonasgebiet zu reisen.*
tocar	anfassen	Não toques no vaso! *Fass die Vase nicht an!*
votar	stimmen für	Votei no mesmo partido. *Ich habe die gleiche Partei gewählt.*

para

chegar	reichen für	A comida chega para todos. *Das Essen reicht für alle.*
convidar	einladen zu	Convido-te para a minha festa. *Ich lade dich zu meiner Feier ein.*
estar	bestimmt sein	Estávamos para começar a jantar quando a campainha tocou. *Wir waren gerade dabei, mit dem Essen anzufangen, als die Klingel läutete.*
fazer compras	einkaufen für	A minha mãe está doente por isso vou fazer compras para ela. *Meine Mutter ist krank, deswegen werde ich für sie einkaufen.*
olhar	schauen auf	Olha para ti. *Schau dich an.*
preparar-se	sich vorbereiten	Preparo-me para o exame. *Ich bereite mich auf das Examen vor.*
servir	geeignet sein für	Esta mesa serve muito bem para o almoço. *Dieser Tisch ist sehr gut für das Mittagessen geeignet.*
telefonar	telefonieren für	Telefonei para a agência de viagens. *Ich habe die Reise-agentur angerufen.*
ter tempo	Zeit haben für	No fim de semana vou ter tempo para ti. *Am Ende der Woche werde ich Zeit für dich haben.*

trabalhar	arbeiten für	Trabalho para uma empresa alemã. *Ich arbeite für eine deutsche Firma.*
viver	leben für	O Carlos vive para o seu trabalho. *Carlos lebt für seine Arbeit.*

por

acabar	enden in/mit	Acaba por se perder. *Schließlich verliert man sich.*
agradecer	sich bedanken für	Agradeço pela sua ajuda. *Ich danke dir für die Hilfe.*
apaixonar-se	sich verlieben in	O João apaixonou-se pela Cristina. *Joao hat sich in Cristina verliebt.*
esperar	hoffen auf, warten auf	Esperámos por ti até às dez horas. *Wir haben auf dich bis 10 Uhr gewartet.*
interessar-se	sich interessieren für	A minha tia interessa-se imenso por filmes portugueses. *Meine Tante ist sehr an portugiesischen Filmen interessiert.*
lutar	kämpfen für	Lutamos pelos nossos direitos. *Wir kämpfen für unsere Rechte.*
olhar	aufpassen auf	A filha mais velha olha pelos irmãozinhos. *Die älteste Tochter passt auf die kleinen Geschwister auf.*
passar	vorbeikommen, vorbeigehen an, durchfahren durch	Ontem passámos por tua casa. *Gestern sind wir an deinem Haus vorbeigekommen.*
pedir	bitten für	Peço desculpa pelo atraso. *Ich bitte um Entschuldigung für die Verspätung.*
perguntar	nach etwas fragen	Ele perguntou por ti. *Er hat sich nach dir erkundigt.*
ser	für etwas sein	Sou pelo adiamento da reunião. *Ich bin für den Aufschub der Versammlung.*

substituir	ersetzen durch	O treinador vai substituir um jogador por outro. *Der Trainer wird einen Spieler durch einen anderen ersetzen.*
votar	stimmen für	Por quem vais votar? *Wen wirst du wählen?*

Sie haben es geschafft! Herzlichen Glückwunsch!

Verbkonjugationen / Conjugações dos verbos

Die regelmäßigen Verben auf *-ar, -er, -ir* / A conjugação dos verbos regulares com terminação em -ar, -er, -ir

FALAR – *sprechen*
Indicativo
Presente: falo, falas, fala, falamos, falais, falam
Pret. Perfeito: falei, falaste, falou, falámos, falastes, falaram
Pret. Imperfeito: falava, falavas, falava, falávamos, faláveis, falavam
Mais-que-perfeito: falara, falaras, falara, faláramos, faláreis, falaram
Futuro simples: falarei, falarás, falará, falaremos, falareis, falarão
Condicional / Futuro do Pretérito
falaria, falarias, falaria, falaríamos, falaríeis, falariam
Conjuntivo / Subjuntivo
Presente: fale, fales, fale, falemos, faleis, falem
Imperfeito: falasse, falasses, falasse, falássemos, falásseis, falassem
Futuro simples: falar, falares, falar, falarmos, falardes, falarem
Imperativo
fala (tu) / não fales, fale (você), falem (vocês)
Infinitivo pessoal
falar, falares, falar, falarmos, falardes, falarem
Particípio
falado
Gerúndio
falando

COMER – *essen*

Indicativo
Presente: como, comes, come, comemos, comeis, comem
Pret. Perfeito: comi, comeste, comeu, comemos, comestes, comeram
Pret. Imperfeito: comia, comias, comia, comíamos, comíeis, comiam
Mais-que-perfeito: comera, comeras, comera, comêramos, comêreis, comeram
Futuro simples: comerei, comerás, comerá, comeremos, comerão
Condicional / Futuro do Pretérito
comeria, comerias, comeria, comeríamos, comeríeis, comeriam
Conjuntivo / Subjuntivo
Presente: coma, comas, coma, comamos, comais, comam
Imperfeito: comesse, comesses, comesse, comessemos, comesseis, comessem
Futuro simples: comer, comeres, comer, comermos, comerdes, comerem
Imperativo
come (tu) / não comas, coma (você), comam (vocês)
Infinitivo pessoal
comer, comeres, comer, comermos, comerdes, comerem
Particípio
comido
Gerúndio
comendo

ABRIR – *öffnen*

Indicativo
Presente: abro, abres, abre, abrimos, abreis, abrem
Pret. Perfeito: abri, abriste, abriu, abrimos, abristes, abriram
Pret. Imperfeito: abria, abrias, abria, abríamos, abríeis, abriam
Mais-que-perfeito: abrira, abriras, abrira, abríramos, abrírais, abriram
Futuro simples: abrirei, abrirás, abrirá, abriremos, abrireis, abrirão
Condicional / Futuro do Pretérito
abriria, abririas, abriria, abriríamos, abriríeis, abririam
Conjuntivo / Subjuntivo
Presente: abra, abras, abra, abramos, abrais, abram
Imperfeito: abrisse, abrisses, abrisse, abríssemos, abrísseis, abrissem
Futuro simples: abrir, abrires, abrir, abrirmos, abrirdes, abrirem
Imperativo
abre (tu) / não abras, abra (você), abram (vocês)
Infinitivo pessoal
abrir, abrires, abrir, abrirmos, abrirdes, abrirem

Particípio
aberto
Gerúndio
abrindo

Einige unregelmäßige Verben

CABER – *Platz haben, Platz finden, hineinpassen, enthalten*

Indicativo
Presente: caibo, cabes, cabe, cabemos, cabeis, cabem
Pret. Perfeito: copube, coubeste, coube, coubémos, coubestes, couberam
Pret. Imperfeito: cabia, cabias, cabia, cabíamos, cabíeis, cabiam
Mais-que-perfeito: coubera, coubberas, coubera, coubéramos, coubéreis, couberam
Futuro simples: caberei, caberás, caberá, caberemos, cabereis, caberão
Condicional / Futuro do Pretérito
caberia, caberias, caberia, caberíamos, caberíeis, caberiam
Conjuntivo / Subjuntivo
Presente: caiba, caibas, caiba, caibamos, caibais, caibam
Imperfeito: coubesse, coubesses, coubesse, coubéssemos, coubésseis, coubessem
Futuro simples: couber, couberes, couber, coubermos, couberdes, couberem
Imperativo
Não há.
Infinitivo pessoal
couber, couberes, couber, coubermos, couberdes, couberem
Particípio
cabido
Gerúndio
cabendo

COBRIR – *decken, bedecken*

Indicativo
Presente: cubro, cobres, cobre, cobrimos, cobreis, cobrem
Pret. Perfeito: cobri, cobriste, cobriu, cobrimos, cobristes, cobriram, cobríreis, cobriram
Pret. Imperfeito: cobria, cobrias, cobria, cobríamos, cobríeis, cobriam
Mais-que-perfeito: cobrira, cobriras, cobrira, cobríramos, cobríreis, cobriram
Futuro simples: cobrirei, cobrirás, cobrirá, cobriremos, cobrireis, cobrirão
Condicional / Futuro do Pretérito
cobriria, cobririas, cobriria, cobriríamos, cobriríeis, cobririam

Conjuntivo / Subjuntivo
Presente: cubra, cubras, cubra, cubramos, cubrais, cubram
Imperfeito: cobrisse, cobrisses, cobrisse, cobríssemos, cobrísseis, cobrissem
Futuro simples: cobrir, cobrires, cobrir, cobrirmos, cobrirdes, cobrirem
Imperativo
tu (cobre / não cubras), cubra (você), cubram (vocês)
Infinitivo pessoal
cobrir, cobrires, cobrir, cobrirmos, cobrirdes, cobrirem
Particípio
coberto
Gerúndio
cobrindo (simples), tendo coberto (composto)

CONSTRUIR – *bauen*
Indicativo
Presente: construo, constróis, constrói, construímos, construís, constroem
Pret. Perfeito: construí, construíste, construiu, construímos, construístes, construiram
Pret. Imperfeito: construía, construías, construía, construíamos, construíeis, construíam
Mais-que-perfeito: construíra, construíras, construíra, construíramos, construíreis, construíram
Futuro simples: construirei, construirás, construirá, construiremos, construireis, construirão
Condicional / Futuro do Pretérito
construiria, construirias, construiria, construíriamos, construiríeis, construiriam
Conjuntivo / Subjuntivo
Presente: construa, construas, construa, construamos, construais, construam
Imperfeito: construísse, construísses, construísse, construíssemos, construísseis, construíssem
Futuro simples: construir, construíres, construir, construírmos, construirdes, construírem
Imperativo
construa, constroi
Infinitivo pessoal
construir, construires, construir, construírmos, construirdes, construirem
Particípio
construído
Gerúndio
construindo

CRER – *glauben*
Indicativo
Presente: creio, crês, crê, cremos, credes, crêem
Pret. Perfeito: cri, creste, creu, cremos, crestes, creram
Pret. Imperfeito: cria, crias, cria, críamos, críais, criam
Mais-que-perfeito: crera, creras, crera, crêramos, crerais, creram
Futuro simples: crerei, crerás, crerá, creremos, crereis, crerão
Condicional / Futuro do Pretérito
creria, crerias, creria, creríamos, creríeis, creriam
Conjuntivo / Subjuntivo
Presente: creia, creias, creia, creiamos, creiais, creiam
Imperfeito: cresse, cresses, cresse, crêssemos, cresseis, cressem
Futuro simples: crer, creres, crer, crermos, crerdes, crerem
Imperativo
crê, crede
Infinitivo pessoal
crer, creres, crer, crermos, crerdes, crerem
Particípio
crido
Gerúndio
crendo

DAR – *geben*
Indicativo
Presente: dou, dás, dá, damos, dais, dão
Pret. Perfeito: dei, deste, deu, demos, destes, deram
Pret. Imperfeito: dava, davas, dava, dávamos, dáveis, davam
Mais-que-perfeito: dera, deras, dera, déramos, déreis, deram
Futuro simples: darei, darás, dará, daremos, dareis, darão
Condicional / Futuro do Pretérito
daria, darias, daria, daríamos, daríeis, dariam
Conjuntivo / Subjuntivo
Presente: dê, dês, dê, dêmos, deis, dêem
Imperfeito: desse, desses, desse, déssemos, désseis, dessem
Futuro simples: der, deres, der, dermos, derdes, derem
Imperativo
dá (tu / não dês), dê (você), dêem (vocês)
Infinitivo pessoal
dar, dares, dar, darmos, derdes, darem

Particípio
dado
Gerúndio
dando

DIZER – *sagen* (bendizer, contradizer, maldizer etc.)
Indicativo
Presente: digo, dizes, diz, dizemos, dizeis, dizem
Pret. Perfeito: disse, disseste, disse, dissemos, dissestes, disseram
Pret. Imperfeito: dizia, dizias, dizia, dizíamos, dizíeis, diziam
Mais-que-perfeito: dissera, disseras, dissera, disséramos, disséreis, disseram
Futuro simples: direi, dirás, dirá, diremos, direis, dirão
Condicional / Futuro do Pretérito
diria, dirias, diria, diríamos, diríeis, diriam
Conjuntivo / Subjuntivo
Presente: diga, digas, diga, digamos, digais, digam
Imperfeito: dissesse, dissesses, dissesse, disséssemos, dissésseis, dissessem
Futuro simples: disser, disseres, disser, dissermos, disserdes, disserem
Imperativo
diz, dizei
Infinitivo pessoal
disser, disseres, disser, dissermos, disserdes, disserem
Particípio
dito
Gerúndio
dizendo

DORMIR – *schlafen*
(cobrir, descobrir, encobrir, engolir, recobrir, tossir)
Indicativo
Presente: durmo, dormes, dorme, dormimos, dormis, dormem
Pret. Perfeito: dormi, dormiste, dormiu, dormimos, dormistes, dormiram
Pret. Imperfeito: dormia, dormias, dormia, dormíamos, dormíeis, dormiam
Mais-que-perfeito: dormira, dormiras, dormira, dormíramos, dormíreis, dormiram
Futuro simples: dormirei, dormirás, dormirá, dormiremos, dormireis, dormirão
Condicional / Futuro do Pretérito
dormiria, dormirias, dormiria, dormiríamos, dormiríeis, dormiriam
Conjuntivo / Subjuntivo
Presente: durma, durmas, durma, durmamos, durmais, durmam

Imperfeito: dormisse, dormisses, dormisse, dormíssemos, dormísseis, dormissem
Futuro simples: dormir, dormires, dormir, dormirmos,
dormirdes, dormirem
Imperativo
dorme, durmam
Infinitivo pessoal
dormir, dormires, dormir, dormirmos, dormirdes, dormirem
Particípio
dormido
Gerúndio
dormindo

ESTAR – *sein, sich befinden* (Hilfsverb)

Indicativo
Presente: estou, estás, está, estamos, estais, estão
Pret. Perfeito: estive, estiveste, esteve, estivemos, estivestes, estiveram
Pret. Imperfeito: estava, estavas, estava, estávamos, estáveis, estavam
Mais-que-perfeito: estivera, estiveras, estivera, estivéramos, estivéreis, estiveram
Futuro simples: estarei, estarás, estará, estaremos, estareis, estarão
Condicional / Futuro do Pretérito
estaria, estarias, estaria, estaríamos, estaríeis, estariam
Conjuntivo / Subjuntivo
Presente: esteja, estejas, esteja, estejamos, estejais, estejam
Imperfeito: estivesse, estivesses, estivesse, estivéssemos, estivésseis, estivessem
Futuro simples: estiver, estiveres, estiver, estivermos, estiverdes, estiverem
Imperativo
está (tu) / não estejas, esteja (você), estejam (vocês)
Infinitivo pessoal
estar, estares, estar, estarmos, estardes, estarem
Particípio
estado
Gerúndio
estando (simples), tendo estado (composto)

FAZER – machen, tun (contrafazer, desfazer, satisfazer)

Indicativo
Presente: faço, fazes, faz, fazemos, fazeis, fazem
Pret. Perfeito: fiz, fizeste, fez, fizemos, fizestes, fizeram
Pret. Imperfeito: fazia, fazias, fazia, fazíamos, fazíeis, faziam
Mais-que-perfeito: fizera, fizeras, fizera, fizéramos, fizéreis, fizeram

Futuro simples: farei, farás, fará, faremos, fareis, farão
Condicional / Futuro do Pretérito
faria, farias, faria, faríamos, faríeis, fariam
Conjuntivo / Subjuntivo
Presente: faça, faças, faça, façamos, façais, façam
Imperfeito: fizesse, fizesses, fizesse, fizessemos, fizésseis, fizessem
Futuro simples: fizer, fizeres, fizer, fizermos, fizerdes, fizerem
Imperativo
faz, fazei
Infinitivo pessoal
fizer, fizeres, fizer, fizermos, fizerdes, fizerem
Particípio
feito
Gerúndio
fazendo

HAVER* – *haben / sein, es gibt, werden* (Hilfsverb)
Indicativo
Presente: hei, hás, há, havemos, haveis, hão
Pret. Perfeito: houve, houveste, houve, houvemos, houvestes, houveram
Pret. Imperfeito: havia, havias, havia, havíamos, havíeis, haviam
Mais-que-perefeito: houvera, houveras, houvera, houvéramos, houvéreis, houveram
Futuro simples: haverei, haverás, haverá, haveremos, havereis, haverão
Condicional / Futuro do Pretérito
haveria, haverias, haveria, haveríamos, haveríeis, haveriam
Conjuntivo / Subjuntivo
Presente: haja, hajas, haja, hajamos, hajais, hajam
Imperfeito: houvesse, houvesses, houvesse, houvéssemos, houvésseis, houvessem
Futuro simples: houver, houveres, houver, houvermos, houverdes, houverem
Imperativo (diese Formen gelten als veraltet)
há (tu) / não hajas, haja (você), hajam (vocês)
Infinitivo pessoal
haver, haveres, haver, havermos, haverdes, haverem
Particípio
havido
Gerúndio
havendo (simples), tendo havido (composto)

- **Há** gefolgt von einem Nomen bedeutet *es gibt*. In dieser Bedeutung erscheint haver nur in der 3. Person Singular. **Haver de** *werden* ist ein Hilfsverb und drückt die Zukunft aus.

IR – *gehen, fahren, fliegen*
Indicativo
Presente: vou, vais, vai, vamos, ides, vão
Pret. Perfeito: fui, foste, foi, fomos, fostes, foram
Pret. Imperfeito: ia, ias, ia, íamos, íeis, iam
Mais-que-perfeito: fora, foras, fora, fôramos, fôreis, foram
Futuro simples: irei, irás, irá, iremos, ireis, irão
Condicional / Futuro do Pretérito
iria, irias, iria, iríamos, iríeis, iriam
Conjuntivo / Subjuntivo
Presente: vá, vás, vá, vamos, vades, vão
Imperfeito: fosse, fosses, fosse, fôssemos, fôsseis, fossem
Futuro simples: for, fores, for, formos, fordes, forem
Imperativo
vai, ide
Infinitivo pessoal
for, fores, for, formos, fordes, forem
Particípio
ido
Gerúndio
indo

LER – *lesen* (reler)
Indicativo
Presente: leio, lês, lê, lemos, ledes, lêem
Pret. Perfeito: li, leste, leu, lemos, lestes, leram
Pret. Imperfeito: lia, lias, lia, líamos, líeis, liam
Mais-que-perfeito: lera, leras, lera, lêramos, lêreis, leram
Futuro simples: lerei, lerás, lerá, leremos, lereis, lerão
Condicional / Futuro do Pretérito
leria, lerias, leria, leríamos, leríeis, leriam
Conjuntivo / Subjuntivo
Presente: leia, leias, leia, leiamos, leiais, leiam
Imperfeito: lesse, lesses, lesse, lêssemos, lêsseis, lessem
Futuro simples: ler, leres, ler, lermos, lerdes, lerem
Imperativo
lê, lede
Infinitivo pessoal
ler, leres, ler, lermos, lerdes, lerem

Particípio
lido
Gerúndio
lendo

OUVIR – *hören, zuhören*
Indicativo
Presente: ouço (oiço), ouves, ouve, ouvimos, ouvis, ouvem
Pret. Perfeito: ouvi, ouviste, ouviu, ouvimos, ouvistes, ouviram
Pret. Imperfeito: ouvia, ouvias, ouvia, ouvíamos, ouvíeis, ouviam
Mais-que-perfeito: ouvira, ouviras, ouvira, ouvíramos, ouvíreis, ouviram
Futuro simples: ouvirei, ouvirás, ouvirá, ouviremos, ouvireis, ouvirão
Condicional (P) / Futuro do Pretérito (B)
ouviria, ouvirias, ouviria, ouviríamos, ouviríeis, ouviriam
Conjuntivo (P) / Subjuntivo (B)
Presente: ouça (oiça), ouças, ouça, ouçamos, ouçais, ouçam
Imperfeito: ouvisse, ouvisses, ouvisse, ouvissemos, ouvísseis, ouvissem
Futuro simples: ouvir, ouvires, ouvir, ouvirmos, ouvirdes, ouvirem
Imperativo
ouça, ouçam
Infinitivo pessoal
ouvir, ouvires, ouvir, ouvirmos, ouvirdes, ouvirem
Particípio
ouvido
Gerúndio
ouvindo

PASSEAR – *spazieren gehen*
Indicativo
Presente: passeio, passeias, passeia, passeamos, passeais, passeiam
Pret. Perfeito: passeei, passeaste, passeou, passeamos, passeastes, passearam
Pret. Imperfeito: passeava, passeavas, passeava, passeávamos, passeáveis, passeavam
Mais-que-perfeito: passeara, passearas, passeara, passeáramos, passeáreis, passearam
Futuro simples: passearei, passearás, passeará, passearemos, passeareis, passearão
Condicional (P) / Futuro do Pretérito (B)
passearia, passearias, passearia, passearíamos, passearíeis, passeariam

Conjuntivo (P) / Subjuntivo (B)
Presente: passeie, passeies, passeie, passeemos, passeeis, passeiem
Imperfeito: passeasse, passeasses, passeasse, passeássemos, passeásseis, passeassem
Futuro simples: passear, passeares, passear, passearmos, passeardes, passearem
Imperativo
passeie, passeiem
Infinitivo pessoal
passear, passeare, passear, passearmos, passeardes, passearem
Particípio
passeado
Gerúndio
passeando

PEDIR – *fragen, bitten* (despedir, impedir, medir)
Indicativo
Presente: peço, pedes, pede, pedimos, pedis, pedem
Pret. Perfeito: pedi, pediste, pediu, pedistes, pediram
Pret. Imperfeito: pedia, pedias, pedia, pedíamos, pedíeis, pediam
Mais-que-perfeito: pedira, pediras, pedira, pedíramos, pedíreis, pediram
Futuro simples: pedirei, pedirás, pedirá, pediremos, pedireis, pedirão
Condicional (P) / Futuro do Pretérito (B)
pediria, pedirias, pediria, pediríamos, pediríeis, pediriam
Conjuntivo (P) / Subjuntivo (B)
Presente: peça, peças, peça, peçamos, peçais, peçam
Imperfeito: pedisse, pedisses, pedisse, pedissemos, pedísseis, pedissem
Futuro simples: pedir, pedires, pedir, pedirmos, pedirdes, pedirem
Imperativo
peça, peçam
Infinitivo pessoal
pedir, pedires, pedir, pedirmos, pedirdes, pedirem
Particípio
pedido
Gerúndio
pedindo

PERDER – *verlieren, fehlen, versäumen*
Indicativo
Presente: perco, perdes, perde, perdemos, perdeis, perdem

Pret. Perfeito: perdi, perdiste, perdeu, perdemos, perdestes, perderam
Pret. Imperfeito: perdia, perdias, perdia, perdíamos, perdíeis, perdiam
Mais-que-perfeito: perdera, perderas, perdera, perdêramos, perdêreis, perderam
Futuro simples: perderei, perderás, perderá, perderemos, perdereis, perderão
Condicional (P) / Futuro do Pretérito (B)
perderia, perderias, perderia, perderíamos, perderíeis, perderiamos
Conjuntivo (P) / Subjuntivo (B)
Presente: perca, percas, perca, percamos, percais, percam
Imperfeito: perdesse, perdesses, perdesse, perdessemos, perdêsseis, perdessem
Futuro simples: perder, perderdes, perder, perdermos, perderdes, perderem
Imperativo
perca, percam
Infinitivo pessoal
perder, perderdes, perder, perdermos, perderdes, perderem
Particípio
perdido
Gerúndio
perdendo

PODER – *können, dürfen*
Indicativo
Presente: posso, podes, pode, podemos, podeis, podem
Pret. Perfeito: pude, pudeste, pôde, pudemos, pudestes, puderam
Pret. Imperfeito: podia, podias, podia, podíamos, podíeis, podiam
Mais-que-perfeito: pudera, puderas, pudera, pudéramos, pudéreis, puderam
Futuro simples: poderei, poderás, poderá, poderemos, podereis, poderão
Condicional (P) / Futuro do Pretérito (B)
poderia, poderias, poderia, poderíamos, poderíeis, poderiam
Conjuntivo (P) / Subjuntivo (B)
Presente: possa, possas, possa, possamos, possais, possam
Imperfeito: pudesse, pudesses, pudesse, pudéssemos, pudésseis, pudessem
Futuro simples: puderes, puder, pudermos, puderdes, puderem
Imperativo
Gibt es nicht / Não há.
Infinitivo pessoal
puderes, puder, pudermos, puderdes, puderem
Particípio
podido
Gerúndio
podendo

PÔR – ***setzen, stellen, legen*** **(compor, dispor, propor, repor, supor, etc.)**
Indicativo
Presente: ponho, pões, põe, pomos, pondes, põem
Pret. Perfeito: pus, puseste, pôs, pusemos, pusestes, puseram
Pret. Imperfeito: punha, punhas, punha, punhamos, púnheis, punham
Mais-que-perfeito: pusera, puseras, pusera, puséramos, puséreis, puseram
Futuro simples: porei, porás, porá, poremos, poreis, porão
Condicional (P) / Futuro do Pretérito (B)
poria, porias, poria, poríamos, poríeis, poriam
Conjuntivo (P) / Subjuntivo (B)
Presente: ponha, ponhas, ponha, ponhamos, ponhais, ponham
Imperfeito: pusesse, pusesses, pusesse, puséssemos, pusésseis, pusessem
Futuro simples: puser, puseres, puser, pusermos, puserdes, puserem
Imperativo
põe, ponde
Infinitivo pessoal
puser, puseres, puser, pusermos, puserdes, puserem
Particípio
posto
Gerúndio
pondo

QUERER – ***mögen, wollen***
Indicativo
Presente: quero, queres, quer, queremos, quereis, querem
Pret. Perfeito: quis, quiseste, quis, quisemos, quisestes, quiseram
Pret. Imperfeito: queria, querias, queria, queríamos, queríeis, queriam
Mais-que-perfeito: quisera, quiseras, quisera, quiséramos, quiséreis, quiseram
Futuro simples: quererei, quererás, quererá, quereremos, quereis, quererão
Condicional (P) / Futuro do Pretérito (B)
quereria, quererias, quereria, quereríamos, quereríeis, quereriam
Conjuntivo (P) / Subjuntivo (B)
Presente: queira, queiras, queira, queiramos, queirais, queiram
Imperfeito: quisesse, quisesses, quisesse, quiséssemos, quisésseis, quisessem
Futuro simples: quiser, quiseres, quiser, quisermos, quiserdes, quiserem
Imperativo
Gibt es nicht / Não há.
Infinitivo pessoal
quiser, quiseres, quiser, quisermos, quiserdes, quiserem

Particípio
querido
Gerúndio
querendo

SABER – *wissen, können*
Indicativo
Presente: sei, sabes, sabe, sabemos, sabeis, sabem
Pret. Perfeito: soube, soubeste, soube, soubemos, soubestes, souberam
Pret. Imperfeito: sabia, sabias, sabia, sabíamos, sabíeis, sabiam
Mais-que-perfeito: soubera, souberas, soubera, soubéramos, soubéreis, souberam
Futuro simples: saberei, saberás, saberá, saberemos, sabereis, saberão
Condicional (P) / Futuro do Pretérito (B)
saberia, saberias, saberia, saberíamos, saberíeis, saberiam
Conjuntivo (P) / Subjuntivo (B)
Presente: saiba, saibas, saiba, saibamos, saibais, saibam
Imperfeito: soubesse, soubesses, soubesse, soubéssemos, soubésseis, soubessem
Futuro simples: souber, souberes, souber, soubermos, souberdes, souberem
Imperativo
sabe, sabei
Infinitivo pessoal
souber, souberes, souber, soubermos, souberdes, souberem
Particípio
sabido
Gerúndio
sabendo

SAIR – *abfahren, ausgehen* (atrair, cair, contrair, distrair, extrair, subtrair, trair)
Indicativo
Presente: saio, sais, sai, saímos, saís, saem
Pret. Perfeito: saí, saíste, saiu, saímos, saístes, sairam
Pret. Imperfeito: saía, saías, saía, saíamos, saíeis, saíam
Mais-que-perfeito: saíra, saíras, saíra, saíramos, saíreis, saíram
Futuro simples: sairei, sairás, sairá, sairemos, saireis, sairão
Condicional (P) / Futuro do Pretérito (B)
sairia, sairias, sairia, sairíamos, sairíeis, sairiam
Conjuntivo (P) / Subjuntivo (B)
Presente: saia, saias, saia, saiamos, saiais, saiam

Imperfeito: saísse, saísses, saísse, saíssemos, saísseis, saíssem
Futuro simples: sair, saíres, sair, sairmos, sairdes, saírem
Imperativo
sai, saiam
Infinitivo pessoal
sair, saíres, sair, sairmos, sairdes, saírem
Particípio
saído
Gerúndio
saindo

SER – *sein*
Indicativo
Presente: sou, és, é, somos, sois, são
Pret. Perfeito: fui, foste, foi, fomos, fostes, foram
Pret. Imperfeito: era, eras, era, éramos, éreis, eram
Mais-que-perfeito: fora, foras, fora, fôramos, fôreis, foram
Futuro simples: serei, serás, será, seremos, sereis, serão
Condicional (P) / Futuro do Pretérito (B)
seria, serias, seria, seríamos, seríeis, seriam
Conjuntivo (P) / Subjuntivo (B)
Presente: seja, sejas, seja, sejamos, sejais, sejam
Imperfeito: fosse, fosses, fosse, fôssemos, fôsseis, fossem
Futuro simples: for, fores, for, formos, fordes, forem
Imperativo
sê (tu) / não sejas, seja (você), sejam (vocês)
Infinitivo pessoal
ser, seres, ser, sermos, serdes, serem
Particípio
sido
Gerúndio
sendo (simples), tendo sido (composto)

TER – *haben, besitzen*
Indicativo
Presente: tenho, tens, tem, temos, tendes, têm
Pret. Perfeito: tive, tiveste, teve, tivemos, tivestes, tiveram
Pret. Imperfeito: tinha, tinhas, tinha, tínhamos, tínheis, tinham
Mais-que perfeito: tivera, tiveras, tivera, tivéramos, tivéreis, tiveram
Futuro simples: terei, terás, terá, teremos, tereis, terão

Condicional (P) / Futuro do Pretérito (B)
teria, terias, teria, teríamos, teríeis, teriam
Conjuntivo (P) / Subjuntivo (B)
Presente: tenha, tenhas, tenha, tenhamos, tenhais, tenham
Imperfeito: tivesse, tivesses, tivesse, tivéssemos, tivésseis, tivessem
Futuro simple: tiver, tiveres, tiver, tivermos, tiverdes, tiverem
Imperativo
tem (tu) / não tenhas, tenha (você), tenham (vocês)
Infinitivo pessoal
ter, teres, ter, termos, terdes, terem
Participio
tido
Gerúndio
tendo (simples), tendo tido (composto)

TRAZER – *bringen*
Indicativo
Presente: trago, trazes, traz, trazemos, trazeis, trazem
Pret. Perfeito: trouxe, trouxeste, trouxe, trouxemos, trouxestes, trouxeram
Pret. Imperfeito: trazia, trazias, trazia, trazíamos, trazíeis, traziam
Mais-que-perfeito: trouxera, trouxeras, trouxera, trouxéramos, trouxéreis, trouxeram
Futuro simples: trazerei, trazerás, trazerá, trazeremos, trazereis, trazerão
Condicional (P) / Futuro do Pretérito (B)
traria, trarias, traria, traríamos, traríeis, trariam
Conjuntivo (P) / Subjuntivo (B)
Presente: traga, tragas, traga, tragamos, tragais, tragam
Imperfeito: trouxesse, trouxesses, trouxesse, trouxéssemos, trouxésseis, trouxessem
Futuro simples: trouxer, trouxeres, trouxer, trouxermos, trouxerdes, trouxerem
Imperativo
traz, trazei
Infinitivo pessoal
trouxer, trouxeres, trouxer, trouxermos, trouxerdes, trouxerem
Particípio
trazido
Gerúndio
trazendo

VER – *sehen, schauen* (antever, prever, rever)
Indicativo
Presente: vejo, vês, vê, vemos, vêdes, vêem
Pret. Perfeito: vi, viste, viu, vimos, vistes, viram
Pret. Imperfeito: via, vias, via, víamos, víeis, viam
Mais-que-perfeito: vira, viras, vira, víramos, víreis, viram
Futuro simples: verei, verás, verá, veremos, vereis, verão
Condicional (P) / Futuro do Pretérito (B)
veria, verias, veria, veríamos, veríeis, veriam
Conjuntivo (P) / Subjuntivo (B)
Presente: veja, vejas, veja, vejamos, vejais, vejam
Imperfeito: visse, visses, visse, víssemos, visseis, vissem
Futuro simples: vir, vires, vir, virmos, virdes, virem
Imperativo
vê, vede
Infinitivo pessoal
ver, veres, ver, vermos, virdes, verem
Particípio
visto
Gerúndio
vendo

VIR – *kommen*
Indicativo
Presente: venho, vens, vem, vimos, vindes, vêm
Pret. Perfeito: vim, vieste, veio, viemos, viestes, vieram
Pret. Imperfeito: vinha, vinhas, vinha, vínhamos, vinheis, vinham
Mais-que-perfeito: viera, vieras, viera, viéramos, viéreis, vieram
Futuro simples: virei, virás, virá, viremos, vireis, virão
Condicional (P) / Futuro do Pretérito (B)
viria, virias, viria, viríamos, viríeis, viriam
Conjuntivo (P) / Subjuntivo (B)
Presente: venha, venhas, venha, venhamos, venhais, venham
Imperfeito: viesse, viesses, viesse, viesse, viéssemos, viésseis, viessem
Futuro simples: vier, vieres, vier, viermos, vierdes, vierem
Imperativo
vem, vinde
Infinitivo pessoal
vir, vires, vir, virmos, virdes, virem

Particípio
vindo
Gerúndio
vindo

Kapitel 1. Aussprache / Pronúncia

Test 3: a) Cara Manuela, eu estou bem e tu? b) O Presidente chega amanhã. c) Em agosto vamos para a praia. d) Esta Igreja é muito bonita. e) Eu estudo História

Kapitel 2. Das Substantiv / O substantivo

Test 1: o ano, o museu, o papel, o pai, o lugar, o lápis, a árvore, o país, a cidade, a viagem, a rua, a flor

Test 2: amiga, cliente, francesa, tradutora, diretora, vizinha, professora, inglesa, gata

Test 3: a) o amor, o cartão, a lição, o motor, o sal, a região, o local, o exame, a raíz, a garagem, o mês, o céu, a couve-flor, o juiz, o homem

b) os amores, os cartões, as lições, os motores, os sais, as regiões, os locais, os exames, as raizes, as garagens, os meses, os céus, as couves-flores, os juizes, os homens

Test 4: o/a artista, o/a pianista, o clima, o/a estudante, o idioma, o/a dentista, o programa, o sistema, o/a colega, o/a turista, o/a jornalista, o drama, o planeta, o poema, o tema

Kapitel 3. Der Artikel / O artigo

Test 1: a) a economia, o comboio, o quarto, o avião, a greve, o jornal, o idioma, o clima, o erro, a empresa, o efeito, a mochila, a televisão, o mar, o planeta, o exame

Test 1: b) as economias, os comboios, os quartos, os aviões, as greves, os idioma, os climas, os erros, as empresas, os efeitos, as mochilas, as televisões, os mares, os planetas, os exames

Test 2: o comboio / a empresa / a hora / o quarto / a roupa / a rua / a cidade / o país

Test 3: 1) Falas português? 2) Gosto de vinho. 3) A minha amiga é alemã. 4) Bom dia professora. 5) Como está, a senhora Maria? 6) Nós vamos sempre para o Algarve. 7) Eu tenho gripe. 8) O Alentejo é uma bela região.

Test 4: um vestido / uma praia / uma hora / uma universidade / um ano / um oceano / um organismo / um aluno / um iogurte / uma artista / um dia

Test 5: 1.) Nós falamos português. 2.) Portugal tem fronteira com a Espanha. 3.) O verão é a estação do ano mais quente. 4.) Cristina, já conheceso meu irmã? 5.) André, vais amanhã ao cinema? 6.) A minha amiga chama-se Carolina. 7.) A primeira capital do Brasil foi São Salvador. A segunda foi o Rio de Janeiro e a terceira Brasilia. 8.) O 25 de abril é feriado nacional. É o dia da liberdade.

Test 6: uma / um / umas / os / uns / uns / o,a / uns

Kapitel 4. Das Adjektiv / O adjetivo

Test 1: a) grande, forte e quente. b) grandes, fortes e quentes c) inteligente e alegre d) elegantes e) alegres f) novo democrático g) egoísta

Test 2: a) uma mulher jovem e moderna b) uma rapariga elegante e bonita c) um rapaz forte e bonito d) uma estudante jovem e loira e) uma senhora gentil e honesta

Test 3: a) umas mulheres jovens e modernas b) umas raparigas elegantes e bonitas c) uns rapazes fortes e bonitos d) umas estudantes jovens e loiras e) uma senhoras gentis e honestas.

Test 4: a) grande b) pequeno c) forte d) alegres

Test 5: eine Form: verde, natural, simples, grande, quente, doce, pobre, triste, fiel zwei Formen: pequena, nova, fria, simpática, nua

Test 6: a) A Luísa é menos simpática do que a Isabel. b) A Petra é mais bonita do que a Carla. c) O Mário é menos inteligente do que o Rui. d) O Alberto é mais desportista do que o Ricardo.

Test 7: a) O Pedro é tão forte como tu. b) Andar de bicicleta é tão bonito como andar a pé. c) Aqui a vida é tão caro como na Alemanha. d) Este texto é tão simples como aquele. e) Aqui ela é tão feliz como em Berlin.

Test 8: a) a mais alegre b) o menos bravo c) a mais simpática d) o menos alto e) a mais bela

Test 9: a) caríssimo b) dificílimo c) pretíssimo d) sensivelíssimo e) inteligentíssimo f) rapidíssimo g) pequeníssimo

Kapitel 5. Das Adverb / O advérbio

Test 1: a) claramente b) prefeitamente c) curiosamente d) brevemente e) verdadeiramente f) tradicionalmente

Test 2: a) espontâneamente b) pouco c) bem d) em segredo e) bom

Test 3: a) A Catarina é particularmente simpática. b) O Marco tambeín trabalha. c) A Clara chega habitualmente tarde. d) A Sandra trabalhou bem. e) Nós vamos de férias normalmente em agosto.

Kapitel 6. Die Pronomen / Os pronomes

Test 1: a) Eu sou alemão e trabalho no Brasil. b) Também aprendes português? c) Eu sou do Porto, mas ele é do Rio de Janeiro. d) Nós moramos em São Paulo. e) Eu moro em Lisboa e vocês? f) O Cristiano e eu jogamos futebol juntos. g) Também vão de férias? h) Eu aprendo português e você senhor Silva?

Das direkte Objektpronomen

Test 2: a) te b) o c) me d) vos e) me f) te g) nos h) vos

Test 3: a) la b) te c) los d) lo e)n nas f) la g) lo h) la

Test 4: a) lhe b) me c) lhe d) nos e) vos f) nos g) lhe

Test 5: a) me b) tu c) te d) a e) vos f) lhe g) nos h) lhes

Test 6: a) Amanhã trago-lhe o livro. b) Vendes-me o teu carro? c) Eu não vos compreendo. d) Eu não te ouço. e) Eu vejo-a todos os dias. f) Nós não o vimos. g) Nós falamos sempre disso. h) Eu vi-o na escola.

Test 7: a) te b) se c) me d) nos e) se f) te g) nos h) se

Test 8: a) O nosso carro. A nossa vida. A minha amiga. A tua cerveja. O teu livro. Os seus sapatos. O seu filho. A nossa estrada . O vosso apartamento. A sua mala.

Test 8 b)		
	os nossos carros	as nossas vidas
	as minhas amigas	as tuas cervejas
	os teus livros	os seus sapatos
	as suas crianças	as nossas ruas
	os vossos apartamentos	as suas malas

Test 9: a) a b) os c) □ d) o e) □ f) a g) □

Test 10: a) Esta rua. Este armário. Esta mala. Esta praia. Esta janela. Esta rapariga. Este lenço. Este comboio. Estes rapazes. Estes escritores. Estes dicionários. Estas revistas. Estes lápis. Estas pontes. Estes edifícios. Estas cidades.

Test 11: a) aqueles b) aquele c) aquela d) esse e) este / aquele f) aquela g) esta / nesta

Test 12: a) deste b) disso c) desses d) nesta e) deste f) àquela g) neste h) neste

Test 13: a) aqueles b) esta c) esta d) isto e) estes f) aquelas g) aquilo h) aquele

Test 14: a) algumas b) todos c) nada d) algo e) alguns f) alguém

Test 15: a) alguns b) algumas c) várias d) ninguém e) outros f) muito g) pouco h) toda

Test 16: a) que b) o que c) que d) o que e) o que f) o que g) que h) o que

Test 17: a) que b) quem c) quem d) quem e) que f) quem g) que h) que

Test 18: a) os quais b) o qual c) que d) os quais e) qual f) que g) as quais h) qual

Test 19: a) quem b) o que c) quem d) que e) que f) que g) que h) o que

Test 20: a) quanto b) quais c) quantas d) quantas e) quais f) qual g) quanto h) qual

Test 21: a) quantos b) quantas c) quantos d) quanto e) quantas f) quanto g) quanto h) quantas

Test 22: a) quando b) de onde c) como d) até quando e) como f) para quando g) porque h) onde

Kapitel 7: Das Verb / O verbo

Test 1: a) o b) as, es, a, e, amos, emos, imos, ais, eis, is, am, em, em

Test 2: canto, cantas, cantamos, cantais, cantam / sentes, sente, sentimos, senteis, sentem / levo, levas, leva, levamos, levam / pago, pagas, paga, pagámos, pagais / dormes, dorme, dormimos, dormeis, dormem / vendo, vendes, vende, vendais, vendem

Test 3: a) conta / contem b) viajas / viaja c) bebes / bebem d) moras / mora / moram c) vendes / vende / vendem d) falas / fala / falam

Test 4: começo, começas, começa, cemeçamos, começais, começam / ligo, ligas, liga, ligamos, ligais, ligam / esqueço, esqueces, esquece, esquecemos, esqueçais, esquecem / protejo, proteges, protege, protegemos, protejais, protegem / peço, pedes, pede, pedimos, pedais, pedem / ouço, ouves, ouve, ouvimos, ouvais, ouvem

Test 5: a) é b) estão d) está d) és e) está f) estamos g) são h) foram

Test 6: estás / estou / estás / estou / estou / estás / é / é / estou / são / são

Test 7: a) fica / perguntou b) passa / esqueceu-se c) fechas / apagáste d) compreendemos / compreendi e) é / foi f) nasceu / viveu

Test 8: a) fez b) nasci c) morreu d) estive e) disseste f) lestes g) puseste h) escrevi

Test 9: a) amado b) andado c) entendido d) aberto e) crescido f) tido g) cantado h) proposto

Test 10: a) morava b) vivia c) dançava d) andava e) saia f) ia g) estava h) sonháva

Test 11: a) chegaram b) estavam c) chegava d) era e) trabalhava f) escrevia / ouvia g) regressávamos / encontrávamos h) estudei / passei

Test 12: 1/c; 2/f; 3/a; 4/d; 5/b

Test 13: a) tinha escrito b) tinham estado c) tinha visto d) tinha começado e) tinha lido

Test 14 a) tinha terminado / tinha / foi
b) esteve / estava
c) tinha dormido / acordou
d) ofereceu / tinha comprado
e) tinham dito / estava

Test 15: a) apanharei / chegarei b) iremos / jogaremos c) chegarão / partirão d) terminarão / telefonarão / passarão

Test 16: comerás, comerá, comeremos, comerais, comerão / farei, fará, faremos, fareis, farão / irei, irás, irá, iremos, ireis / direi, dirás, diremos, direis, dirão / voltarei, voltarás, voltará, voltarais, voltarão

Test 17: a) mudarei b) casará c) sairei d) chegará

Kapitel 8: Der Konjunktiv / O conjuntivo

Test 1: a) é b) és c) sejas d) tem e) organizem f) tem

Test 2: a) viva b) vendam c) fiques d) entendam e) partam f) prefiram

Test 3: a) façam b) beba c) venham d) diga e) tenha f) esteja

Test 4: a) Oxalá não haja greve dos comboios. b) Oxalá o Futebol Clube do Porto jogue bem. c) Oxalá não faça mau tempo. d) Oxalá eles cheguem a tempo. e) Oxalá eo venha à nossa festa de aniversário.

Test 5: a) tenha sabido b) fales c) tenha feito d) chegue e) tenha recebido

Kapitel 9: Der Konditional / O condicional

Test 1: a) apanharias / chegarias b) telefonaria / escreveria c) ganharias / pagarias d) gostaríamos / poderíamos e) deveriam

Test 2: a) M b) W c) D d) W e) M f) A

Kapitel 10: Der Imperativ / O imperativo

Test 1: a) toma b) telefona c) ouve d) chama e) acaba f) escreve

Test 2: a) diz b) dá c) vem / bebe d) tem e) esteja f) vá

Test 3:
a) cante! Não cantes!
b) parta! Não partes!
c) ande! Não andes!
d) venda! Não vendas!
e) leve! Não leves!
f) saiba! Não saibas!

Kapitel 11: Der persönliche Infinitiv / O infinitivo pessoal

Test 1 a) estar b) tirarmos c) fales d) comprarem e) chegam

Kapitel 13: Das Gerundium / O gerúndio

Test 1: a) lendo b) andando c) havendo d) vendo e) utilizando

Test 5: a) aprendo / poderei b) telefonasse / poderia c) tivesse / teria d) chegarem / poderemos e) sente / vá f) tivesse / faria g) responderes / ganharás h) tivéssemos / estaríamos

Test 6: a) A Catarina dissse que a sua mãe lhe tinha telefonado do Rio de Janeiro. b) O Joel perguntou-me se a a Julia chega amanhã. c) A mãe disse para eu telefonar à minha irmã. d) A Ana perguntou-me se eu poderia lhe ajudar amanhã. e) Joana disse que amanhã o Davide lhe telfonará.

Kapitel 14: Das Passiv / A voz passiva

Test 1. a) construido b) eleito c) amada d) convidados e) aberta f) feita g) ferida / transportada h) trazidos

Kapitel 15: Konjunktionen / Conjunções

Test 1 a) ou b) senão c) e d) mas e) logo f) tanto / como g) ou / ou h) nem / nem
Test 2 a/5 b/7 c/4 d/2 e/6 f/1 g/3

Kapitel 16: Satzbau im Aussagesatz und Fragesatz

Test 1: a) A Márcia traz hoje o jornal ao Carlos. b) O Miguel escreveu ontem uma carta à Sofia. c) A Inês parte amanhã de Lisboa. d) O meu irmão comprará na próxima semana no Porto o novo carro.

Test 2: a/4; b/5; c/2; d/1; e/3

Test 3: a) O Pedro nã telefona a todo b) Nós não vamos para a praia. c) Tu não me dizes tudo. d) Eu não escrevo à Julia e ao Marco. e) Eu não entendo tudo. f) A Marta não é bonita e também não é simpática.

Test 2: a) não b) nunca c) não / não / não d) não / nenhuma e) não f) nunca g) não / ninguém

Kapitel 17: Die Präpositionen / As preposições

Test 1: a) do b) na c) das / às d) no e) às f) no g) no
Test 2: a) no b) em c) de d) no e) no f) ao g) de h) no i) por

Anhang: Die Zahlen

Test 3: o primeiro / a quarta noite / as primeiras / o terceiro / os primeiros /o segundo / a terceira / o quarto / a décima / a sexta

Test 5: a) são quatro e cinco b) É meio dia menos cinco / São doze e cinquenta e cinco. / São cinco para o meio dia. (bras.) c) São nove e quinze / um quarto d) São dez e) São sete menos quinze / um quarto oder São quinze para as sete f) São três e quinze / um quarto g) É meia noite h) São cinco menos vinte oder São vinte para as cinco.

Test 6: a) ao b) às c) às d) à e) à f) ao g) às h) à

A

a	die
à	Zusammensetzung Präp. a + Art. a (nach, zu)
à direita	nach rechts
a direito	geradeaus
a partir de	ab
a pé	zu Fuß
abade (o)	Abt
abaixo	nach unten
aberto,a	offen, geöffnet
abolir	abschaffen, aufheben
abraçar-se	sich anpassen an
abrir	öffnen
acabar	beenden
acabar por	enden in/mit
acidente (o)	Unfall
acima	nach oben
acolá	da drüben, dort drüben
acontecer	geschehen
acostumar-se	sich gewöhnen an
acreditar (em)	glauben (an)
açúcar (o)	Zucker
acusado (o)	Angeklagter
adaptar-se	sich anpassen an
adiamento (o)	Vertagung, Verschiebung, Aufschub
adiar	verschieben
a fim de	um ... zu
afirmar	behaupten
agarrar-se	sich festkrallen an
agora	jetzt
agradar	gefallen
agradável	angenehm
agradecer (por)	sich bedanken (für)
água (a)	Wasser
águas (as)	Heilquellen
aguentar	stützen, tragen, halten
aí	da
ajudar	helfen
album (o)	Album
álcool (o)	Alkohol
alegrar-se	sich freuen über
alegre	fröhlich
além	da, dort, drüben
alemão,ã	Deutsche(r), deutsch
algum	(irgend)ein
alho (o)	Knoblauch
ali	dort
alías	übrigens, im Übrigen
alma (a)	Seele
almoço (o)	Mittagessen
almofada (a)	Kissen
Alpes (os)	die Alpen
alto,a	hoch, groß, laut
aluno/a	Schüler(in)
amanhã	morgen
amante (o,a)	Liebhaber(in)
amar	lieben
amável	freundlich, liebenswürdig
ambiente (o)	Stimmung
ambos,as	beide
amendoeira (a)	Mandelbaum
amig(o/a)	Freund(in)
amor (o)	Liebe
andar	gehen
anel (o)	Ring
ano (o)	Jahr
anónimo,a	anonym

antecipadamente	im Voraus
anteontem	vorgestern
antes	vorher
antes de	vor (zeitlich)
antigamente	früher, damals
antigo,a	alt, altertümlich
ao lado	daneben, nebenan
ao longo de	entlang
ao pé de	nahe bei, neben
apanhar	erwischen, kriegen
apaixonar-se (por)	sich verlieben (in)
apartamento (o)	Wohnung
a partir de	ab (zeitlich)
apenas	nur
apesar de	trotz
apetite (o)	Appetit
após	nach
apostar	wetten
aprender	lernen
apresentar	präsentieren, vorstellen
aqui	hier
aquele	jener dort
aquilo	das dort
arco-íris (o)	Regenbogen
armário (o)	Schrank
armazém (o)	Lagerhaus
Arquitetura	Architektur
arranha-céus (o)	Wolkenkratzer
arroz (o)	Reis
arrumar	aufräumen
artista (a,o)	Künstler(in)
árvore (a)	Baum
às vezes	manchmal
asa (a)	Flügel
assim	so, daher, also
assistir	teilnehmen
até	sogar, bis
ateu, -eia	gottlos
atlas (o)	Atlas
ator (o)	Schauspieler
atrasado,a	unpünktlich
atrás de	hinter
atraso (o)	Verspätung
através de	durch, hindurch
atravessar	überqueren
atriz (a)	Schauspielerin
attitude (a)	Einstellung
atum (o)	Thunfisch
autocarro (o)	Bus
autor (o)	Autor
auxílio (o)	Hilfe
avião (o)	Flugzeug
avó (a)	Großmutter
avô (o)	Großvater
azar (o)	Pech
azul	blau
azulejo (o)	Kachel, Fliese

B

bacalhau (o)	Stockfisch
baixo,a	niedrig, klein, leise
ballet (o)	Ballet
banco (o)	Bank
banha (a)	Tierfett
banho (o)	Bad
barato,a	günstig, billig
barco (o)	Boot
barril (o)	Fass
barulho (o)	Lärm
basear-se (em)	basieren (auf)
bastante	ziemlich, ungeheuer
beber (de)	trinken (aus)
belo,a	schön
bênção (a)	Segen
bens (os)	Vermögen
bicicleta (a)	Fahrrad
bife (o)	Steak
biologia (a)	Biologie

boi (o)	Ochse
bola (a)	Ball
bolo (o)	Kuchen
bom, bem	gut
bondoso,a	gütig
bonito,a	schön, hübsch
branco,a	weiß
bravo,a	tüchtig
brincar	spielen, scherzen mit

C

cá	hier
cacau (o)	Kakao
cada	jeder, jede, jedes
café (o)	Kaffee
cafezinho (o)	Mokka
canto (o)	Ecke, Gesang
cair	fallen
caixa (a)	Kasse
cal (a)	Kalk
caldeirada (a)	Eintopf
calor (o)	Hitze
cálice (o)	Kelch
cama (a)	Bett
câmara (a)	Kamera, Zimmer
câmara municipal (a)	Rathaus
caminho (o)	Weg
camisa (a)	Hemd
campeonato (o)	Meisterschaft
campo (o)	Feld, Platz, Land
Canadá (o)	Kanada
canção (a)	Lied
candidatar-se	sich kandidieren
canil (o)	Hundehütte
cansado,a	müde
cantar	singen
cântico (o)	Lobgesang
cão (o)	Hund
capital (o)	Kapital
capital (a)	Hauptstadt
cara (a)	Gesicht
cardume (o)	Fischschwarm
caridade (a)	Barmherzigkeit
carne (a)	Fleisch
caro,a	teuer
carro (o)	Auto
carta (a)	Brief
cartão (o)	Karton
cartaz (o)	Plakat
carteira (a)	Tasche
casa (a)	Haus
casaco (o)	Jacke
casar-se	heiraten
caso (o)	Fall
castanha (a)	Kastanie
castanheiro (o)	Kastanienbaum
catedral (a)	Kathedrale
católico,a	katholisch
cavalo (o)	Pferd
cedo	früh
cento	hundert
cerdidão (a)	Bescheinigung
certo,a	ein/-e gewisser/-e/-es, gewisse
cerveja (a)	Bier
céu (o)	Himmel
chá (o)	Tee
chamar	rufen, nennen
chamar-se	heißen
chapéu-de-sol (o)	Sonnenschirm
chatice (a)	Ärger
chave (a)	Schlüssel
chegar a	ankommen
chegar para	reichen für
cheio,a	voll, völlig, vollkommen
cheirar	riechen
chinês,a	Chinese, Chinesin, chinesisch

chocolate (a)	Schokolade
chovar	regnen
cidade (a)	Stadt
ciência (a)	Wissenschaft
cigarro (o)	Zigarette
cinco	fünf
cinema (o)	Kino
cinquenta	fünfzig
ciúme (o)	Eifersucht
ciumento,a	eifersüchtig
cliente (o,a)	Kunde, Kundin
clima (o)	Klima
coisa (a)	Sache
colega (a,o)	Kollege, Kollegin
colher (a)	Löffel
com	mit
comboio (o)	Zug
começar	anfangen
comer	essen
comida (a)	Essen
como	wie, da, als
comparar	vergleichen mit
competente	kompetent
complicação (a)	Komplikation
complicado,a	kompliziert
comprar	kaufen
comum	gemeinsam
concentrar-se (em)	sich konzentrieren (auf)
concerto (o)	Konzert
concordar	einverstanden sein
condição (a)	Bedingung, Kondition
confiar (em)	sich verlassen (auf)
confundir	verwechseln
conhecer	kennen
conhecido,a	bekannt
connosco	mit uns
cônsul (o)	Konsul
conta (a)	Rechnung
contar	erzählen
continuar	weitermachen
conto (o)	Erzählung
contra	gegen
convencer	überzeugen
convencer-se (de)	sich überzeugen (von)
conversar	unterhalten
convicção (a)	Überzeugung
convidar (para)	einladen (zu)
copo (o)	Trinkglas
cor (a)	Farbe
coração (o)	Herz
coragem (a)	Mut
correio (o)	Post
correios (os)	Postamt
correto,a	korrekt, richtig
costa (a)	Küste
costas (as)	Rücken
costumar	pflegen etwas zu tun
couro (o)	Leder
couve-flor (a)	Blumenkohl
cozido,a	gekocht
cozinhar	kochen
crescer	(auf)wachsen
criança (a)	Kind
cristão,ã (o,a)	Christ(in), christlich
cru,a	roh
cruz (a)	Kreuz
cuidado (o)	Vorsicht
cuidar (de)	sorgen (für)
cujo,a	dessen, deren
culto,a	gebildet
cultura (a)	Kultur
cumprimentar	begrüßen
cumprimento (o)	Gruß
custar	kosten

D

dançar	tanzen

daqui a pouco	bald
dar	geben
dar com	finden
dar um passeio	einen Spaziergang machen
de	aus
debaixo de	unter
decidir-se	sich zu etwas entscheiden
declarar	erklären
déficit (o)	Defizit
deitar-se	sich hinlegen
deixar (de)	aufhören (zu)
dela	von ihr, ihr, ihre
dele	von ihm, sein, seine
demais	zu, zuviel
demasiado	zu, allzu
democrático,a	demokratisch
demorar	dauern
dentista (o,a)	Zahnarzt, -ärztin
dentro	innerhalb
depender (de)	abhängen (von)
depois de	danach, dann, nachher, nach
depresso,a	schnell
de repente	plötzlich
descansar	sich ausruhen
descobrir	entdecken
desde	seit
desejo (o)	Wunsch
desempregado/a	Arbeitslose(r)
desistir (de)	aufgeben (zu)
despachar-se	sich beeilen
despedir-se (de)	sich verabschieden (von)
despir	ausziehen, entkleiden
desportista (o,a)	Sportler(in)
desportivo,a	sportlich
desporto (o)	Sport
dever	sollen
devolver	zurückgeben
dez	zehn
dia (o)	Tag
diante de	vor (örtlich)
diário	täglich
dica (a)	Tipp
dificil	schwierig
dinheiro (o)	Geld
diploma (o)	Diplom
diretamente	direkt
Direito (o)	Recht, Jura
diretor (o)	Direktor
dirigir	führen
discordar (de)	nicht einverstanden sein (mit)
disfarçar-se (de)	sich verkleiden (als)
disposição (a)	Verfügung, Stimmung
distinguir	unterscheiden
divertir-se	sich amüsieren, Spaß haben
dividir (em)	teilen (in)
divisão (a)	Teilung
divorciar-se (de)	sich trennen (von)
dizer	sagen
doce	süß
documentário (o)	Dokumentation
doente (o,a)	der/die Kranke
doente	krank
dom (o)	Gabe
domingo (o)	Sonntag
dona (a)	weibl. Anredeform (ähnl. Frau)
dor (a)	Schmerz
dormir	schlafen
Doutor/-a (o,a)	Doktor(in)
durante	während, für
duvidar (de)	zweifeln (an)
drama (o)	Drama

droga (a)	Droge

E

e	und
economia (a)	Wirtschaft
edifício (o)	Gebäude
efeito (o)	Wirkung
egoísta	egoistisch
ele, ela	er, sie
elegante	elegant
em	an, auf, in
emagrecer	abnehmen
embalagem (a)	Paket
em baixo	unten
embora	weg
em breve	bald
em cima	oben, auf
em frente	gegenüber
em geral	im Allgemeinen, generell
em media	im Durchschnitt
emprego (o)	Stelle, Anstellung, Job
empresa (a)	Unternehmen
emprestar	leihen
em vez de	statt
em volta de	um ... herum
encantador,a	bezaubernd
encontrar(-se)	(sich) treffen
encostar-se	anlehnen, an die Seite fahren
endereço (o)	Adresse
enganar-se	sich täuschen
engano (o)	Verwechslung
engenharia (a)	Ingenieurswissen-schaft
ensinar	lehren zu
entender-se	sich verstehen
entrar (em)	eintreten (in)
entre	zwischen
enviar	senden an
escola (a)	Schule
ecritório (o)	Büro
equipa (a)	Mannschaft, Team
erro (o)	Fehler
escravatura (a)	Sklaverei
escrever	schreiben
escritor (o)	Schriftsteller
esforçar-se (por)	sich bemühen (zu)
esforço (o)	Anstrengung, Mühe
espanhol/-a	Spanier(in), spanisch
esperar (por)	warten, hoffen (auf)
esquecer-se (de)	vergessen (zu)
esquerdo/a	links
essa	die da
esse	der da
esta	diese hier
estado (o)	Staat, Zustand
estação (a)	Bahnhof, Haltestelle
estágio (o)	Praktikum
estar	sein, sich befinden
estar para	bestimmt sein
este	dieser hier
estilo (o)	Stil
estômago (o)	Magen
estrada (a)	Straße
estragado,a	kaputt
estrangeiro (o)	Ausland, Ausländer, ausländisch
estudante (o,a)	Student(in)
estudar	lernen, studieren
estúpido,a	dumm, Dummer (Blödmann)
europeu,-peia	europäisch
exame (o)	Prüfung, Klausur
excelente	ausgezeichnet
exceto	ausgenommen
excursão (a)	Exkursion
exercício (o)	Aufgabe, Übung
êxito (o)	Erfolg

extra	extra, zusätzlich
extraordinariamente	außerordentlich
extremamente	extrem

F

fábrica (a)	Fabrik
fácil	einfach
facto (o)	Tatsache, Fakt
falar (de)	sprechen, reden (von)
fama (a)	Ruhm
familiar	familiär
famoso,a	berühmt
fantástico,a	fantastisch
favor (o)	Gefallen
fazer	machen
fazer compras	einkaufen
febre (a)	Fieber
fechar	schließen
feio,a	hässlich
feliz	glücklich
felizardo/a (o,a)	Glückliche(r), Glückspilz
feriado (nacional)	(National)Feiertag
férias (as)	Ferien
festa (a)	Fest, Party
ficar	bleiben, befinden
ficção (a)	Fiktion
fiel	treu
figo (o)	Feige
fila (a)	Reihe, Schlange (Personen)
filha (a)	Tochter
filho (o)	Sohn
fim (o)	Ende
fim de semana (o)	Wochenende
final (o)	Ende
final (a)	Endspiel
física (a)	Physik
físico/a (o,a)	Physiker(in)
flexível	flexibel, anpassungsfähig, biegsam
flor (a)	Blume
fogo (o)	Feuer
fome (a)	Hunger
fonte (a)	Brunnen
fora	draußen, außerhalb, nach draußen
força (a)	Stärke
forma (a)	Form, Art und Weise
forte	stark
foto (a)	Foto
foz (a)	Mündung
fraco,a	schwach
França	Frankreich
frequência (a)	Häufigkeit
frequentado,a	belebt, gut besucht
fresco,a	frisch
frio,a	kalt
fronteira (a)	Grenze
fumar	rauchen
fundo (o)	Grund, Boden
fundo,a	tief
furtar	stehlen
futebol (o)	Fußball

G

ganhar (em)	gewinnen (an, bei), verdienen
garrafa (a)	Flasche
garagem (a)	Garage
gato/a (o,a)	Kater, Katze
genial	genial
gente (a)	Leute
gentil	höflich
giz (o)	Kreide
gostar	mögen
gordo,a	dick, fett
gosto (o)	Geschmack

gozar	genießen
graças a	dank
grandão, grandona	riesig
grande	groß
gravador (o)	Recorder
greve (a)	Streik
gripe (a)	Grippe
gritar	schreien
guardanapo (o)	Serviette
guarda-chuva (o)	Regenschirm
guerra (a)	Krieg
guia (o,a)	Fremdenführer(in), Reiseführer, Handbuch
guitarra (a)	Gitarre

H

há	seit, es gibt
habituar-se	sich gewöhnen an
Hamburgo	Hamburg
haver	vorhanden sein, geschehen, sich ereignen
hesitar (em)	zögern (bei)
hipócrita	scheinheilig
História (a)	Geschichte
herói, heroína (o,a)	Held(in)
hipersensivel	überempfindlich
hobby (o)	Hobby
hoje	heute
hoje em dia	heutzutage
homem (o)	Mann, Mensch
honesto,a	ehrlich
hora (a)	Stunde
horrível	schrecklich
horror (o)	Horror, Unsinn
hotel (o)	Hotel

I

idade (a)	Alter
ideia (a)	Idee
idêntico,a	identisch
idioma (o)	Sprache
ídolo (o)	Idol
igual	gleich, gleichwertig
igualdade (a)	Gleichheit
imaginar	sich etwas vorstellen
imediatamente	sofort
imensamente	ungeheuer, immens
imperatriz (a)	Kaiserin
importar-se	Wert legen auf
incomodar	belästigen, stören
indicar	angeben, aufzeigen
indíce (o)	Verzeichnis
indivíduo (o)	Individuum
infantil	kindlich
inferioridade (a)	Unterlegenheit
influência (a)	Einfluss
inglês, inglêsa	Engländer(in), englisch
insistir (em)	bestehen auf
instituto (o)	Institut
inteligente	intelligent
intensamente	intensiv
intensidade (a)	Intensität
intelectual	intelektuell
interessante	interessant
interessar-se (por)	sich interessieren (für)
internacional	international
inverno (o)	Winter
iogurte (o)	Joghurt
ir	gehen
irmã (a)	Schwester
irmão (o)	Bruder
isso	das da
isto	das hier

J

já	schon
janeiro (o)	Januar
janela (a)	Fenster
jantar (o)	Abendessen
jantar	zu Abend essen
jardim (o)	Garten
javali (o)	Wildschwein
jeito (o)	Talent, Geschick
jogador (o)	Spieler
jogar	spielen
jornal (o)	Zeitung
jornalista (o,a)	Journalist
jovem	jung
judeu, -ia	Jude, jüdisch
juiz (o)	Richter
junto a	nahe bei, neben
juri (o)	Jury
juventude (a)	Jugend

L

lá	dort, da
lã (a)	Wolle
lápis (o)	Bleistift
laranja (a)	Orange, orange
laranjeira (a)	Orangenbaum
largo,a	breit
lavar-se	sich waschen
lado (o)	Seite, Gegend
leão (o)	Löwe
lei (a)	Gesetz
leite (o)	Milch
lembrar-se (de)	sich erinnern (an)
lenço	Tuch
lençol	Betttuch, Laken
lento,a	langsam
ler	lesen
leste (o)	Osten
levar	nehmen
levantar-se	aufstehen
liberdade (a)	Freiheit
libertar-se (de)	sich befreien (von)
lição (a)	Lehre, Lektion, Unterricht
liceu (o)	Gymnasium
ligar	verbinden
ligeiro,a	leicht
limão (o)	Zitrone
limoeiro (o)	Zitronenbaum
limpar	reinigen, säubern
limpo,a	sauber
língua (a)	Sprache, Zunge
linguístico,a	sprachlich, sprachwissenschaftlich
literatura (a)	Literatur
livre	frei
livro (o)	Buch
local (o)	Lokal
lógico,a	logisch
loiro,a	blond
loja (a)	Geschäft
longe de	weit (von)
lugar (o)	Platz
lume (o)	Feuer
lutar (por)	kämpfen (für)
luz (a)	Licht

M

maçã (a)	Apfel
maço (o)	Schachtel, Päckchen
madeira (a)	Holz
madrinha (a)	Patin
mãe (a)	Mutter
mais	mehr
mal (o)	Übel
mala (a)	Koffer
malandrice (a)	Streich
manhã (a)	Morgen, Vormittag
mão (a)	Hand

mapa (o)	Landkarte
mar (o)	Meer
marcar	markieren
marfim (o)	Elfenbein
matar	töten
matemática (a)	Mathematik
máximo,a	größte(r), höchste(r)
medicamento (o)	Medikament
Medicina	Medizin
médico/a (o,a)	Arzt, Ärztin
medo (a)	Angst
meiguice (a)	Zärtlichkeit
meio,a	halbe(r)
mel (o)	Honig
menos	wenig, weniger
mentir	lügen
mercado (o)	Markt
mês (o)	Monat
mesa (a)	Tisch
metade (a)	Hälfte
meter	stecken, hineinstecken
mexicano,a	Mexikaner(in), mexikanisch
Ministério (o)	Ministerium
mochila (a)	Rucksack
moda (a)	Mode
modelo (o)	Modell
moderno,a	modern
modo (o)	Art
momento (o)	Moment
monge (o)	Mönch
monja (a)	Nonne
montra (a)	Schaufenster
morango (o)	Erdbeere
morar	wohnen
moreno,a	dunkelhaarig, -häutig
morrer (de)	sterben (an)
mostrar	zeigen
moto (a)	Motorrad
motor (o)	Motor
mudar	umziehen
mudar em	ändern an
mudo,a	stumm
muito	sehr, viel
mulher (a)	Frau
mundo (o)	Welt, Erde
museu (o)	Museum
música (a)	Musik
músico/a (o,a)	Musiker(in)

N

nada	nichts
nadar	schwimmen
namorar-se	sich verlieben
namorar com	eine Beziehung haben
não	nein
nascer	geboren werden
nariz (o)	Nase
Natal (o)	Weihnachten
necessitar	brauchen
nenhum,-a	keiner, keine
nevar	schneien
ninguém	niemand
nível (o)	Niveau
no máximo	höchstens
noite (a)	Nacht
norte (o)	Norden
nota (a)	Notiz, Geldschein, Note
novo,a	neu
noz (a)	Nuss
nu, nua	nackt
nunca	nie
núpcias (as)	Flitterwochen

O

obedecer	gehorchen
obra-prima (a)	Meisterwerk

obrigar	zwingen zu
ocasião (a)	Gelegenheit
oceano (o)	Ozean
óculos (os)	Brille
oeste (o)	Westen
oferecer	schenken
oito	acht
olhar (para)	schauen (auf)
olhar por	aufpassen auf
olho (o)	Auge
onde	wo, wohin
ontem	gestern
operação (a)	Operation
opinião (a)	Meinung
órfão (o)	Waise
organismo (o)	Organismus
órgão (o)	Organ
ouro (o)	Gold
outrem	jemand anders
outro,a	andere(r,s)
ouvir	hören

P

pá (a)	Schaufel
pá (o)	Junge, Alter (ugs. Ausruf)
paciência (a)	Geduld
pacto (o)	Pakt, Vertrag
padrinho (o)	Pate
pagar	zahlen, bezahlen
página (a)	Seite
pai (o)	Vater
país (o)	Land
palácio (o)	Palast
pão (o)	Brot
papel (o)	Papier
para	für, nach, um ... zu
parabéns (os)	Glückwünsche
paragem (a)	Haltestelle
parar (de)	aufhören (zu)
parecer	erscheinen, scheinen
parque (o)	Park
particular	besonders, privat
partido (o)	Partei
partir	abfahren
Páscoa (a)	Ostern
passar	vorbeigehen, -fahren, verbringen, werden zu, bestehen
passear	spazieren gehen
pastelaria (a)	Konditorei
paz (a)	Frieden
pedir (por)	jemanden bitten (um)
pegar	aufheben
peixe (o)	Fisch
pelo menos	immerhin, mindestens, wenigstens
pensar (em)	denken (an)
pensar de	halten von
perante	angesichts, vor
perceber	verstehen
perdão (o)	Vergebung
perder	verlieren
perfeição (a)	Vollkommenheit
pergunta (a)	Frage
perguntar (por)	nach etwas fragen
perigoso,a	gefährlich
pertencer	zu etwas gehören
perto	in der Nähe, nah, bei
peru (o)	Truthahn
pessoa (a)	Person
pianista (o,a)	Klavierspieler(in)
piano (o)	Klavier
pimenta (a)	Pfeffer
pimento (o)	Paprika
planeta (o)	Planet
plenamente	völlig, vollkommen
pó (o)	Staub, Pulver, Puder

pobre	arm, bemitleidenswert
poder	können, dürfen
poema (o)	Gedicht
poeta (o)	Dichter
pois	also, natürlich
polícia (a)	Polizei
polícia (o)	Polizist
político/a (o,a)	Politiker(in)
política (a)	Politik
ponte (a)	Brücke
por	aus, durch
pôr	setzen, stellen, legen
por causa de	wegen
pôr-se	sich an etwas machen
pormenorizadamente	im Detail
porreiro	cool
porta (a)	Tür
porta-moedas (o)	Portemonnaie
português,a	Portugiese, Portugiesin, portugiesisch
posição (a)	Position
pouco	wenig
poupar	sparen
praça (a)	Platz
práctico,a	praktisch
praia (a)	Strand
prata (a)	Silber
prato (o)	Teller, Gericht
prazer (o)	Vergnügen
pecisar	brauchen, benötigen
preço (o)	Preis
preferir	bevorzugen
prenda (a)	Geschenk, Gabe
preocupar-se (com)	sich sorgen (über)
preparar	vorbereiten
presente (o)	Geschenk
preto,a	schwarz
primavera (a)	Frühling
primeiro,a	erste(r)
principal	hauptsächlich
problema (o)	Problem
produção (o)	Produktion
professor/-a (o/a)	Professor(in)
programa (o)	Programm
prometer	versprechen
pronto,a	fertig, also
pronunciar	aussprechen
propor	vorschlagen
proteger	schützen
provavelmente	wahrscheinlich
província (a)	Provinz
próximo/a	nächste, nahe

Q

quadro (o)	Bild
qualquer	irgendetwas
quando	wann
quantidade (a)	Menge, Anzahl
quanto,a	wie viel
quanto a	was betrifft
quanto antes	so bald wie möglich
quanto muito	höchstens
quarto (o)	Zimmer
quase	fast
quatro	vier
que	was, der, die, das
queixar-se (de)	sich beschweren (über)
quem	wer, wen, wem
quente	warm
querer	wollen
quilo (o)	Kilo
química (a)	Chemie
químico/a (o/a)	Chemiker(in)

R

radio (o) Radiogerät
radio (a) Radiosender
rainha (a) Königin
raíz (a) Wurzel
rapariga (a) Mädchen
rapaz (o) Junge
rapidez (a) Schnelligkeit
rapido,a schnell
rato (o) Maus
reagir reagieren
realmente wirklich
recear fürchten
redator-chefe (o) Chefredakteur
refém (o) Geisel
referir-se sich beziehen auf
região (a) Region
regressar zurückkehren
rei (o) König
relação (a) Beziehung
remédio (o) Heilmittel
renda (a) Miete
repousar sich ausruhen
reptil (o) Reptil
reserva (a) Reservierung
respeitável ehrwürdig
respirar atmen
responder antworten
restaurante (o) Restaurant
réu, ré (o,a) Angeklagte(r)
reunião (a) Sitzung
rico,a reich
rio (o) Fluss
rir-se (de) lachen (über)
romance (o) Roman
romântico,a romantisch, Romantiker(in)
rosa (a) Rose
roubar stehlen, klauen
roupa (a) Kleidung
rua (a) Straße

S

sábado (o) Samstag
saber (de) wissen (von)
saber a schmecken nach
saco (o) Beutel, Tüte
sair verlassen, hinausgehen, ausgehen
sala (a) Raum, Zimmer
salvo außer
sapato (o) Schuh
saúde (a) Gesundheit
sede (a) Durst
segunda-feira Montag
segundo gemäß
selo (o) Briefmarke
sem ohne
semana (a) Woche
sempre immer
senhor (o) Herr, Mann
senhora (a) Dame
sensível feinfühlig
sentar-se sich hinsetzen
sentir-se sich fühlen
ser (por) (für etwas) sein
servir (para) dienen (zu)
sim ja
simpático,a sympathisch
simpatizar sympathisieren
simples einfach
simultâneo,a gleichzeitig
sinal (o) Signal
sistema (o) System
situação (a) Situation
sob unter
sobre über, auf
sobrinha (a) Nichte
socialista sozialistisch

sofá (o)	Sofa
sofrer (com)	leiden (unter)
sofrer de	leiden an
sol (o)	Sonne
solidão (a)	Einsamkeit
solteiro,a	ledig
som (o)	Klang
sonhar (com)	träumen (von)
sono (o)	Schlaf
sótão (o)	Dachboden
substituir (por)	ersetzen (durch)
suiço,a	Schweizer(in), schweizerisch
sul (o)	Süden
superioridade (a)	Überlegenheit
superlotado,a	überfüllt
surdo,a	taub
surdez (a)	Taubheit
surpreender-se (com)	überrascht sein (von)
suspentar	verdächtigen

T

tão	so
tanto,a	so viel
tarde	Nachmittag, spät
táxi	Taxi
técnico,a	Fachmann/-frau, Techniker(in), technisch
Tejo	Fluss Tejo (Lissabon)
telefonar	jdn. anrufen
telemóvel (o)	Handy
televisão (a)	Fernsehen
tema (o)	Thema
tempo (o)	Wetter
tencionar	beabsichtigen
ter	haben
ter medo (de)	Angst haben (vor)
terminar	beenden
terno,a	zart
ter tempo (para)	Zeit haben für
tesoura (a)	Schere
tesouro (o)	Schatz
teste (o)	Test, Prüfung
testemunha (a)	Zeuge/Zeugin
texto (o)	Text
tia (a)	Tante
tio (o)	Onkel
tirar	ausziehen, ziehen, entfernen
tocar	spielen, klingeln (Tür)
tocar em	anfassen
tom (o)	Ton
tomar	nehmen
tonta (a)	Dummerchen
tosse (a)	Husten
tóxico,a	giftig
trabalhador (a)	fleißig
trabalhar (para)	arbeiten (für)
trabalho (o)	Arbeit
tradução (a)	Übersetzung
tradutor (o)	Übersetzer
trair	betrügen
tranquilo,a	ruhig, gelassen, still
trás	auf, über
tratamento (o)	Behandlung, Anrede
tratar (de)	handeln (von)
tratar-se (de)	sich handeln (um)
trazer	bringen
tribo (a)	Volksstamm
triste	traurig
troca (a)	Wechsel
trocar (com)	tauschen (mit), wechseln
troco (o)	Wechselgeld

troféu (o)	Trophäe
tu	du
tudo	alles
túnel (o)	Tunnel
turista (o,a)	Tourist(in)

U

ultimamente	in letzter Zeit
último,a	letzte(r,s)
ultramoderno,a	hochmodern
um, uma	ein(e)
união (a)	Einigkeit
único,a	einzigartig
universidade (a)	Universität
útil	nützlich

V

vaca (a)	Kuh
vários,as	verschiedene
velhice (a)	Alter
velho,a	alt
velocidade (a)	Geschwindigkeit
vencer	gewinnen
vender	verkaufen
vento (o)	Wind
ver	sehen
verão (o)	Sommer
verde	grün
vermelho,a	rot
vestir-se	sich anziehen
vestido (o)	Kleid
vez (a)	Mal
viagem (a)	Reise
viajar	reisen
vida (a)	Leben
vidro (o)	Glas
vinho (o)	Wein
violência (a)	Gewalttätigkeit, Grausamkeit
violento,a	stark, gewaltsam
violeta	violett
vir	kommen
vírus (o)	Virus
visita (a)	Besuch
visitar	besuchen
vista (a)	Aussicht
visto (o)	Visum
vítima (a)	Opfer
viver	leben
viver (para)	leben (für)
víveres (os)	Lebensmittel
vizinho/a (o,a)	Nachbar(in)
voltar	zurückkehren, zurückkommen
vontade (a)	Lust
votar (em, por)	stimmen (für)
voz (a)	Stimme

X

xadrez (o)	Schach

Z

zangar-se (com)	sich ärgern (über)
zero	null
zona (a)	Zone, Gebiet

Unterschiede im Wortschatz zwischen Portugal und Brasilien

Diferenças entre o português de Portugal e o português do Brasil

So sagt man in Portugal	So heißt es auf Deutsch	So sagt man in Brasilien
abre-cápsulas s.m.	Flaschenöffner	abridor de garrafas s.m.
adepto m.s.	Sportfan	torcedor s.m.
alcunha s.f.	Spitzname	apelido s.m.
altifalante s.m.	Lautsprecher	alto-falante s.m.
aluguer s.m. renda de casa s.f.	Miete	aluguel s.m.
ananás s.m.	Ananas	abacaxi s.m.
apanhar (o autocarro) v.tr.	nehmen (den Bus)	pegar (o ônibus) v.tr.
apara-lápis s.m.	Bleistiftanspitzer	apontador s.m.
apelido s.m.	Nachname	sobrenome s.m.
aposentação s.f.	Ruhestand	aposentaria s.f.
aquecer v.tr.	wärmen, warm werden	esquentar v.tr.
arrefecer v.tr	abkühlen	esfriar v.tr.
asneira s.f.	Dummheit	bobagem s.f.
atendedor de chamadas s.m.	Anrufbeantworter	secretária electrónica s.f.
aterragem s.f.	Landung (Flugzeug)	pouso s.m.
auscultador s.m.	Telefonhörer	fone s.m.
autocarro s.m.	Bus	ônibus s.m.
autoclismo s.m.	Wasserspülung	descarga s.f.
auto-estrada s.f.	Autobahn	autopista s.f.
avariado adj.	beschädigt	quebrado adj.
bairro de lata s.f.	Elendsviertel, Slum	favela s.f.
balneário s.m.	Sportkabine	vestiário s.m. (para práticas desportivas)
banda desenhada s.f.	Comic	quadrinhos s.m.pl.
berma s.f.	Straßenrand	acostamento s.m.
bica s,f., café s.m.	Kaffee	cafezinho s.m.
bicha (estar na) s.f.	Schlange stehen	fila (fazer) s.f.

bilhete de identidade	Personalausweis	carteira de identidade s.f.
bilheteira s.f.	Kasse	bilheteria s.f.
blusão s.m.	(kurze) Jacke	jaqueta s.f.
bolacha s.f.	Keks	biscoito s.m.
boleia s.f.	Mitfahrgelegenheit	carona s.f.
bomba de gasolina s.f.	Tankstelle	ponto de gasolina s.m.
bombom, rebuçado s.m.	Bonbon	bala s.f.
cabina telefónica s.f.	Telefonzelle	orelhão s.m.
Câmara Municipal s.f.	Rathaus	prefeitura s.f.
camião s.m.	Lastwagen	caminhão s.m.
caminho de ferro s.m.	Eisenbahn	estrada de ferro s.f.
camisola s.f.	T-Shirt	camiseta s.f.
campismo s.m.	Camping	camping s.m.
canalizador s.m.	Klempner	encanador
cancro s.m.	Krebs	câncer s.m.
candeeiro s.m.	Nachttischlampe	abajur s.m.
canto s.m.	Eckball	escanteio s.m.
cão s.m.	Hund	cachorro s.m.
carrinha s.f.	Kombiwagen	Van s.m.
carruagem s.f.	Wagon	vagão s.m.
carruagem-cama s.f.	Schlafwagen	vagão-leito s.m.
carta de condução s.f.	Führerschein	carteira de condução s.f.
carta registada s.f.	Einschreiben	carta registrada s.f.
casa de banho s.f. quarto de banho s.m.	Badezimmer	banheiro s.m. toalete s.f.
casaco s.m.	Jackett	Jackett paletó s.m.
castanho s.m.	braun (Farbe)	marron s.m.
cave s.f.	Keller	porão s.m.
chávena s.f.	Tasse	chícara s.f.
cheio adj.	überfüllt	lotado adj.
cinzento s.m.	grau	cinza s.f.
comboio s.m.	Zug	trem s.m.
conduzir	(selber) fahren	dirigir v. tr.
constipação s.f.	Erkältung	resfriado s.m.

constipado s. m.	erkältet	gripado s. m.
constipar-se v.pron.	sich erkälten	resfriar-se v.pron.
conta s.f.	Rechnung (Restaurant)	nota s.f.
desenhador s.m.	Zeichner	desenhista s.m.
desporto s.m.	Sport	esporte s.m.
duche s.m.	Dusche	banho de chuveiro s.m.
ecrã s.m.	Bildschirm	tela s.f.
eléctrico s.m.	Straßenbahn	bonde s.m.
ementa s.f.	Speisekarte	cardápio s.m.
empregada de mesa s.f.	Kellnerin	garçonete s.f.
empregado de balcão s.m.	Verkäufer	balconista s.m.
empregado de mesa s.m.	Ober	garçon s.m.
envelope s.m.	Briefumschlag	sobrescrito s.m.
equipa s.f.	Mannschaft	equipe s.f.; time s.m.
esquadra (de polícia) s.f.	Polizeirevier	delegacia (de polícia) s.f.
Está!	Hallo! (am Telefon)	Alô! (atendendo o telefone)
estação rodoviária s.f.	Busbahnhof	rodoviária s.f.
exame do 12º ano s.m.	Abitur	vestibular s.m.
fato de macaco s.m.	Latzhose	macacão s.m.
fato s.m.	Anzug	terno s.m.
fino s.m.	Bier vom Fass	chopp s.m.
fita cola s.f.	Klebstoff	fita durex s.f.
fixe	toll, super, klasse	(coll) legal
fotocópia s.f.	Fotokopie	xérox s.m.
frigorífico s.m.	Kühlschrank	geladeira s.f.
gajo s.m.	Typ	cara s.m.
ganga s.f.	Jeans	jeans s.m.pl.
geladaria ou gelataria s.f.	Eisdiele	sorvetaria s.f.
gelado s.m.	Speiseeis	sorvete s.m.
ginásio s.m.	Fitnessstudio	academia s.f.
gira-discos s.m.	Plattenspieler	toca-discos s.m.
giro adj	niedlich, süß, nett	bonito

golo s.m.	Tor	gol s.m.
guarda-redes s.m.	Torwart	goleiro s.m.
hora de ponta s.f.	Hauptverkehrszeit	hora de pique s.f.
hospedeira s.f.	Stewardess	aeromoça s.f.
imperial s.f.; fino s.m.	Bier (vom Fass)	chope s.m.
imprensa s.f.	Presse	média s.m.
lavar (os dentes)	Zähne putzen	escovar (os dentes)
lavatório s.m.	Waschbecken	pia s.f.
leitor de cassetes s.m.	Kassettenrecorder	toca-fitas s.m.
liceu s.m.	Gymnasium	ginásio s.m.
mãe f.s.	Mutter	mamãe
mala de mão s.f.	Handtasche	bolsa s.f.
malta s.f.	Freundeskreis	turma s.f.
maricas s.m.	Schwuler	bicha s.f.
metro s.m.	Metro (U-Bahn)	metrô s.m.
montra s.f.	Schaufenster	vitrina (de loja) s.f.
muito bom loc.adj.	sehr gut, in Ordnung	legal adj.
mulher-a-dias s.f.	Putzfrau	faxineira s.f.
Olá!	Hallo! (Begrüßung)	Oi!
Pai Natal s.m.	Weihnachtsmann	Papai Noel s.m.
palhinha s.f.	Strohhalm	canudinho s.m.
paragem s.f.	Haltestelle	parada s.f. / ponto (de ônibus) s.m.
passeio s.m.	Bürgersteig	calçada s.f.
pastelaria s.f.	Konditorei	doceira s.f.
peão s.m.	Fußgänger	pedestre s.m.
pequeno-almoço s.m.	Frühstück	café da manhã s.m.
peúga s.f.	Socke	meia (vestuário) s.f.
planear v.tr.	planen	planejar v.tr.
plano s.m.	Plan	planejamento s.m.
polaco s.m.	Pole	polonês s.m.
polícia s.m.	Polizist	policial s.m.
ponta de lança s.m.	Stürmer (Sport)	centroavante s.m.
portagem s. f.	Autobahngebühren	pedágio s.m.
porta-moedas s.m.	Geldbeutel	carteira s.m.

postal s.m.	Postkarte	cartão s.m.
praticar surf loc.v.	surfen	surfar v.intr.
presidente da Câmara Municipal s.m.	Bürgermeister	prefeito s.m.
propina s.f.	Studiengebühr	mensalidade s.f.
publicidade s.f.	Werbung	propaganda s.f.
quarto de banho s.m.; casa de banho s.f.	Badezimmer	banheiro s.m.
quarto de dormir s.m.	Schlafzimmer	dormitório s.m.
quinta s.f.	Farm	fazenda s.f.
quiosque s.m.	Zeitungsstand	banca (de jornal) s.f.
rapariga s.f.	Mädchen	moça s.f.
rato s.m.	Maus (Computer)	mouse s.m.
rebuçado s.m.	Bonbon	bala s.f.
registar	registrieren	registrar v.tr.
relva s.f.	Gras, Rasen	grama s.f.
rés-do-chão s.m.	Erdgeschoss	andar térreo s.m.
retrete s.f.	Toilette	privada s.f.
revisor s.m.	Schaffner	cobrador s.m.
saco s.m.	Tasche	bolsa s.f.
saco cama s.m.	Schlafsack	saco de dormir s.m.
salva-vidas s.m. banheiro s.m.	Bademeister	nadador salvador s.m.
sandes s.f.	belegtes Brot	sanduíche s.f.
sanita s.f.	Klo	vaso sanitário (o)
Santinho!	Gesundheit! (niesen)	saúde!
sapatilha s.f. Tênis	Turnschuh	
seis pr.	sechs (als Ziffer)	meia
semáforo s.m.	Ampel	sinal s.m.
Sida s.f.	Aids	Aids s.m.
Snack-bar s.m.	Imbissbude	lanchonete s.f.
sumo s.m.	Saft	suco s.m.
talho s.m.	Metzgerei	açougue s.m.
tasca s.f.	Kneipe	botequim s.m.
telefonema s.m.	Telefongespräch	ligação s.f.

telemóvel s.m. telefone móvel	Handy	telefone celular s.m.
tensão arterial	Blutdruck	pressão arterial s.f.
travão s.m.	Bremse	freio s.m.
vendedor de jornais s.m.	Zeitungsverkäufer	jornaleiro s.m.

In Portugal:
A Luísa pega o «auscultador» e diz «Esta!»
(Luisa nimmt den Hörer ab und sagt: Hallo!)

In Brasilien:
A Luísa tira o «fone» do gancho e diz: «Alô»